口氣讀完心理學經典26本

走過經典，
感受大師的震撼！

Catch The Essence Of
26 Classics On Psychology One

《人類與動物心理學論稿》威廉・馮特：實驗心理學之父
《心理學原理》威廉・詹姆斯：機能主義心理學的先行者
《夢的解析》西格蒙德・佛洛伊德：精神分析學派的創始人
《性學三論》西格蒙德・佛洛伊德：精神分析學派的創始人
《理解人性》阿爾弗雷德・阿德勒：現代自我心理學之父
《行為主義》約翰・華生：行為主義心理學的創始人
《心靈、自我與社會》喬治・哈伯德・米德：社會心理學的創始人之一
《尋求靈魂的現代人》卡爾・古斯塔夫・榮格：分析心理學的創始人
《分析心理學的理論與實踐》卡爾・古斯塔夫・榮格：分析心理學的創始人
《發生認識論原理》吉恩・皮亞傑：發生認識論的創始人
《智慧心理學》吉恩・皮亞傑：發生認識論的創始人
《機體論》科特・戈爾德斯坦：人本主義心理學巨匠
《我們時代的神經症人格》凱倫・霍妮：精神分析社會文化學派的開創者
《格式塔心理學原理》庫爾特・考夫卡：格式塔心理學的創始人之一
《人猿的智慧》沃爾夫岡・苛勒：格式塔心理學的創始人之一
《精神病學的人際理論》哈里・斯塔克・沙利文：新精神分析學派代表人物之一
《愛欲與文明》赫伯特・馬爾庫塞：新左派哲學家
《拓撲心理學原理》庫爾特・勒溫：拓撲心理學的創始人
《逃避自由》艾利赫・佛洛姆：新佛洛伊德派的主要代表人物之一
《成為一個人》卡爾・羅傑斯：非指導式諮詢的創始人
《童年與社會》艾瑞克・洪伯格爾・艾瑞克森：精神分析理論巨匠
《科學與人類行為》伯爾霍斯・弗雷德里克・斯金納：操作性條件反射理論的奠基者
《動機與人格》亞伯拉罕・馬斯洛：人本主義心理學之父
《存在心理學探索》亞伯拉罕・馬斯洛：人本主義心理學之父
《存在心理學》羅洛・黎斯・梅：存在心理治療的開拓者
《分裂的自我》萊恩：生存論心理學巨匠

宋學軍

前言

人們在日常生活和工作中，常常會出現一些心理問題，這些問題在生活快節奏、人際互動頻繁的現代化社會裏，越來越引起了人們的重視。心理學的發展和普及，有效地解決了很多心理問題。

提起心理學，有人把它看得玄虛奧妙，深不可測；也有人認為心理學就是猜測別人的思想。其實，這是對心理學極大的誤解。心理學是一門科學，它與相面測字、算命卜卦等江湖騙術是根本不同的。心理學作為一門科學，有特定的研究對象，任務和科學的方法。心理學不僅涉及了人的不同生活領域，也吸納了不同的學科知識，是一門百川交匯的綜合性學科。

心理學作為一個富有極大探索性的科學領域，不僅引起了大批專業人士的深思，也引起了大眾的好奇。人們普遍意識到，生活的各個領域都與心理學息息相關，心理學不僅是我們生活的調味品，也逐漸成為了我們生活的必需品，心理學的科學領域已深入到每個人的生命之中。可以說，哪裡有人，哪裡就會有心理學。

什麼是心理學？心理學就是研究心智和行為的科學。

心理學所包含的領域很廣，幾乎和人有關係的都可以和心理學有關係。一般人總以為心理學就是要解決人們心理問題的學問，其實那只是心理學其中的一部分而已。

目前的心理學大致可分為五大流派：心理分析學派（研究重點在潛意識的驅力、衝動及早期經驗）、行為學派（研究重點在外顯行為，即刺激與反應間的聯結關係）、人本學派（研究重點在人類的潛能及自我實現的心理歷程）、認知學派（研究重點在透過行為來瞭解認知及心理的歷程）以及生理學派（研究重點在腦與神經系統的歷程）等。

心理學是研究人心理現象的科學，它的基本任務是探明心理活動的規律。根據這一基本任務，具體來說，就是要對人的心理做出客觀描述，正確解釋，準確預測和有效控制。

那麼，對於我們來說，學習心理學知識有什麼用處呢？學習心理學知識，對於個人的生活、工作、學習、身體、思想等各個方面都有著重要作用。

其中，最主要的是有助於我們的身心健康。我們都需要健康，既要生理上的健康，又要心理上的健康。生理健康，要注重生理衛生；心理健康，要重視心理衛生。只有人的軀體、心理和社會功能均處在良好的狀態，才算是真正的健康。健康是美好的，人人都需要；健康是幸福的，個個都嚮往。為了身心健康，我們都有必要學習一些心理學知識。

在心理學的發展歷程上，湧現出了許多位對心理學發展有著卓越貢獻的心理學大師，如馮特、詹姆斯、佛洛伊德、華生、馬斯洛等，他們的經典作品是心理學發展史上的一座座高峰。這本書，選取了二十六本本最有影響力的心理學經典著作，對這些經典著作進行了觀點的提煉和內容的簡要陳述。

可以說，人的心理現象是世界上最複雜的現象。恩格斯也把人的心理比喻為「地球上最美好的花朵」。所以，透過本書，我們最大的希望是：使讀者花最少的時間，能讀最多的心理學經典力作，以通曉各派心理學的要旨，解釋各種心理現象，應用心理學的知識領悟人生真諦，提升生命品質。

目錄
CONTENTS

《人類與動物心理學論稿》

威廉・馮特：實驗心理學之父

從聯想到嚴格的智慧這一步，無疑是心理進化中花費時間最長的。任何低於人的高等動物，由於其生理物理組織的一般特性，而不可能跨過這極其重要的一步。

——馮特

威廉・馮特（Wilhelm Wundt，一八三二—一九二〇），德國著名心理學家，近代西方心理學的創始人，實驗心理學創始人，內容心理學創始人，構造主義心理學的代表人物。

馮特出生在德國的巴登地區，求學於杜賓根大學和海德堡大學，主修醫學，後改行研究生理學。一八五五年，馮特獲海德堡大學醫學博士學位。一八五七—一八六四年，馮特一直在海德堡大學從事教學和研究工作。一八六四年，馮特升任副教授，開設了生理心理學講座，並產生了以實驗生理學的方法研究心理學問題的想法。一八七四年，馮特擔任蘇黎士大學哲學教授。一八七五年，馮特轉任萊比錫大學哲學教授。一八七九年，馮特在萊比錫大學建立了世界上第一個心理學實驗室。該實驗室的出現，使心理學成為一門以實驗為基礎的獨立科學，標誌著新心理科學的誕生。隨著心理學實驗室的建立，萊比錫大學也成了心理學的聖地。一八八一年，馮特創辦心理學實驗的第一個刊物《哲學研究》。一九〇五年，馮特創辦《心理研究》刊物。一八八九年，馮特被任命為萊比錫大學校長，並繼承了赫爾巴特和費希納的哲學講座。一九二〇年八月三十一日，馮特在萊比錫去世，享年八十八歲。

馮特知識淵博，是一個多產的作家，他的著作的範圍包括哲學、邏輯學、生理學、實驗心理學、社會心理學、生理心理學等。他出版的專著多達五百餘部（篇），其中最主要的有：《人類與動物心理學論稿》、《對於感官知覺的理論的貢獻》、《生理心理學原理》、《關於人類和動物靈魂的演講錄》、《心理學大綱》、《經驗與認識》等。

《人類與動物心理學論稿》

馮特的心理學體系包括兩大部分，一部分是研究個體意識過程的實驗心理學，另一部分是研究人類共同生活的社會心理學。馮特對心理學的貢獻主要有三個方面。第一，心理學實驗室的建立，使心理學從哲學中分離出來，成為一門獨立的學科，正如G・墨菲（G.Murphy）所評述的那樣：「在馮特創立他的實驗室之前，心理學像個流浪兒，一會兒敲敲生理學的門，一會兒敲敲倫理學的門，一會兒敲敲認識論的門。」第二，把自然科學的方法應用到心理學的研究中，創立了實驗心理學。第三，作為心理學的先驅人物，他培養了一大批學生，這些學生來自世界各地，他們把學到的知識帶回自己的國家，使心理學在世界範圍內得到廣泛傳播。

《人類與動物心理學論稿》的前身是馮特在施佩耶爾博物學會和他在海德堡的講稿，於一八六三年整理後刊行。這是一部極其重要的心理學著作，它記錄了馮特心理學思想的形成，以及從哲學向心理學的轉變，並被稱為「生理學家的樸素心理學」。

《人類與動物心理學論稿》論述的是實驗心理學多年來重點討論的問題，例如，反應實驗、知覺的地位、心理物理法等，成為馮特後來著述《生理心理學》的基礎。《人類與動物心理學論稿》出版後，不斷再版，且每次再版均有修訂，直到一九二〇年馮特去世後還見重印發行。

在馮特看來，心理的基本規律是心理的因果規律，一切有關意識活動的交互作用的法則都受這一規律的支配。馮特指出，心理因果與物理因果的不同表現，主要有兩個方面。

第一，物理的因果涉及那些發生交互作用的實體的性質，而心理的實體並不存在，存在的只是心理的活動，所以不能用心理的因果來說明個別的、實體的、永久的心理方面的交互作用。

第二，物理的因果在因力和果力的數量上相等，兩者不僅為相互關聯的事件，即因在前果在後，而且兩者的相關更可還原為能量的定量轉移，即化因為果。然而，並不存在心理的能量，也不存在可將一切心理的東西進行還原的概念。因此，說到心理因果的時候，並不意指兩者的相等。

心理的因果只是心理生長或發展的原則，其規律的變化是一個活動著的心理的自然歷程。由於心理處於變動之中，所以心理的因果僅指變化先後的法則，也即從「此」到「彼」的歷程，而非固定的實體。心理因果律的核心是聯想律。聯想是心理要素之間進行聯合的一個基本原則，其原始的方式是同時的，但也很容易變為相繼的。聯想主要有混合、同化、複合、記憶聯想等形式。混合，可以是各個樂音或各個情感的強度的混合，也可以是視覺廣度或觸覺廣度的混合。同化，主要意指由當前的感覺聯想到先前的因素。複合，意指不同的感覺部分之間的聯想。記憶聯想，包括認識和再認識的問題。

在以聯想律為因果律核心的基礎上，馮特又提出了幾條副律，主要有心理關係律和心理對比律。

心理關係律，是指一個心理要素的意義是由與之相關的另一種要素而得到的。費希納認為，這一關

係律是心理物理的，用以表示心理歷程和生理歷程之間的數量關係。也有些學者認為，這一關係律純粹是生理的，用以揭示某些週邊神經歷程和某些中樞神經歷程的關係。馮特則認為，這一關係律是純屬心理的。感覺、刺激、神經興奮都在強度上互成比例，然而對於兩種感覺的差異量值的判斷則與這些感覺的大小成比例。也就是說，判斷的差異直接與被判斷的感覺大小的對數成比例。

心理對比律，源於情感對比的事實。馮特創立的情感三度說認為，每一種心理要素都具有兩個基本屬性：品質和強度。據此，情感可以分成愉快—不快、緊張—鬆弛，興奮—沉靜這三個緯度。每一種個別的情感既可能表現出其中的兩個方向，也可能只屬於其中的一個方向。

這種情感三度說源於一組內省觀察實驗：用一個節拍器，在一組有節律的滴答聲結束時，一些節奏型比另一些節奏型聽起來好像更愉快、更悅耳。

於是，構成這種經驗第一部分的便是愉快—不快的主觀情感。第二類情感也是在聽到滴答聲時發現的。當等待每一相繼的滴答聲時，出現緊張的情感，而在所期待的滴答聲發生後就產生鬆弛感。第三類情感是，當滴答的速率增加時會引起適度的興奮情感，而在速率減少時則引起較沉靜的情感。

由於心理學是對直接經驗的科學研究，因此只要把心理理解為某一特定時刻經驗的總和，那麼心理學的研究對象就是人類的意識或心理。至於心理在某一特定時刻能夠擁有多少觀念，**馮特認為，傳統的哲學內省不能提供可靠的答案。因為沒有實驗的控制，試圖內省出某個人心理中的觀念數目是徒勞的。**為此，需要運用一種實驗，用以彌補傳統內省的不足，使之完備，並產生數量結果。鑒於這一理由，馮特將生理心理學的實驗方法與傳統哲學心理學的內省法結合起來，創立了內省實驗法，即在實驗條件下進行內省，並以此作為研究直接經驗的特殊的實驗方法。

馮特做了一個實驗。讓被試者坐在一個暗室裏，面對一個投影螢幕，在大約〇．〇九秒的一瞬間內，螢幕上閃現一個刺激鏡頭。刺激物是按四列四行排列的隨機選擇的字母。被試者的任務是儘量回憶出字母。回憶出的數目提供了一瞬間內可以把握多少簡單觀念的指標，因而也就回答了上述問題。

實驗結果顯示，未經訓練的被試者大約能夠回憶出四個字母，訓練之後的被試者最多能夠回憶出六個字母。這些數字與現代短時記憶容量的測驗結果相符合。

從這個實驗中，馮特進一步觀察到兩個重要現象。

第一，在實驗中，設在每行的四個字母構成一個單詞，例如：wolk，man，room，idea等。在這種情況下，有可能回憶出全部四個單詞的十六個字母。

在實驗中，假設每個字母都是孤立的，構不成一個單詞，那麼孤立的字母很快填滿了意識，所以被試者在一瞬間只能記住四—六個字母。但是，如果把這些字母組織起來，就可以把握更多的數目。用馮特的話來說，這些字母要素被「綜合」為一個更大的整體，被理解為一個單獨的複合觀念，並被當作一個新的要素來掌握。

第二，在實驗中，被試者對有些字母記憶清晰，而對另外一些字母只能模糊地知覺到。意識似乎是一個巨大的場，其中分佈著觀念要素，場的一個區域處於「注意」的中心，那裏的觀念能夠清楚地被感知，而處於中心區域之外的要素只能讓人模糊地感到其存在，不能被辨認。

在解釋上述現象時，馮特運用了「統覺」的概念。**馮特指出，心理元素是透過聯想與統覺兩種形式的結合，而成為各種複雜的意識狀態的。聯想是一種被動、消極的過程，是一種低水準的心理組合方式。統覺是一個主動的、積極的過程，它不僅擔負著把要素積極地綜合為整體的重任，而且還被用來解釋更為高級的心理分析活動和判斷活動。**統覺是所有高級思維形式的基礎，也是意志的隨意活動，透過這種隨意活動，人們控制自己的心靈，並賦予它以綜合的統一性。

關於統覺學說，馮特從現象的統覺、認知的統覺和活動的統覺三個方面來加以說明。

第一，現象的統覺。以馮特的觀點，統覺雖然不是要素，也不是要素的集合，但有其現象的意義。就現象而言，意識有兩種不同的程度。凡在意識範圍之內的歷程都存在於意識域之內，但在這些歷程之中，只有少數歷程被引入意識的焦點之上。只有焦點內的歷程才引起統覺。焦點的範圍就是注意的範圍，往往小於意識的全域，因此可用以測量統覺。

第二，認知的統覺。認知的統覺有別於聯想。馮特指出，聯想使心理要素的銜接是非邏輯的，而統覺使心理要素的銜接則是邏輯的。在這個意義上說，統覺既可以是分析的，也可以是綜合的。

第三，活動的統覺。在馮特看來，統覺是主動的，是意識流內的一個恆流。主動的統覺，依靠創造性綜合原則或心理合成律把各種要素聯合成一個單元，也就是說，要素的聯合，產生了新的特性。

關於馮特的實驗內省，人們提出了以下疑問：

第一，單憑實驗內省，很難驗證已經報導的研究成果。不同實驗室中的內省得出不同的結論，甚至同一個實驗室中的內省者也常常有不一致的看法。**第二，嚴格地說，內省觀察只是一種回顧，因為在經驗本身與報告經驗之間經歷了一段時間。**由於在一種經驗之後遺忘發生得較快，所以很可能有些經驗會被忘卻。**第三，當觀察者用內省的方法詳細地考察自己的經驗活動時，在潛意識的作用下，這種考察本身有可能改變該經驗。第四，即便是在馮特那個時代，內省也不是惟一的方法。**心理領域中的大量題材並非內省能夠統領的。

關於馮特的理論體系，除實驗內省之外，其餘的很難進行評說。其中的原因，主要有兩點。

馮特的著作數量眾多，刊發速度極快。批評家正在捉摸馮特的一個論點，可馮特卻在他的新版中對這個論點進行修正了，或寫出了完全不同的新專題。所以，批評家寫成的東西，要麼成為明日黃花，要麼被馮特接踵而來的新著作所掩埋掉。

馮特的理論像分類表，彼此之間的聯繫並不十分緊密，而且幾乎不可能加以論證。在他的綱領裏，批評家幾乎找不到一個用簡單的一擊就可傷及生命中樞的理論，即便是有，也被淹沒在大量詳盡的論述之中。詹姆斯說過：「馮特想充當知識界的拿破崙。可惜他沒有一個滑鐵盧，因為他是一個沒有天才的拿破崙。」所謂沒有天才，主要是說他缺乏一個中心觀念。所以，詹姆斯曾把馮特比做一條蚯蚓，即便把它切斷，每段還會爬。儘管如此，馮特為心理學所作的貢獻仍是不可埋沒。他所堅持的科學實驗方向及所探索的具體科學事實、規律和方法中的唯物成分和辯證因素，對科學心理學的發展有著重大意義。

《心理學原理》

威廉・詹姆斯：機能主義心理學的先行者

因為許多人的思想涉及相同的對象，所以我們相信，思想的對象有一個心外複本存在。

——詹姆斯

威廉・詹姆斯（William James，一八四二—一九一〇），美國著名的心理學家和哲學家，實用主義哲學的宣導人，機能主義心理學的先行者，美國心理學之父。

詹姆斯出生在美國紐約著名的富豪家庭，早年在美國和歐洲各國受過多種專業教育。一八六〇年，在美國威廉・亨特工作室學了半年藝術，但不久又進入勞倫斯理科學院專攻解剖學和化學。一八六四年，與博物學家阿加西斯到巴西亞馬遜流域進行生物調查，回來後到德國學習心理物理學和生理心理學。一八六九年，獲哈佛大學醫學博士學位。一八七二年，在哈佛大學講授生理學和解剖學。一八七五年，率先把生理學與心理學的關係作為一門新的心理學課程，並創立了一個小型的心理學實驗室。一八八五年，擔任哈佛大學哲學教授。一八八九年，改任哈佛大學心理學教授，次年出版了著名的《心理學原理》。一八九四年，當選為美國心理學會主席。一八九七年，重任哲學教授。一九〇九年，再度當選為美國心理學會主席。一九一〇年，在新罕布夏逝世。

詹姆斯的著作主要有：《心理學原理》、《心理學簡編》、《對教師講心理學》、《真理的意義》、《實用主義》、《宗教體驗種種》、《多元的宇宙》、《意志的信仰》等。

《心理學原理》一書，傾盡了詹姆斯所知道的關於心理學的一切，也奠定了他在心理學界的地位。在這本書中，詹姆斯用河流來比喻意識，提出了著名的「意識流」的概念。這一概念使抽象深奧的心理學概念變得直觀具體，更容易為普通人所理解。

關於心理學

詹姆斯指出，心理學是有關心理生活的科學，既包括心理生活的現象，又包括現象產生的條件。對未來目標的追求和對現實目標手段的選擇，是心理性在一切現象中存在的標誌和標準。有生命物質的目標指向活動，包括有意識的指向和本能的或自動化的指向。無生命的物質，無所謂目標指向和手段選擇活動。人們從不將心理性歸於棍子和石頭，因為它們似乎從來也不會為了任何緣故而運動，卻總是在被推動時運動，而且是在完全不在意地運動，看不出有任何選擇的跡象。

詹姆斯認為，心理現象是依一定條件變化的，這種條件就是人的身體狀態，尤其是大腦狀態。因此，心理學一定要預先假定或包含有一定份量的大腦生理學。心理學像其他自然科學一樣，它也不加批判地假定某些資料，即：思想和情感；與思想和情感在時空上並存的物理世界；思想認識的物理世界。

在假定了思想和感情是存在的，是知識的工具之後，心理學就成為研究個體經驗和大腦狀態之間關係的學科。心理學家所研究的心靈是個體的心靈，它的研究方法很多，下面主要介紹內省法、實驗法和比較法。

內省法

詹姆斯指出，內省的觀察是心理學家要首先並且又不斷依靠的工具。內省是靈魂對內心生活的觀察，是對心理生活的直接認知，也可以說是人對剛結束的心理活動的直接記憶，其知識會有很大推想成分。所以，透過它，可以發現意識狀態。

實驗法

對於心理學，實驗法相當於顯微鏡對於解剖學。隨著韋伯、費希納、馮特等人對實驗的方法的使用，心理學的研究面貌發生了很大改變，研究結果也變得更豐富了。

比較法

比較法是內省法和實驗法的補充，它以內省材料為依據，建立正常成人的心理模式，然後再與動物、兒童或有變態心理的成人作比較，以期得到對兩方面都有益處的知識。

另外，詹姆斯還指出，心理學領域記憶體在錯誤的直接原因是心理學名詞的貧乏。這使得心理學家們忽視某些狀態，對它們不加考慮，甚至誤認為是其他狀態。這是心理學內部一種極不幸的謬誤。

心和習慣

詹姆斯首先指出了「心」對於時間的關係和空間的關係。像腺體停止分泌，肌肉停止收縮一樣，腦有時也會不發生電反應，此時，與之並存的是一種最低度的意識。但對於有些人，整個可能的意識可以分裂成各部分，這些部分彼此不相知，卻同時並存，並且分別有自己的對象。

意識對於空間的關係問題就是靈魂的位置問題。無延展性的靈魂必定是個不被感知的東西，它不能成為任何空間問題的終點，所以它不能在任何可能的意義上有其地位。

心和腦以外的其他事物的關係，只是認知上的和情緒上的關係。在看待認知作用時，心理學者必須假定對象與主體是相對等的二元論，以及二者間是預定的調和。由認知作用所得到的知識大體上可分為兩類：認得之知識和曉得之知識。習慣是複合物受外力作用而產生的適應性變化過程。生物具有習慣現象是因為構成它們身體的有機物質存在可變性，人是由於神經系統的反射特徵才形成習慣的。人的神經系統順應著它練習的模式而長成，這也使習慣得以鞏固。習慣的行為表現是連鎖的動作。習慣能使達到某個結果所需要的動作簡單化，使這些動作更準確，並且減少人的疲勞。同時，習慣還能使行為者做出動作所需要注意的事項減少。

習慣是社會穩定的要素，是社會最可貴的保守勢力，它使人人安分守己。在進行教育活動時，我們必須將很多有用的動作弄成機械的、習慣的。這種動作要學得多、學得早，並且開始時的力量要大。學習新事物時，要一直到它在我們的生活中根深蒂固，變成習慣為止。如果只想不做，或不儘早實行，人的品行就不會真正得到改變。

意識流

意識是指心理活動，其同義詞，感覺和思想，也都是用來指心理活動。思想過程有以下重要特性：

思想有成為個人所有的趨勢

我們通常研究的意識狀態，只有從個體意識裏，各個心裏，各個自我裏，各個具體而特殊的我和你裏，才可以見到心理學的直接資料不是思想，而是個人的自我。一切思想都傾向於個人意識。

思想是不斷變化的

沒有任何一個狀態，一經過去，能夠再現，能夠與以前的這個狀態合一。每一感覺都對應著某種大腦活動，而大腦活動在生理上時時變化，因此由腦主管的感覺必會隨著大腦的變化而變化。一個永久存在的「觀念」按週期地一再重現於意識的舞臺之上，這只是神話裏才會有的東西。

在每個人的意識之內，思想覺得是連續的

這一命題有以下兩方面的意義。

一、在每個人的意識之內，即使有時間上的斷缺，斷缺後的意識也會覺得斷缺前的意識是同一自我的另一部分，它們是連成一體的。

二、意識的性質在各個剎那間的變化，永遠不是絕對突然的。意識並不是銜接起來的東西，它是流動的，即意識流。它與思想流或主觀生活之流指的是同一對象。

詹姆斯形象地把意識流比作鳥的生活，鳥的生活似乎只是飛翔和棲息的更替。於是，他把思想流「棲息」的地方叫實體部分，「飛翔」的部分叫過渡部分。過渡部分的主要用途就在於我們由這個實體的終結到那個實體的終結。以往內省地認識過渡部分的真面目是困難的，人們往往認識不到過渡部分。因為假如過渡部分是向著終結飛行，那麼在終結之前靜止地去看它，等於把它消滅了。而如果等到實現了終結再去看它，那麼，因為這個終結比過渡部分有力並穩定得多，就會完全把過渡部分掩蓋和吞沒。

總之，我們的思想覺得是連續統一的。反之，思想藉以進行的字詞、意象及其他工具好像是分散的。在這些實體的分子中間，還有「過渡」的意識，並且這些字詞和意象是「帶邊緣」的，而不是看起來就是一目了然的分散的樣子。

人類思想具有認知的功能

思想流是存在的，並可分為實體和過渡兩部分；外界事物也是存在的，並且存在物與物之間的關係。實體部分和外物相對應；過渡部分和事物間關係相對應。**詹姆斯指出，因為許多人的思想涉及相同的對象，所以我們相信思想的對象有一個心外複本存在。許許多多對象之中的同一性，正是我們相信「思想之外存實在」的依據。**

意識具有選擇性

意識永遠總是對它的對象的一部分比其他部分更關切，並且意識在它思想的全部時間，總是歡迎一部分，拒絕其他部分，這就是意識的選擇性。詹姆斯認為，選擇性注意過程和審慮的意志過程都是意識選擇性的具體表現。但也還有我們不曾覺察到的選擇作用，比如，從根本上講，感覺器官生來就具有選擇作用。個體的心在每時每刻都面臨著許多可能的選擇，意識將這些同時的可能經過互相比較，用注意的援助和抑制作用選出一個，捨棄其他。所以說，一個人的思想經驗依賴於他所經驗過的事物；可是他經驗什麼事物，在很大程度上取決於注意的習慣。

自我意識

詹姆斯認為，研究自我意識，要從最廣義的自我講起，然後逐步尋求其最微妙精深的方式，即德國人所謂的從經驗自我之研究到純粹自我之研究。

每個人的經驗自我，就是一切被稱之為「我」的事物。一個人的自我，廣義地說，就是一切能夠被他叫做「他」的總和。我們可將其分成三部分：自我的成分，自我情感，自營與自保。其中，後兩部分聯結尤為緊密，也可以看作具有順接關係的整體。

自我的成分

一、物質自我。我們的身體、親人、衣服、家舍和財產都是物質自我的重要部分。如果這些受損，我們就第一感覺就是自我受損了。

二、社群自我。人的社群自我，就是他從同伴中得到的注意。一個人能夠得到多少人的注意，並在這些人心中留下印象，這個人就有多少個社群自我，詆毀其中任何一個印象，就是詆毀這個人本身。

三、精神自我。詹姆斯認為，精神自我指的是一個人內心的或主觀的存在，具體地說就是人的心理傾向。它有抽象和具體兩種看法，抽象的看法是指我們可以將精神自我分為各種能力，然後再將它們彼此分開，並認定自己就是某種能力；我們也可以持具體的觀點，精神自我就是個人整體的意識流，或是意識流此刻的「節段」或「橫切面」。精神自我是自我中最持久，並與自我聯繫最密切的部分。

自我情感與自營、自保

詹姆斯指出，每種自我活動都會引起相應的情緒體驗和應對行為，也就是自我情感和自營自保。具體的自我情感主要是自誇與自貶。與自我相對應的各種自營自保形式是，服飾打扮、飲食起居、聚斂財物等是物質自我的自營行為；社群自營行為包括結交朋友、希望得到他人關注等；精神自營指獲取心理上進步的衝動。由於欲望對象繁多，不同的自我之間存在著競爭和衝突。競爭的結果將一個人的各項自我，以及由此而來的各種自視態度，排成分等的尺度。大致是這樣排列的：身體的自我最低，精神的自我最高，身外的物質的自我及各種社群的自我在中間。闡明了現象自我的成分，詹姆斯接著介紹自我意識的本質問題。**詹姆斯認為，這種個人恆同的純精神的自我意識，含著一道思想流，這一思想流的每一部分都能以主動的「我」的身份，記住已逝的部分，並知道這些部分曾知道的事物。**

思想不斷地把它認為是自我的東西傳給繼任者，它把思想流的過去看作自我，把思想流的現在看作自我的自我，即自我意識。思想流的現在部分佔有過去部分，說明自我是恒同的。這是由於自我意識記住了過去的思想及其對象，在喚起過去思想的同時往往也激起一定情緒體驗和身體的變化。

佔有和被佔有，只不過是自我意識和已逝思想一個認識和被認識的過程，這個自我意識就是主動我，已逝思想就是被動我。

自我不是一成不變的，其變化包括兩點：第一，記憶的改變，表現為記憶喪失，或出現錯誤的回想；第二，現在的身體的與精神的改變，主要包括瘋狂的妄想，交替的自我，靈媒與靈附現象。

情緒和意志

人們習慣上認為：因為悲傷才哭泣；因為生氣才打人；因為害怕才發抖。而詹姆斯則認為，合理的說法應該是這樣的：因為我們哭，我們才覺得悲愁；因為我們動手打人，才覺得生氣；因為我們發抖，才覺得害怕。其原因是，對於事物的知覺立刻引起身體上的變化，而當這些變化發生時，我們才有所體驗，這樣才會導致情緒的發生。在詹姆斯看來，人的整個身體是一種「共鳴器」，因此，每個意識上的變化，無論多麼輕微，都會使它回應。換句話說，無論身體發生什麼樣的變化，在發生的那一刻都會被清晰地或模糊地意識到，並有所反應，這就是情緒體驗。

個體間的情緒反應各不相同，詹姆斯認為其生理機制是這樣的：每個情緒都是一叢元素的結合體，而且每個元素都是由一個已經熟知的生理作用引起的。這些元素都是機體的變化，並且每個變化都是由刺激對象所引起的反射作用。這種反射作用是變化無窮、因人而異的。因此在人體中，沒有專管情緒的腦中樞。由此可見，由實驗直接證明這種情緒學說的想法是不現實的。

從生理上看，人的整個神經組織是一種把刺激轉化成行為的機器人生命中的理智部分和這台機器運轉的核心部分有關。每一心理活動最初都必然引起身體的活動。**詹姆斯指出，無論我們是否意識到，隨內導神經衝動而來的每一外物的印象，都能引起某種下行神經衝動的釋放，每一可能的感覺都能產生一種活動，而這種活動是整個有機體的一種活動。**無論它在中樞神經的哪一部位產生，其他部位都會有反響，並以這種或那種方式影響主體，使有機體的活動增強或減弱。一句話，行為和動作是心腦活動的結果。隨意活動是以不隨意活動為前提的。本能和反射活動一經實施，就要留下兩種動作印象，隔遠的和在地的。隔遠的印象是由於動作對於眼睛、耳朵或皮膚等的影響；在地的印象是指動作對肌肉、關節等的影響。當心中的印象再次出現，並要實現它們時，個體所做的活動就成了隨意活動。因為先前的印象充當了動作的「心理暗號」。這種心理暗號可以是在地意象，也可以是隔遠印象。

隨意活動可以分為兩種：一種是需要意志努力的；另一種是不需要意志努力的，即觀念發動性活動。**所謂觀念發動性活動，就是只要心裏一有活動的意念，馬上就毫不猶豫跟出的活動，其中絕對沒有明知的指令。**因此，我們很難確定應該稱它為反射作用還是有意動作。

詹姆斯指出，人的心裏同時會出現許多觀念，其相互關係或是敵對的或是友善的。這使得人不得不在這幾種觀念中進行選擇，進而表現出行動的猶豫不決。而一旦某種觀念佔據優勢，相應的行動就會自然跟出。意志努力就是在諸種相互衝突的動機和觀念中，使某一動機、某一觀念凸現出來，獨佔心上。所以說，意志是心與觀念相互作用的產物。

《夢的解析》

西格蒙德・佛洛伊德：精神分析學派的創始人

夢是一種（被壓抑的、被抑制的）願望的（經過改裝的）滿足。

——佛洛伊德

西格蒙德・佛洛伊德（Sigmund Freud，一八五六—一九三九），奧地利心理學家，精神分析學派的創始人。佛洛伊德出生在小鎮弗萊堡的一個猶太人家庭，其父是一個做羊毛生意的商人。四歲時，全家遷往維也納，並在那裏生活了將近八十年。

一八七三年，佛洛伊德進入維也納大學攻讀醫學。

一八八一年，佛洛伊德獲醫學博士學位，此後不久開始從事使他後來聲名卓著的精神分析研究。

一八八五年，從師當時世界著名的神經病理學家J・沙可，沙可強調歇斯底里症等神經病有性的基礎，對佛洛伊德有很大影響。

一八八九年，佛洛伊德跟隨伯恩海姆學習催眠術，這對他以後的精神分析法有很大啟發。

一八九五年，佛洛伊德與布洛爾合著的《關於歇斯底里的研究》一書出版，標誌著精神分析學派的誕生。

一八九七年，佛洛伊德開始進行自我分析，他用自由聯想法解釋自己的夢，透過對夢的分析，可以發現神經病患者無意識系統深處被壓抑的欲望。

一九〇〇年，佛洛伊德的《夢的解析》一書出版，並引來了許多追隨者。一九〇八年，佛洛伊德創辦了維也納精神分析學會，兩年後發展為國際精神分析學會。一九一九年，佛洛伊德創建國際精神分析學出版社。一九三八年，佛洛伊德遷居英國，次年在倫敦病逝。

佛洛伊德精神分析學說的核心內容是人格發展理論，他從人的無意識動機和性本能出發，分析了人格發展過程和形成機制，提出了一個完整的人格發展的動態模式。

作為一位精神病學家和心理學家，佛洛伊德的影響遠遠超過了專業學術領域，這使他成為二十世紀為數不多的具有世界性知名度的人物之一。佛洛伊德的理論不僅對於心理學是一種必備的累積，對於其他領域，甚至是日常知識來說，都是必不可少的。

佛洛伊德的主要著作有：《夢的解析》、《性學三論》、《歇斯底里研究》、《日常生活的精神分析》、《圖騰與禁忌》、《精神分析引論》、《自我與本我》、《文明及其缺陷》等。

《夢的解析》出版後，被譽為「精神分析學第一名著」。該書透過對大量夢境實例的科學探索和解釋，打破了幾千年來人類對夢的無知和迷信，揭示了左右人們思想和行為的潛意識，並提出了許多改變舊有心理學定論的推論。

在這本震撼了整個世界的著作出版以前，有關夢的經典理論都認為，夢是以象徵的方式，顯示已經發生或正在發生的事物。人們大都深信夢與超自然的存在有密切的關係，夢均來自他們所信仰的鬼神的啟示，是預卜未來或警示的神秘途徑。佛洛伊德則不同意這種看法，經過多年精神醫學的臨床研究，他首次揭穿了夢的秘密：**夢是願望的達成，是清醒狀態精神生活的延續**。他明確提出，夢的內容多數是最近的以及孩提時代的資料，幾乎每一個夢的來源，都是做夢前一天的經驗。他解析說，只要是外界給神經和肉體的刺激足以引起心靈的主意，即可構成產生夢的出發點和夢的資料的核心，並按照「復現的原則」，使某種心靈上的印象得到重視。

在這本書中，**佛洛伊德石破天驚地告訴曾經無知和充滿疑惑的人們：夢是一個人與自己內心的真實對話，是自己向自己學習的過程，是另外一次與你息息相關的人生。**當你沉入最隱秘的夢境時，你所看見、所感覺到的一切，你的呼吸、眼淚、痛苦以及歡樂，都並不是沒有意義的。

佛洛伊德提出了著名的潛意識論，他認為，人在清醒的意識下面，還有一個潛在的心理活動在進行著。這個潛在的心理活動，人們雖然意識不到，也不承認它的存在，但是它卻嚴重地影響著人們的外部行為。潛意識是被壓抑著的，主要是違反成年人道德的心理活動，是兒童時期心理發展過程中棄而不用的欲望。這些欲望不時地要求在意識裏表現出來，但是只有改頭換面的以神經症的症狀、夢境或人們在日常生活中的失誤（如遺忘、筆誤、口誤等），才能表現出來。

同時，**佛洛伊德把人的整個精神狀態視為一個系統，分為本我、自我和超我三部分。本我，代表人的基本欲望和衝動，是生命的動力；超我，代表道德和良心；自我，代表理性和審慎。**人們在本我的推動和超我的約束下，從事合理的行為。自我在長成過程中，形成了各種精神防禦機制，如幻想、投射、合理化、軀體化等，以妥善抒解心理衝突。

這三個部分的密切配合，使人能夠有效而滿意地與外界環境交往，以滿足人的基本需要和欲望，進而保持心理平衡。反之，當這三個部分互相衝突的時候，人就會處於失調狀態。

佛洛伊德早期認為，人類有兩大本能：性（慾）本能和自體生存本能。自體生存本能包括飲食本能、避險求安本能等，但從某種角度看，它仍是為了繁殖後代而存在的。所以從生物學種族生存的長鏈看，性本能始終居於核心環節。後來佛洛伊德修改了這一觀點，認為**人類的兩大本能為：一是愛及生存本能，包括性慾本能與自體生存本能；二是攻擊與破壞本能。**

佛洛伊德認為，各種原始本能的大本營居於本我，本我又是各種本能活動能量的源泉。佛洛伊德將性慾本能的能量叫做「力比多」，力比多根據個體的情況進行貫注、活動或轉移。佛洛伊德認為愛及生存本能和攻擊與破壞本能雖然是對立的，但也可以相互轉化（如愛轉化為恨），相互結合。性慾本能與攻擊本能結合後，如指向外界的性對象則形成性虐待，而指向自身則形成性受虐和心理變態。

自從有了人類，也就有了夢，每個時代都有許多人渴望能夠解釋夢。正是在以往人們對夢的解釋的基礎上，佛洛伊德指出了夢並不是一種無意義的生理活動，而是一種有意義的心理活動，「它是一種具有充分價值的精神現象，而且確實是一種願望的滿足」，「夢的內容是在於願望的達成，其動機在於有某種願望」。

佛洛伊德認為夢所表現的願望是與無意識欲望相聯結的。夢如同心理變態或失誤一樣，表現了人們不允許自我意識和在清醒狀態下不允許表達出的無意識動機。這些動機大多是一些非理性的欲望。

各種非理性的憎恨、野心、嫉妒、羨慕以及變態的亂倫欲望都會在夢境中出現，其中有許多來自於受壓抑者的童年生活和童年創傷，如俄狄浦斯情結。這些欲望在白天受到意識的控制和壓抑，但並沒有被消除。睡眠時，人的自控和監督能力減弱，它們乘虛而入，重新復活。所以，佛洛伊德認為，與其說夢是一般人所謂的對將來的預示，不如說是對過去經驗的回憶，是過去特別是兒童時期遭壓抑和排斥的無意識欲望在改頭換面之後的復活。

在《夢的解析》中，佛洛伊德既強調了夢是無意識欲望的表達，又指出這種表達並不是肆無忌憚、直截了當的，而是經過修飾改裝的。

佛洛伊德認為，睡眠是一種生理需要，它需要減少和降低來自外部環境和內部心理的刺激以保證它的延續。所以，在睡眠狀態中，人的意識像一個審查者或者監督員，它只是處在迷糊狀態但並沒有完全消失，如果遇到比較強烈的刺激，它仍然會發揮作用以保證睡眠的進行。為了逃避審查，無意識欲望就必須喬裝打扮、蒙混過關。從這個意義上說，夢是本我被壓抑的力量與超我的壓抑力量之間的一種調和、妥協。

根據這一思想，**佛洛伊德對夢進行了立體的解釋。他把夢分成表層的「顯夢」（manifest dream）和深層的「隱夢」（latent dream），夢的意義也被分成了「顯義」（manifest dream content）和「隱義」（latent dream content）。前者受到了理性、意識或道德原則的形式化和修飾化，也就是佛洛伊德所說的「夢的改裝」，而後者則是這些形式和修飾所掩蓋的願望的本質。**

正因為在夢中，無意識的表達衝動受到意識的沉默的壓力的克制，所以，夢不得不採用一種秘密的語言，結果，許多的夢都不以能夠讓人覺知的故事形態出現。有時，人們可能只夢見單獨的影像或者事物，構成夢的內容可能只是辦公室建築的一個角落、一個坐在手提箱上的男人、一雙鞋或者一支溫度計。夢也可能將幾個時間重疊在一起，使個人經驗中相隔多年發生的事情同時出現。在這些夢裏，夢中出現的影像就像是一張簡短而不含感情的密碼電報，儘管它記載了豐富的資訊，但卻必須藉助於一定的編碼規則，並採用專業的解碼方式才能進行解釋和理解。

這本書最具啟示性的成果就是，**佛洛伊德透過對大量夢例的分析，探討了夢對願望進行改裝的方法，即所謂夢的工作（dream work）。**

佛洛伊德從四個方面闡述了夢對願望進行改裝的工作方式。

凝縮（condensation）。凝縮是指顯夢為了逃避意識的監督，將隱夢的內容進行壓縮、精簡，排除隱夢中許多相互聯繫的內容，形成了一個新的更概略的片斷，或者是從多種願望中挑選了某些部分重新組合為一個新的夢的內容。比如，一個人夢見一個有權威的男人，這個人看起來像他的父親，面部像一位可怕的老師，衣服卻像他的上司。這就是將這個人的戀父情緒進行了凝縮，使他的恐懼和仇視對象被結合成了一個人，同時也就混淆了意識對戀父情緒的識別。

轉移（displacement）。轉移是指顯夢將隱夢的主要部分或中心動機，放置到不為人所注意的邊緣，或者被當作無關緊要的部分而逃避審查。

象徵（symbolism）。象徵是指顯夢不是直接地，而是用一種替代物間接地表達隱夢的意義。這種以彼物代此物的方式，代表的是人的感覺經驗、內在經驗，它使得人的無意識透過一種曲折的方式在夢裏出現。佛洛伊德認為，在夢裏，手杖、樹木、雨傘、刀、筆、飛機等是男性生殖器官的象徵，而洞穴、瓶子、帽子、門戶、珠寶箱、花園、花等則代表了女性生殖器官。跳舞、騎馬、爬山、飛行等則代表了性行為。頭髮或者牙齒的脫落則是閹割的象徵。儘管佛洛伊德把象徵僅僅與原始欲望相聯繫——這大大限制了夢的工作機制的覆蓋面，但他這一思路的方法論的意義卻對心理學有重要啟示。

「二次校正」（secondary elaboration）。這種作用使由於意識與無意識的對抗造成的夢的片斷性、症候性和曖昧性得到修正、補充和修飾，使夢從無序的混亂狀態變成有序的明晰狀態。這一方面使夢能夠順利地進行和被記憶，另一方面也使無意識受到軟化和隱藏。

儘管佛洛伊德認為，並不是所有的夢都是可解的，但由於他對夢的本質和夢的工作機制有了一種系統性的理解，所以他堅信，大多數夢的真正意義是可以透過對夢者自由聯想的引導和分析，對夢的偽裝機制的排除，而得到解釋的。佛洛伊德在《夢的解析》中用大量的夢的分析實例，證明了他的方法和技巧的可操作性。

這本書的意義，當然遠遠不只是提供一種解釋人的夢的心理的觀念和方法，更重要的是，它提供了一種瞭解人的心靈和人的創造的途徑。

從某種意義上說，不僅是夢，甚至人的所有創造，都可能用一種曲折的方式，表現人類亙古以來被壓抑的本能欲望。

正如佛洛伊德對神話、童話以及古希臘悲劇《俄狄浦斯王》、莎士比亞的《哈姆雷特》分析的那

樣，人類文明都是本我衝動與超我壓抑，經過驚心動魄的較量之後的一種共謀。

所以，佛洛伊德的夢的學說之所以在他的精神分析理論中佔有如此重要的地位，就在於它的意義並不只是局限於精神病學和心理學，而是在人類學、宗教學、美學、文化學，甚至在政治學、倫理學、神話學中都得到了廣泛的應用和檢驗。無論是對佛洛伊德這些觀念、方法、結論的繼承還是反對、修訂或是補充，都使《夢的解析》成為一本在人類自我認識史上不可忽略的經典著作。

《夢的解析》是佛洛伊德的代表作，也是精神分析學的奠基作，同時也可以被看成是二十世紀人文社會科學最重要的經典之一。這部著作不只是解析了夢，更重要的是闡述了佛洛伊德心理學的理論基礎。

佛洛伊德認為，透過夢，可以認識人們在覺醒時不曾知曉的心理活動。對夢進行解析，可以發現心理疾病的發病原理，可以解釋人們日常生活中各種失誤行為，這對醫學的影響尤為深遠。德國著名哲學家弗特派員姆曾經說，佛洛伊德對夢的分析，是「現代科學對夢的分析的最具原創性、最著名與最重要的貢獻」。

儘管《夢的解析》發表已經一百年了，但學術界認為，佛洛伊德所闡述的夢的基本思想和方法「至今大體上仍然未受到挑戰，甚至任何值得認真研究的替代理論也沒有出現過」。這足以說明，《夢的解析》是一部經受住了時間的考驗至今仍然具有人文價值的重要著作，這也是它至今仍然在世界各地一版再版的原因。

當然我們應該注意到，佛洛伊德在釋夢時的主觀性、任意性和神秘性也是顯而易見的。佛洛伊德把人的一切夢的隱義，都與夢者潛意識中的本能欲望聯繫起來，這未免有些牽強。佛洛伊德根據其性慾理論來解釋夢，不是把人看作社會的人，而完全看作一種動物，這一點從一開始就受到了人們的譴責。

《性學三論》

西格蒙德·佛洛伊德：精神分析學派的創始人

性早熟常常與智慧發展的早熟同時發生，兩者的這種結合，往往出現於最傑出、最有能力的人物的童年時代。

——佛洛伊德

《性學三論》主要研究人類性慾的本質及其發展過程，這是佛洛伊德繼《夢的解析》之後，對人性探討中最富創見和最永恆的貢獻之一。

《性學三論》發表於一九〇五年，在此後的二十年中，佛洛伊德多次對它進行修補和改正。這本書的主要功績在於，他把被人視為瘟疫和禁忌的「性」變成一門科學，並把它提升為教育中的一個重要科目。

《性學三論》

佛洛伊德透過精神分析的技巧，運用治療病人的實際資料，對性的問題做了一番系統性的分析、研究，並闡明了他的性學學說。他把性的問題分為性的對象、性的目的、性的表現方法等幾個問題來探討，大膽開闢了性研究的新領域，並且強調在學校加強兒童的性知識、性觀念的教育，提出了許多至今仍值得我們借鑒的精闢見解。

佛洛伊德指出，從性本能在對象和目標方面的變態出發，人們面臨著這樣一個問題，即它們究竟是先天的傾向還是由於生活經歷而後天獲得的。

透過精神分析研究，佛洛伊德瞭解了神經症患者的性本能機制，發現每一種性變態都可以作為無意識力量存在，進而導致症狀的發生。因此，可以說，神經症就是性變態的反映。

鑒於性變態傾向的廣泛存在，佛洛伊德得出下列結論：性變態的傾向是人類性本能中最基本和最普遍的傾向。

在成熟的過程中，由於器官的變化和精神的壓力，才發展出正常的性行為。佛洛伊德希望能夠顯示這種基本傾向在童年期就存在了。在限制性本能方向的各種力量當中，他強調了羞恥心、厭惡感、憐憫心和社會所樹立的道德和權威體系。

佛洛伊德認為，一切違背常態的性變態都是對發展的制止和幼兒化的結果。儘管非常有必要強調先天傾向對於性變態的重要性，但是它們與實際生活的影響之間並非是對立的關係，而是合作的關係。

由於先天傾向必然是複雜的，因此性本能本身似乎也肯定是各種因素的組合體。在性變態中，這個組合體又分散開來，變成各個組成部分。所以，一方面可以把性變態看作是對正常發展的制止，另一方面又可以把它們看作是正常發展的分崩離析。把這兩方面結合在一起，就形成了一種假設：成年人的性本能是一系列童年時期的衝動的組合體，它是具有惟一性目標的衝動。在神經症患者中，性變態傾向佔據了優勢，這是因為本能的主流被「壓抑」作用所阻止。

一般人認為，幼兒是沒有性衝動的，性衝動只始於青春期。童年期性本能的存在被否認，不常觀察到的兒童的性表現被說成是反常現象，這是非常令人遺憾的。其實相反，兒童降生到這個世界上來的時候就帶著性活動的種子，在他們開始攝取營養時就已經享受到性滿足了，他們透過人們所熟悉的「拇指吸吮」來不斷重複性滿足的經驗。

然而，兒童的性活動似乎並沒有與其他功能齊頭並進，而是經過從二—五歲的一段短暫的繁盛期後，進入了所謂的潛伏期。在此階段，性興奮的產生絕沒有停止，而是繼續存在並儲存了能量，在很大程度上用於非性的目的——也就是說，一方面把性的成分變成社會的情感，另一方面，透過壓抑和反向作用，建立起後來對性慾的提防。

由此可以看出，把性本能局限於某個範圍之內的力量是在童年時期累積起來的，它們主要是以變態的性衝動為代價，並得到了教育的幫助。但是一部分幼兒期的性衝動似乎躲過了這些力量，成功地在性活動中表現了自己。

兒童的性興奮有多種來源，很可能皮膚的任何部分和任何的感覺器官，都可以具有快感區的功能。當然，有一些特別突出的快感區似乎透過某種機制最先興奮起來。

性興奮似乎還是生物體大量過程的副產品，尤其是那些伴有較強感情的過程，即使這些感情是令人不快的也一樣。來自所有這些源泉的興奮還沒有結合在一起，而是各自追求著自己的目標，也就是獲得某種快感。因此，**在童年時期，性本能還不是一個統一的整體，起初也沒有對象，也就是說，它是自體享樂的。**

早在童年時期，生殖器官的快感區似乎就開始引人注目了。這可以透過兩種途徑：或者像其他任何的快感區一樣，對適當的刺激做出反應，產生快感；或者以一種我們還不太理解的方式，其他的源泉產生滿足時，生殖區也同時獲得性快感。我們很不情願地承認，我們還不能令人滿意地解釋性滿足和性興奮之間的關係，也不能解釋生殖區的活動和其他性慾源泉的活動之間的關係。

佛洛伊德在對神經症的研究中發現，從兒童的性生活之初，就可以看出性本能各組成部分組織的跡象。在早期階段，口唇快感扮演了主要角色；第二個階段，則是虐待狂和肛門快感占了主導地位；直到第三階段，真正的生殖區才在決定性生活之中產生了應有的作用。但是在兒童身上，這最後一個階段只發展到陰莖占主導地位。

人類的性發展過程被潛伏期所打斷，這個事實似乎特別需要注意。這好像是人類進入更高的文明階段的前提條件之一，但同時也好像是人們患神經症傾向的前提條件之一。人類這種特殊性，可能起源於人類的史前期。

很難說清在兒童期中，究竟多少性活動算是反常的或者對於進一步的發展有害。佛洛伊德發現，這些性表現主要是自慰性的。進一步的經驗顯示，引誘等外部影響能夠打斷甚至完全終止潛伏期，這時兒童的性本能實際上就變為多重變態的，而且這種過早的性活動似乎還會降低兒童受教育的能力。

佛洛伊德意識到，雖然人們對幼兒期性生活的瞭解還有缺陷，但必須接下來探索青春期的到來所帶來的變化。佛洛伊德選擇了其中兩點作為決定性的變化：性興奮的其他來源對生殖區的服從，以及發現性對象的過程。

這兩個方面在童年時期都已經萌發了。前者伴隨著產生前期快感的機制，也就是說，以前那些能帶來快感和興奮的自足的性活動，現在成為新的性目標——釋放性產物的準備活動，這個性目標能帶來巨大的快感，它的實現能把性興奮貫徹到底。

在這裏，必須考慮到性慾分化為男性的和女性的。人們發現，為了變成一個女人，還需要進一步的壓抑，它使女孩拋棄了一部分幼兒期的男性性慾，為她的首要生殖區的變化做好了準備。

至於性對象的選擇，它的方向是由童年期孩子對父母及其看護者的性傾向所決定的，這種性傾向在青春期得到重現。但是，同時由於對亂倫的提防，他的對象選擇脫離了家庭成員，而轉向與他們相像的其他人。

在性本能漫長的發展道路上，每一步都可能成為固置點，這個組合體的每一個接合點都可能成為分崩離析之處。對於這一點，佛洛伊德透過大量的例子予以證明。

為了列舉出所有干擾發展的內在和外在因素，並顯示這些因素究竟是作用於這個機制的哪一部分，佛洛伊德針對不同方面作了分析。

一、體質和遺傳以及後天的改變

佛洛伊德指出，先天的性體質是千差萬別的，這很可能是所有因素當中最重要的。佛洛伊德認為，這種差別在於，哪一種性興奮來源占了主導地位，而且這種傾向的差別必定要在最終結果當中表現出來，儘管這個結果不一定會越過正常的界限。毫無疑問，也可能存在著另外一種傾向，它不必與其他因素共同作用就能夠導致反常的性生活，而這種傾向也是千差萬別的。這類因素可以被稱為是「退化的」，即遺傳的退化表現。

隨著來自不同源泉的性慾支流的變遷，新的可能性不斷出現。後天的改變顯然對最終結果有決定性的影響。

二、早熟

在佛洛伊德看來，早熟表現在幼兒性慾潛伏期的中斷、縮短或者終止。這種紊亂造成的性表現必然是變態的，因為一方面，對於性慾的制止是不完全的，另一方面，生殖系統還沒有發育成熟。這些變態的傾向在後來可以持續下去，也可以透過壓抑變成神經症的動因。

無論如何，性早熟都使更高級的心理機制，在日後難以控制性本能，而這種控制本來是人們非常希望的。

另外，性早熟還增強了性本能的衝動特性，這是性本能本來就具有的心理特徵。

三、時間因素

各種本能衝動進入活動期的順序似乎是由物種發生所決定的，它們在被新出現的本能衝動所取代或者受到某種典型壓抑之前，能夠自我表現的時間長短似乎也是一定的。但是在時間順序和持續時間方面，又好像都存在著差異，這些差異肯定對最終結果產生了決定性的作用。

某一特定潮流比它的反向潮流出現得是早還是遲，這可不是一個無關緊要的事實，因為壓抑的作用是不能逆轉的，各組成部分結合的時間順序上的差異必定要對最終的結果有所影響。

極其強烈的本能衝動通常只能持續一段短得驚人的時間，比如，後來成為明確的同性戀者的異性戀史，就是強烈而又短促的。

沒有理由擔心童年期間最強烈的傾向會永久地支配成年後的性格，它們很可能會消失，讓位於一種相反的傾向。佛洛伊德具體地把這種現象比喻為「殘酷的統治者統治的時間短」。

四、偶然經歷

佛洛伊德認為，在性慾發展的過程中，影響最大的莫過於性慾的釋放、壓抑和昇華了。對於後面兩者的內在原因他還不完全瞭解，但他覺得，也許可以把壓抑和昇華包括在先天傾向之內，把它們看作是先天傾向在生活中的表現。

有人說，性生活的最終形式主要是先天體質的結果，這樣說是有道理的。然而，明眼人也一定會同意，各種因素的相互作用，使得童年和後來經歷的偶然事件也能夠施加一些改變性的影響，很難估計先天因素和偶然因素的相對重要性。從理論上講，人們總是傾向於高估前者，而治療實踐則強調後者。但是，有一點是不容忽視的，那就是，這兩者之間的關係是合作的而不是相互排斥的。先天的因素要在有了一定的經驗後才會表現出來，而偶然因素要想發揮作用又必須有先天的因素作為基礎。

五、早期印象的持久性

早期印象具有持久性，部分原因可能在於另一個心理因素，這就是心理生活對早期記憶的留戀遠遠超過最近的印象。佛洛伊德認為，絕不應該忽視這個因素對造成神經症的作用。

這個因素依賴於心智的教育，它與個人的文明程度成正比。相反的，野蠻人則往往被描述為「只生存於瞬間的可憐的孩子」。

六、固置

上述五種心理因素為幼兒期性慾接受某些偶發的刺激打下了良好的基礎。這些刺激（其中最主要的是其他兒童或者成年人的引誘）在心理因素的幫助下，為永久固置的紊亂提供了材料。因此，在神經症患者和性變態者身上觀察到的正常性生活的變異，有相當一部分是在早期由於童年的印象而形成的。固置，是由以下幾個方面造成的：適當的體質、性早熟、早期印象更為持久的特徵，以及性本能受到的外界影響的偶然刺激。

最後，**佛洛伊德指出，性反常是人類性本能中最基本和最普遍的癖性。**一切脫離常態的性變異是整個性發展的中斷和幼稚病，或是正常本能的分崩離析。在青春期內，由於生殖區的軟弱，原本應該發生的各要素的聚合現象便不能發生，致使性慾中其他一些較強的部分取代生殖區，進而形成了性反常。

《理解人性》

阿爾弗雷德・阿德勒：現代自我心理學之父

野心和虛榮將有礙於個體的正常發展，它們不僅使社會感的進化受到阻遏，而且還往往把那些充滿權力渴望的人引向自我毀滅。

——阿德勒

阿爾弗雷德・阿德勒（Alfred Adler，一八七〇—一九三七），奧地利著名精神病學家，個體心理學創始人，人本主義心理學的先驅，現代自我心理學之父。

一八七〇年，阿德勒出生在奧地利維也納郊區一個富裕的猶太人家庭。一八九五年，獲得維也納大學醫學博士學位。為了實現童年的抱負，他開始從醫，最初從事眼科，後來改為普通科。最後，在佛洛伊德《夢的解析》的影響下，轉而研究精神病學。

一九〇二年，他參加佛洛伊德週三討論會，是當時精神分析學派的核心成員之一。一九一〇年，任維也納精神分析學會主席。一九一一年，因突出強調社會因素的作用，公開反對佛洛伊德的泛性論，並退出精神分析學會。阿德勒創立個體心理學，另建自由精神分析研究會，一九一二年改稱個體心理學會，成為一個頗有影響的學派。一九一四年，他創辦《國際個體心理學雜誌》。一九二〇年，任教於維也納教育學院，並在學校系統中組織兒童指導臨床活動，成立兒童指導中心。在一九二二年至一九三〇年期間，他主持召開了五次國際個體心理學會議。一九二六年任美國哥倫比亞大學的客座教授。一九三二年，他到長島醫學院任美國醫學心理學的第一個客座教授。一九三七年，赴蘇格蘭亞伯丁做演講旅行時病逝。

精神分析學派內部，阿德勒第一個反對佛洛伊德的心理學體系，由生物學定向的本我轉向社會文化定向的自我心理學，對後來西方心理學的發展做出了巨大貢獻。阿德勒的諸多著作都是闡明人生道路和人生意義的通俗性讀物，但通俗中包含著極深的哲理和巨大的學術價值。

阿德勒主要著作有：《理解人性》、《神經症的性格》、《器官缺陷及其心理補償的研究》、《個體心理學的實踐與理論》、《生活的科學》、《自卑與超越》、《神經症問題》等。

阿德勒畢生關心人的成長和社會教育，並以此作為他工作的動力。與佛洛伊德決裂後，他把目光轉向社會文化環境和外在因素，注重兒童的社會責任感。透過社會興趣的研究，他強調，每個人都是社會的一員，對社會的興衰和人類的進步都有自己應盡的責任。

二十世紀二〇年代，阿德勒在維也納人民學院的露天講壇面向公眾進行心理學演講，並溫和而耐心地回答人們的問題。這樣每週一次的演講持續了整整一年，講稿彙集起來並加以整理加工，就成了這部著作：《理解人性》。

《理解人性》一書分「人的行為」和「性格科學」兩個部分。阿德勒用簡明通俗的語言介紹了個體心理的基本原理，並對這些原理的實際應用進行了闡述，對人的性格進行了科學剖析。阿德勒著重強調了人的社會性和社會感，強調個人的人生觀和價值觀在形成性格的過程中所產生的作用，旨在幫助普通人正確理解人性，更好地處理日常關係，減少生活行為中的錯誤，共同致力於社會和社區生活的和諧發展。

人的行為

阿德勒認為，精神僅屬於有生命、能自由活動的生物體，它與運動密切關聯。與環境的變化相關聯的一切困難都要求精神能預知未來，累積經驗，發展記憶，以使生物體更適於生存。

阿德勒指出，精神生活是一系列既採取攻勢又尋求安全庇護的活動，其最終目的是要保證人這個生物體在地球上的長久生存，並使他安全地成就其發展。與世隔絕的精神生活是不可想像的。實際上，精神器官的功用就是調節個體以適應不斷運動變化的外部環境。

在阿德勒看來，人的精神生活是由其目標決定的。正是在這一無時不在的目標的決定、推動、規定和指引下，人才可能進行思維、感覺、希望或夢想，精神才可能進化、發展。而這一目標本身是由生命的動力決定的。由此可見，所有的精神生活現象都可以被視為對某個未來情勢所作的準備。因此，個體心理學將人類精神的所有外在表現，均視為朝向一個目標的運動。精神生活中的運動，只有在恰當的目標確定後才會發生，其目標可依據個體的種種活動進行推斷。

人是社會的人，要瞭解人的思維方式，就必須審視他的同伴關係和社會背景。要瞭解人的心理活動、人格特徵就必須瞭解他的人際關係和他對別人的態度。但社會背景是不斷變化，令人難以把握的，因此只有假定社會生活的邏輯是存於這顆行星之上的終極真理，假定我們能夠克服不健全的組織和人的能力的局限，才能一步步地接近這個絕對真理。

阿德勒指出，社會生活法則自發地發揮著作用，制約著人們的生活狀況。社會的需要調整著人與人之間的所有關係。人的社會生活先於其個人生活，沒有人能夠脫離開社會而單獨存在。**社會是人延續其生存的最好保證，因為靠著社會中的勞動分工，每一個體使自己從屬於群體，這樣整個物種才得以繼續存在。而人也是在學會了勞動分工後，才學會了如何確證自己的。**

阿德勒認為，社會感的發展程序是影響人格的重要因素。理想的人是能夠克服前進道路上種種困難的人，是對全社會做出貢獻的人，是社會感得到高度發展的人。不培養深厚的社會感，就不可能健康地成長。

阿德勒認為，沒有社會的保護，人的生命就不可能進化發展。人與人相互依存，關係密切。他指出，嬰兒面對的是一個既給予又剝奪，既等待他去適應又能給予他滿足的世界。嬰兒的靈魂中出現了要長大，要長得和別人一樣強壯，甚至更強壯的願望。嬰兒透過學習成人的活動方法或誇大表現自己的弱小無力，達到支配控制他周圍成人的目的。

從兒童的行為可看到他對環境的反應：一些兒童努力獲得權力和勇氣，進而得到承認；另一些則利用自己的弱小無力來投機。這樣就形成了不同的性格類型。**可塑性的基礎在於兒童竭力想使他的軟弱無力得到補償。許多天才、能人的產生皆因這一不足感的刺激。**有器官缺陷和喪失勇氣的兒童常常面對的是敵對的環境，日後其心靈很可能扭曲、畸形發展。

兒童不得不去適應他無力改變的現實，在此過程中，他們靈魂發展中遇到的障礙常會阻礙或歪曲其社會感的發展。

阿德勒描述了身體重要器官有缺陷的兒童、父母對子女過於冷漠的兒童、受溺愛和過分保護的兒童面臨的困境及對其心智、性格等方面發展的不良影響，這些現象共同的特點是使兒童與社會相隔離。人是一種社會存在物，只有把兒童置於特定具體環境中才能把握其人格。

阿德勒認為，人生之初的強烈刺激將影響其一生的生活態度。生而有之的社會感將伴人一生，它可能受到歪曲、擴大或拓寬，因此有必要將人理解為一種社會存在物，也只有這樣，才能理解人類的行為。阿德勒是目的論者，強調個體的生活目標對其發展的影響。他闡述了形成宇宙觀的要素（知覺、記憶、想像等）和反映生活世界的心理機制（幻想、夢、移情與認同、催眠與暗示）。

阿德勒認為，人必須適應環境。心理機制需要從外界接納印象，並根據對外界的理解，按人生之初形成的理想行為模式去追求一個確定的目標。目標的確立必須以變化的能力和一定的運動自由為前提。

在兒童用以征服世界的所有器官中，感覺是最重要的，它們決定著他與世界的基本關係。兒童憑著他較為敏感的器官在外部世界搜集印象，形成他對所處世界的總體看法，如果孩提時代器官有缺陷，就會影響他的宇宙觀，進而影響他以後的發展。

自卑情結是阿德勒個體心理學的基本概念之一。他指出，人的生命之初都或多或少地隱藏著一種自卑感，這可以從初生嬰兒柔弱和無能為力中找到根據。有器官缺陷的兒童的自卑感更強烈，以致於其社會感被無情扼殺，產生對外界的敵對態度。**自卑感是兒童拼搏奮爭的驅策力和起始點，它決定著兒童的生活方式、生活目標，並為達到這一目標而掃清前進中的障礙。**

對優越感的追求是阿德勒個體心理學的另一基本概念。兒童在自卑感影響下逐漸有了要得到承認的願望，其目的是要實現目標，使個體在環境中獲得優越感。社會感的程序和品質有助於確立出人頭地這一目標，而目標的實現能保證個體獲得更高的優越感或提高對自我的評價，以使生活顯得有價值。

所有的精神現象都可以被看成為一確定目標所作的準備，這是個體心理學的基本原理之一。阿德勒探討了幾種為未來做準備的現象，如遊戲、專注、過失犯罪、無意識、夢、才能等。

遊戲，顯示了兒童為未來做準備的過程，是自然為兒童的生活技能而設計的教育輔助及為精神提供的刺激，其本質是一種社會性的操練，它能使兒童滿足並實現其社會感。遊戲是兒童的職業，是他們為將來做準備的極好方式。

專注，是靈魂的特徵之一，它引發了靈魂的某一部分，或運動肌，或某一種特殊的緊張感，調動全部機能指向一個特別的目標。阿德勒認為除了病人和意志薄弱者，每個人都有專注的能力，使人專注的最重要的因素是真正的對生活的興趣。

阿德勒支持女權運動，他認為男女心理的差異，不是由於生物學的區別，主要是一種社會秩序的人為產物。**阿德勒強調：社會感和個人對權力的追求，支配著所有的精神現象，影響著每一個人的活動，**

支配著每一個人的態度，使其以不同的方式去獲得安全感，並迎接人生的三大挑戰——愛情、工作、社會。這兩個因素的關係決定著人們能在多大程度上理解社會生活的邏輯，並因而決定著人們能在多大程度上服從由社會生活的需要而產生的勞動分工。男女生理上存在差異是客觀事實，因此他們適合不同的工作，並且也需要最適合自己的勞動機會。所謂的女人低能純粹是無稽之談，有時女人看似無能，實際上是由環境造成的。只因孩提時代她們就缺乏訓練準備，以後每天聽到的都是女孩不如男孩能幹之類的話，久而久之，她們便相信了女人不可改變的悲苦命運，相信女性註定碌碌無為，於是心灰意冷。當「男性」職業機會出現時，她們先入為主的觀念是：自己一定不會有足夠的興趣，即使有，也很快就會喪失，並放棄機會。這樣，內心的準備和外在的準備都因環境的影響而使其否認、放棄了機會。

阿德勒認為，在對一個人做出判斷之前必須對他生長的環境有所瞭解，而其中一個重要的環境就是兒童在家庭中所占的位置。阿德勒分析了兒童在家庭中所處位置不同：老小、老大、第二或獨生子等而呈現出的不同的特點。

性格科學

阿德勒在闡明了個體心理學的一些基本觀點之後，又運用這些觀點剖析了人的性格。他指出，人的性格，一方面要受社會生活規則的支配，另一方面則受個人對權力和優越的追求的影響，並以一種特殊的、富於個性的、獨一無二的方式表現出來。他用了大量的篇幅仔細討論了，對於理解一個人極有價值的性格特徵和情感，闡明了相應於個人對權力的追求，每個人身上都表現出一定程度的野心和虛榮。

阿德勒進而闡釋了性格的本質、起源、發展及影響因素等方面，並得出結論：要將個體放到環境中、社會體系中去考察，才能得到較全面的性格評價。人與人之間的關係不但受著相對程度的社會感的決定，還受著努力追求個人權力的擴張的影響，而這兩種傾向總處在相互的矛盾對立中。阿德勒具體地指出，力的平行四邊形，就是所謂的性格。

性格並不是由遺傳決定的，即便家族成員有共同的性格特徵，也是因為模仿或同化所致。性格是受環境影響而形成的，與孩提時代的心理發展方向相適應。**根據個體對待障礙的態度可以將人分為樂觀主義者和悲觀主義者。**

樂觀主義者堅持自己的信仰，以輕鬆自如的態度確立起一種快樂的生活態度，能輕鬆忍受障礙，在困難中也能鎮靜自若地相信所有的錯誤終將得到糾正，他們容易交到朋友；而悲觀主義者，由於在孩提時代形成了「自卑情結」，認為生活不是一件輕鬆舒適的事，更容易意識到障礙，更容易喪失勇氣，縮手縮腳，戰戰兢兢，睡眠不佳。

阿德勒還將人分為攻擊者和防禦者。進攻者，常用猛烈有力的運動證明自己的能幹，目空一切，洋洋自得，自以為是，與世界不和諧，想占上風，易發生衝突。當以上這些行不通時，則由進攻型轉向防禦型，成為防禦者，防禦者主要表現為：焦慮、小心預防及怯懦。

每個人都有一定程度的虛榮和野心，它們超過一定限度就會帶來危險——他將不再理解人類的關係，與生活的關係也被歪曲了，忘記了生活的職責，最終阻礙人類的發展。

虛榮的人想的不是目標實現和對他人生活作貢獻，而是怨天尤人和自我開脫；他們不能與任何人友好相處，其生活的全部目的就是要打腫臉充胖子；他們易陷入衝突，易成為社會的摧毀者而不是朋友；他們對他人懷有敵意，且從不把他人的痛苦和悲傷放在心上，透過抬高自己貶低他人；專事譏諷，危害社會，具有詆謗情結。而一般的虛榮者會將其特徵掩飾起來。因此，有些人和藹可親，樂於接近的外表下可能隱藏著一顆好戰、富有侵略性而渴望征服的心。虛榮者的表現類型主要有盡心盡意為人服務型、一心索取、穿著花哨、嘩眾取寵等。

焦慮，是個極其普遍的性格特徵，嚴重者會無法與他人保持聯繫，無法寧靜，甚至無法工作。焦慮者可能害怕外部世界，也可能害怕內心世界，並因而躲避社會，或以「生病」要脅別人與其形影相隨，寸步不離。膽怯，是焦慮較溫和的一種表現形式，它會使兒童避開一切接觸，或破壞剛建立起來的關係。焦慮的出現是因為野心。正是超越他人，抬高自己的野心使個體不能適應生活。要消除它，只能依靠將個體與人類維繫起來的紐帶。

軟弱者的性格特徵主要表現為：感覺自己所面對的一切工作都特別困難，對於自己成就任何事情的能力毫無信心，行動滯緩，實為逃避責任。性格軟弱者做事的根本出發點是想或多或少地拉開他與其工作之間的距離，因為留有餘地會使他在未準備充分而未做好一件事時，個人價值感不會受到威脅。他可以羅列大量理由，說明未成功主要是因為環境惡劣，而不是他人格上的缺陷，若成功了則更加光彩照人。這正是精神迂迴戰的優勢所在。這一迂迴態度不但暴露了這種人做事的態度，還暴露了其虛榮。

阿德勒認為，心情和脾氣產生於過分的野心及由此而來的過分的敏感。有些人總有好心情，製造歡樂氣氛，看到生活的光明面，並能感染別人，與這種人一起工作令人愉快。而另一些人，則整日臉色陰沉，愁眉不展，與之相處，使人倍感沉重。

有些人，把不幸看作是一種落到他們頭上的不公正的厄運。他們一生都在向別人說明他們的運氣是多麼的不佳，竭力要證明他們之所以從未有所成就主要是因為厄運的出現。他們甚至有為自己的厄運而驕傲的傾向，就好像此厄運是由某種超自然的力量造成似的。這是因為他們把自己視為一切事件的中心人物，過於悲觀，不但自己破壞了自己的生活，而且破壞了別人的生活。他們運氣不佳的根源是其虛榮心，因為遭遇不幸也是出人頭地、引人注目的一種方法。

與性格特徵一樣，情感和情緒也有確定的目標和方向。它是突然的宣洩，是有確定時間界限的強化了的更加猛烈的心理運動。情感和情緒與人格的本質密切相關，對人的身體也有影響。

阿德勒分別探討了分離性情感和連接性情感的幾種不同表現形式。

分離性情感有憤怒、憂傷、情感濫用、厭惡、恐懼與焦慮等。從生理上講，焦慮反映出一種所有生物都具有的原始的恐懼。人生的虛弱與不完全感，使這種恐懼顯得更加突出。兒童由於自卑感和不安全感而渴求扶助和關照，他們謹慎小心，時時盤算如何撤退、逃跑，所以，焦慮在兒童當中最為常見、也最為明顯。

連接性情感主要有歡樂、同情、謙遜等。歡樂是縮短人與人之間距離的橋樑。其表現反映在尋找一個同伴，擁抱他，親吻他，與他一起玩耍，並肩同行，分享歡樂。歡樂這種連接性態度很可能是征服困難的最好的一種表現方式。歡笑總與幸福形影不離，並伴有對他人的同情。歡樂也可能被濫用來達到個人目的或幸災樂禍。這種歡樂是在錯誤的時間、地點所表現出的，是對社會感的否定，是一種分離性的情感，也是征服、追求超越的工具。

在阿德勒看來，現有的家庭教育、學校教育都不令人滿意，都未產生應有的作用，只會產生培養虛榮、野心及提高個人地位的欲望。父權與人類的社會感幾乎是水火不容的，它使人公開地或暗地裏抵制社會感。**權威性教育最大的弊端在於，它給兒童樹立了一個權力的典範，養成他們的好戰態度**。

家庭也有使兒童社會感發展的一面，但只能發展到一定程度。尋求愛和溫情的傾向最先始於母親的關懷。**母親的功能就是發展兒童的社會感**。

經過分析，阿德勒得出結論：學校是惟一能改變人的地方。學校的權威不能依靠強加，而只能以社會感為基礎。學校是每個兒童在其精神發展過程中所必然要經歷的一個場景。因此，它必須能夠滿足精神健康成長的要求。**只有與精神健康發展的必要性保持和諧的學校，才是一個好的學校，才是社會生活必不可少的學校**。

《行為主義》

約翰·華生：行為主義心理學的創始人

我想，將來總要建立專門的醫院，其目的完全是改變我們的人格。因為，改變人格猶如我們改變鼻子的形狀一樣容易，只是需要較長的時間而已。

——華生

約翰・華生（John Broadus Watson，一八七八—一九五八），美國著名的心理學家，行為主義心理學的創始人。

華生出生在美國南卡羅萊納州格林威爾城外的一個農莊。一八九〇年，進入公立學校接受中學教育。一八九四年，進入格林威爾的伏爾曼大學攻讀哲學，五年後獲得哲學碩士學位。一九〇〇年，到芝加哥大學攻讀哲學和心理學。一九〇三年，獲芝加哥大學心理學博士學位。畢業後在芝加哥大學任講師，並主持動物心理實驗室工作。一九〇八年，轉任霍布金斯大學教授，並提出了自己的行為主義心理觀。一九一二年，在哥倫比亞大學的演講中，再次表露了行為主義的心理學觀點。一九一三年，發表了《行為主義者所認為的心理學》一文，被認為是行為主義心理學正式誕生的宣言。一九一五年，當選為美國心理學會主席。第一次世界大戰爆發後，暫時中斷了專業研究，到軍事航空服務社工作。一九一九年，出版了《行為主義者觀點的心理學》一書，該書第一次系統性地闡明了行為主義心理學的理論體系。一九二〇年，一場離婚風波後，轉向商業廣告工作，直至一九四五年退休。除《行為主義者所認為的心理學》和《行為主義者觀點的心理學》外，華生的主要著作有：《行為主義》、《行為主義心理學》《嬰兒和兒童的心理護理》、《行為主義的方法》、《行為：比較心理學導論》、《行為主義的爭論》（與人合著）等。華生特別強調，心理學的主要研究對象是行為，而非意識。他恪守實證主義的觀點，把心理、意識歸結為行為，認為行為是有機體應付環境的一切活動。

行為主義的涵義

在現代美國的心理學思想中，有兩種相反的觀點佔優勢，一種是內省的主觀心理學，另外一種是行為主義的客觀心理學。前者的代表人物是鐵欽納和詹姆斯，他們主張意識是心理學的研究題材。而行為主義則主張心理學的研究題材是人類的所有行為。

德國實驗心理學創始人馮特即主張內省心理學，他用「意識」代替「靈魂」，用內省法分析意識的內容。到了一九一三年，客觀的行為主義者再也不願去做馮特式的研究了。他們認為，自從馮特建立其實驗室以來，心理學已經毫無成績地虛度了三十年。這足以證明內省心理學是建立在錯誤的基本假設之上的。

行為主義者認為，如果不把心理學取消，就要把它變成一種自然科學。首先，他們努力使「心理學的研究題材和方法」與「物質科學的研究題材和方法」一致，去掉一切主觀的名詞，如感覺、知覺、意象、欲望、目的等。行為主義者把研究的重點放在能觀察到的東西上，並從中尋找規律。

華生指出，行為主義者所能觀察的東西是行為——有機體所做的或所說的。所謂說，就是做，就是去發生行為。大聲地說話或沉默地對著自己說（思維），都是一種客觀的行為，猶如打棒球一樣。

行為主義者的準繩或測量尺度是：能不能用「刺激—反應」的公式，來描述他們所看到的種種行為？刺激有兩個方面的意思：一方面指外界環境中的任何東西；另一方面指身體組織所產生的任何變化。對於後者，比如不讓動物發生性行為或不讓它吃食物時，它身體裏面所產生的變化。

所謂反應，是指動物所做的任何動作，它包括低級的反應和高級的反應。低級的反應，比如：轉向一束光線，離開一束光線；聽到一個聲音發生驚跳。高級的反應一般有複雜組織的動作，如建造一座高樓大廈，繪圖畫，撫養小孩等。

總之，**行為主義是一門以人類行為為研究對象的自然科學，它與生理學緊密相連，需要用實驗的方法來搜集科學的材料，其任務是預測和控制人類的行為。**

華生指出，只有訓練有素的行為主義者，才能夠根據一定的刺激，預測出所要發生的反應，或者，根據一定的反應，推知引起這個反應的情境或刺激。

人類行為與身體構造

如何研究人類的行為

人們為什麼會做出他們日常所做的行為？作為一個行為主義者，如何才能使人們今天所做的和昨天所做的有所不同？透過練習（條件反射）能將行為改變到什麼程度？這些是行為主義心理學遇到的重要問題。華生指出，要科學的回答這些問題，行為主義者必須去做觀察工作。心理學的觀察分為實驗觀察和非實驗觀察。

心理學常用的方法有三種。

一、**條件反射法**

華生指出，條件反射法是心理學的常用方法，我們能夠將一切心理學問題及其解決納入到刺激和反應的規範之中。

二、**心理測驗**

心理測驗也是行為主義常用的方法，不過，在行為主義者看來，各種心理測驗只是一些，至少現在看來還是很不妥當的方法——僅可以用來將人類的行為分等級而已。

三、社會實驗

社會實驗可以作為心理學的一種補充方法。

人類的身體

一、使行為成為可能的身體構造

華生認為，瞭解一些身體的構造與機能是必要的。生理學研究身體是按部分研究的，如研究消化器官、循環器官、呼吸器官、神經器官等。行為主義者所要研究的是整個身體的活動，把重點放在整個有機體的適應之上，而不把重點放在身體各個部分的動作之上。

人類的身體是由一個細胞發展而成的，這個細胞含有父母兩個人的基因。最初那個細胞開始分裂之後，所分裂出來的新細胞在形式上和功能上都不相同，而且錯綜複雜，以成為各種組織。

人體的各種器官可分為：感覺器官、反應器官和神經系統。所有的器官都是由以下四種基本組織相互結合而成的：一、將身體包裹起來以及將一切孔隙裏起來的細胞；二、構成支援及連接身體各個部分組織的細胞；三、構成我們肌肉組織的細胞；四、神經細胞與神經組織。

適宜的刺激作用於特定的感覺器官時，在表皮細胞中，就會有某種化學的和物理的變化發生。華生把這些表皮細胞看作物理化學的工作場所。這種在感覺器官之中，受到刺激所引起的物理化學作用，也會喚起另外一種作用。在那種與表皮細胞相接觸的神經末梢中，喚起一種神經衝動；這種神經衝動又由一鏈神經原傳到中樞神經，後又傳至肌肉或腺體（反應器官）。

反應器官包括三類：一、骨骼肌系統；二、平滑肌系統；三、腺體系統。我們的身體主要是由骨骼肌系統構成的。它們的排列錯綜複雜，但每一部分都有特定的機能。心理學家通常把這種肌肉稱為「隨意」肌肉，也就是說，它們是受「意志」支配的。

平滑肌系統主要構成人體內部的各種器官，即內臟系統，它們在行為主義心理學中佔有重要的地位，因為內部器官所發生的變化往往可以作為刺激，引起整個身體發生大量的反應；而在所有的反應中，有些人們往往說不出其原因，那麼，就要從內臟系統中尋找原因了，可能是內臟中的各種器官發生了形狀的、體積的、或化學的變化。

二、**腺體的作用**

最初，一般人不會認為腺體是很重要的反應器官。腺體可分為有管腺和無管腺兩種。有管腺都有一個小口或小孔，它們要麼通到身體外面去（如汗腺），要麼通到內臟有空的器官之中（如唾腺）。有管腺的反應在人類行為中很重要，人的那些所謂的高級行為，實際上都是被這些下級的分泌物所支配著的。無管腺也稱為內分泌器官，主要有甲狀腺、腎上腺、腦垂腺、松果腺和所謂的青春腺等。

遺傳及人類行為

有關遺傳的問題

人類是一種動物，生來便有一定的身體構造。正是由於這些構造，人生來就能對一些刺激做出反應，如呼吸、心跳、打噴嚏等。華生把這種反應稱為「非習得行為」。在這種相對簡單的人類反應中，沒有對應於現代心理學家和生物學家所謂的「本能」。在華生看來，人們習慣上稱為「本能」的東西，大多數是練習的結果——是人類的「習得行為」。

由此，華生得出這樣的結論：沒有遺傳的才能、氣質、性情及特性這些東西依賴於從搖籃就開始的練習。對於一個出色的擊劍手，行為主義者不會說：「他之所以成為一個好的擊劍手，是因為遺傳了他父親的才能或才智。」而會說：「這個兒童具有他父親一樣的小巧身材，又有了他父親一樣的眼睛。他的體格實在很像他的父親。他的身材體格也正是一個擊劍手的體格。」並且行為主義者還要說：「他父親很喜歡他，在他一歲時就給他一把小劍。以後在他與父親一起走路時，他父親就向他講擊劍的遊戲、進攻和防禦、決鬥規則以及諸如此類的話。」有了某種身體的構造，再加上較早的訓練，使他偏向了，後來成為了一個出色的擊劍手。

現在能確知的都是構造上的遺傳，而構造上的遺傳並不能證明機能上的遺傳。至於心理特質或傾向能否遺傳，行為主義者根本上就不承認有諸如心理特質或傾向之類的東西。因此，在華生看來，把才能遺傳這個問題以舊的形式提出來，是沒有意義的。

華生指出，構造上的差異和幼年時期訓練上的差異就足以說明後來行為上的差異。關於心理特質的遺傳，我們實在沒有可靠的證據。華生說：「我完全相信，即使是騙子、殺人犯、盜賊、妓女所生的孩子，也可以將其培養成健康和善良的人。」他又進一步說：「如果給我一打強健的沒有任何缺陷的嬰兒，讓我放在自己的特殊世界中教養，我將保證從中隨機選取任何一個孩子，都可以培養成我所選擇的任何一類專家——醫生、律師、藝術家、商界領袖，甚至也可以培養成乞丐或盜賊，儘管其才能、嗜好、傾向、能力、職業和祖先的民族不同。」

關於人類幼兒的研究

大多數關於人類的非學習資質問題，只能透過人類生活史的研究來解決。這就意味著要從研究人類的新生兒開始。

根據觀察，華生發現，嬰兒一生下來或出生不久，就確立了所謂臨床上的神經性訊號或反應，諸如瞳孔對光反應、膝關節反射和許多其他反射動作。接著呼吸而產生的哭聲，還有心搏和所有循環現象，如血管收縮、脈搏等。

在消化系統上，華生發現有吮吸、舌根運動和吞咽。在整個消化系統上，華生看見有饑餓的收縮、消化、由此而產生的腺體反應和排泄。微笑、打噴嚏動作至少有一部分是屬於消化系統的。華生也發現腰、頭、以及頸所發生的動作，然後出現有節律性的「攀緣」運動。他發現臂、腕、手所做的差不多是連續不停的動作，腿、踝、腳、趾所做的動作也是如此。至於其他動作則要在以後一個時期才出現，如眨眼、抓握、爬行、站立、坐起、走路、跑步、跳躍等。

華生認為，在後面的這些動作中，作為一個完整的動作，很難說它們是由於學習或條件反射形成的。相當大的一部分無疑是由於身體構造的成長變化形成的，剩下的我們才能相信是由於學習或條件反射形成的。華生指出，實際的觀察，使我們不可能再採用本能概念了。

情緒

對幼兒的情緒實驗

在行為主義者看來，成人的情緒反應是很複雜的，如果情緒反應的研究從成人開始，將沒有多大希望。因此，他們不得不從嬰兒開始，這樣，問題便簡單一些。華生認為，從貧窮或富裕家庭隨機抽取的幼兒，不能作為研究情緒起源的很好被試者，因為他們受過教育的行為太複雜了。於是，華生把孤兒院中餵養強健的幼兒作為研究對象，這些幼兒從剛生下來時，就開始被觀察。華生對他們的觀察一至三年不等，著眼點是他們在實驗室中對各種動物所產生的反應。

華生把幼兒放在實驗室裏，先用各種動物來刺激他們。華生把實驗情境佈置成各種形式：幼兒一個人在大房間中被測試，和一個參與者一起被測試，與其母親一起被測試，在一個黑暗的房間中被測試。華生分別用黑貓、兔子、白鼠、小狗、鴿子等動物來刺激幼兒，然後觀察其情緒反應。

在把幼兒對於各種刺激所引起的反應全部研究過之後，華生發現，人類嬰兒有三種非習得情緒反應，即害怕、憤怒、親愛。不過，華生聲明，他所使用的這些名詞，是要把它們以前所有的含義一概取消。他用這些名詞所代表的反應，和前一部分所講的呼吸、心跳、抓握以及別的非習得反應一樣。

害怕反應的表現為：呼吸的暫時停止，整個身體發生一種驚慌，啼哭，內臟也發生普遍的反應；憤怒反應表現為：張開大口，哭叫，呼吸發生較長的暫停，循環系統和其他內臟活動發生普遍的變化；親愛的反應表現為：微笑、呼吸變化、哭聲停止和其他內臟變化。

成人複雜的情緒表現都是在這三種非習得情緒反應的基礎上，透過條件作用而逐漸形成的。條件化的情緒反應具有擴散和遷移的作用。這樣，人的情緒反應就可以達到十分複雜的程度，甚至可以達到小說家和詩人所描述的那樣複雜的情緒的境界。可見，人類各種情緒的形成和大多數其他反應模式的形成是一樣的。通常，人們認為，像情緒這樣的複雜反應模式完全是遺傳而來的。華生認為，人們根本找不出證據來證明這一看法，猶如找不出證據證明那些被稱作本能的反應模式是遺傳的一樣。

影響情緒生活的方法

一、消除害怕情緒的方法

華生用許多種能引起害怕反應的情境，一一拿來刺激各個不同年齡的兒童，觀察他們有什麼害怕情緒反應。華生相信這些反應是由於條件作用而產生的，用各個情境來刺激每一個幼兒，不但能夠找出每一個小孩所有的最明顯的條件害怕反應，還能夠找出那些引起害怕反應的刺激物（一般的情境也可以找出）。然後就可以採取不使用刺激的方法、語言組織的方法（對年齡較大的兒童使用）、頻繁使用刺激的方法和介入社會因素的方法來消除害怕反應。

讓一個兒童觀看別的兒童玩他所害怕的動物，也是消除害怕情緒的一種方法。當然，至今人們發現最有效的消除害怕反應的方法是「重複條件作用」和「解除條件作用」方法。

二、能使兒童哭和笑的刺激

瓊斯博士曾觀察一組九個兒童，從他們早晨一醒來到晚上熟睡為止。他發現兒童哭的十二種情境是：一、坐在馬桶上；二、所有物被拿去；三、洗臉；四、單獨關在房間；五、大人從他的房間離開；六、做著不會收效的事情；七、不能與大人或別人的兒童一起遊戲或看著他們遊戲；八、穿衣服；九、大人不抱他；十、脫衣服；十一、洗澡；十二、擦鼻涕。

兒童笑的七種情境是：一、被人逗著玩；二、與別的兒童一起奔跑、追逐、遊戲；三、玩玩具（球是特別有效的玩具）；四、嘲弄別的兒童；五、看別的兒童玩耍；六、創造新的東西而又有好的成績（如把玩具和器具拼起來或做成別的玩具）；七、在鋼琴上弄出多少有點音樂的聲音，或用一隻口琴吹著、唱著。

三、**體罰能否用來培養消極的情緒**

鞭打身體的習俗自古就有，但華生認為，懲罰兒童不是科學的方法，而且是毫無益處的。教育的方法應該是先破除兒童固有的習慣，然後教以新行為。

在華生看來，現在對罪犯所用的懲罰方法也是黑暗時代的產物。罪犯大多數都是缺乏社會訓練者，應該把他們送到能夠訓練的地方或學校中去，使其學習一種職業，享受到文化的薰陶，進而成為對社會有用的人。不過，在訓練期間，一定要把他們放在不能傷害別人的地方。這樣的話，可以完全取消刑法（但不取消員警）、刑事律師、刑事訴訟以及刑事法庭等。許多有名的法學家都很贊同這樣的觀點。

刺激與肢體習慣

人的肢體包括腰、腿、手和腳等組織，其行為系統稱為肢體習慣系統。環境的改變，導致習慣的改變。人類有機體時常被體內、體外的各種刺激物所刺激，當人類的身體構造接受這些刺激時，又要發出運動來。一組刺激物便構成了環境，環境也內外有別。連續不斷地刺激和連續不斷地運動，是人類有機體的常規活動。許多的心理學家和精神分析學家都認為，人必須學會適應。但在華生看來，所謂的適應的事實好像是這樣的：一個人在對刺激A發生反應時，他的環境也同時發生了變化，由於環境的變化，使他不得不去對刺激B發生反應，於是，其結果便是下列兩種事實之一：第一，刺激B的出現把刺激A給取消了；第二，刺激B的反應，使環境發生了改變，刺激A在新的環境中失去了其刺激效力。

這樣的說法似乎有點複雜，華生舉了這樣一個例子：一個人的胃，因饑餓而收縮了（刺激A），於是他便去餐廳吃東西（刺激B）。吃完了東西，他的饑餓消失了，刺激A也就停止了，這樣的情形就代表了適應。在體內外環境中，如果有了某種刺激，有機體便要發出運動來。他要做出很多種運動，要做出很多種事情，才能將刺激A取消或使之沒有效力。如果後來他再遇到刺激A，發出少量的運動或做出少量的事情，便能將刺激A取消，或使它沒有效力，我們便可以說他已經形成了一種習慣。

可見，複雜的習慣系統是在簡單的條件反射基礎上形成的。影響肢體習慣形成的因素有：年齡、練習的分配、藥物和已獲得機能的運用等。

行為主義者並不用「記憶」這個名詞，只說經過一個時期不練習之後，其習慣機能保留了多少，損失了多少。華生指出，之所以反對使用記憶這個名詞，是因為它含有哲學的及主觀的意味。

語言與思維

人類的語言習慣和思維習慣，是動物所不可獲得的。**華生認為，我們通常所理解的語言，雖然複雜，但它在剛剛開始時，實際是一種很簡單的行為，實際上也是一種習慣。**

在人喉部的下方，有一個簡單的小器官稱為喉頭，它相當於一個「音箱」。喉頭是一個管狀物，周圍由軟骨構成。在它的中間有兩條很簡單的膜排列著，這兩條膜的邊緣就是人們通常所說的聲帶。

人並不用手去操縱這個小器官，而是在呼氣時，用附著在它上面的一些肌肉來操縱它。在肌肉的牽引下，人呼出的氣，從兩條聲帶間的裂口中經過時，使兩條聲帶振動而發出聲音，這種聲音就是語音。

人的語音習慣的形成猶如肢體習慣的形成一樣，都是從簡單到複雜的過程。所以華生認為，語詞只是物體和情境的替代物，用語言來代替物體也是人類動作上的事情。在理論上，一旦人類具有了與外部世界中物體相對應的語言之後，人便能透過這種組織把世界隨身帶著走了。

華生認為，思維是一種無聲的語言，即一種潛伏的語言。所以，一般心理學家所主張的思維，只是我們對自己說話而已。時至今日，在關於思維的種種學說中，唯有這種主張是符合自然科學的一個學說。在外部有聲語言中所學得的肌肉習慣乃是潛伏的或體內的語言（即思維）的基礎，其證據有兩個。

第一，對兒童觀察得來的證據。當幼兒獨自一人在房間裏，時常會大聲地連續不斷地說話。如果此時父母向他說：「不要大聲說話，爸爸媽媽都沒有自己說話」。於是，外部的語言便消失而成了沙沙之聲。這時，一個優秀的唇語專家，便能透過唇動來觀察幼兒所說的是什麼。

第二，對聾啞人的觀察得來的證據。聾啞人用肢體的運動來代替語言的交流。華生收集的許多證據都證明，聾啞人說話和思維用的是同樣的肢體反應。

華生還指出，無論哪一種語詞行為，只要在發生時是沒有聲音的，都應該包括在「思維」這個名詞之中。

一個人對一個物體或情境發生反應時，他是用整個身體來反應的。在華生看來，無論在什麼時候，只要人的身體發生反應，其所有的肢體組織、語言組織（在語言產生之後）和內臟組織都一起發生作用。除非人把這些組織同時作為一個整合的機能成分，否則這三種組織形式不能在機能上互相補充。

總之，人對世界上任何物體或情境所形成的習慣都是整體的，內臟的、肢體的和語言的動作組織在一起而成為一個完整的習慣。**華生認為，只有兩種情況是例外的：第一，在幼兒時期獲得的所有習慣組織；第二，在生活中有劇烈情緒時獲得的一切習慣組織。**

那麼，人能否不用語言來思維呢？華生補充了前面的觀點。他指出，無論在什麼時候，只要一個人在思維，則他的整個身體都要在那裏活動（潛伏著活動）——儘管其思維最後要轉化成說出的語言、寫出的語言或無聲的語言。

換句話說就是，一個人自接受了他的思維問題之後，其身體上的動作便發生了，活動了，最後便達到了適應狀況。在未達到適應狀況之前，其身體上的活動，可能採取以下活動方式：潛伏的語言動作的方式；潛伏的肢體活動的方式；潛伏的，甚至有時是明顯的內臟動作的方式。當後兩種方式佔優勢時，思維便成為沒有語詞反應的形式了。

人格

華生指出，人格是一切動作的總和，經過長時間的觀察，人便可以將這一切的動作表現出來。也可以說人格只是人們各種習慣系統的最終產物。

人格雖然是由動作構成的，但其中也有一些佔優勢的習慣系統，比如，肢體習慣中職業上的習慣；喉頭習慣中善於說話者，善於講故事者；內臟習慣中怕人，害羞，需要人愛等等。這些佔優勢的習慣系統很明顯，是很容易觀察出來的。

華生指出，佔優勢的習慣系統是我們對別人的人格做出快速判斷的基礎，也是我們對人格進行分類的基礎。許多人都覺得人格這個名詞很神秘，實際上我們可以把人格化成能看得見的東西，能客觀觀察的東西。少年時代的人格變化很快，因為在這個時期，各種習慣的模式都正在形成、成熟和變化之中。

研究人格的方法很多，比如，研究一個人的受教育情況；研究一個人的成就；研究一個人的閒暇時間和娛樂；研究一個人在日常生活情境下的情緒表現等。但就目前來看，心理病理學方面的概念還很混亂，醫生根本不懂行為主義。華生認為，一個人必須先明瞭行為主義，然後走進醫學，最後才能走進心理病理學。

怎樣才能改變人格呢？華生認為，要改變人格，就要在消除以前所學東西的同時，學習新的東西。要完全改變一個人的人格，惟一的方法，就是將他所處的環境完全改變，處在新環境中，他就不得不去形成新的習慣。環境改變的程度越高，人格改變的程度也越高。

因為改變人格是要先改變環境，所以在絲毫不受別人幫助的情況下，很少有人能將其人格完全改變。華生設想，將來總要建立專門的醫院，其目的完全是為改變我們的人格的。因為改變人格猶如我們改變鼻子的形狀一樣容易，只不過需要較長的時間而已。

華生認為，行為主義為更健全的生活奠定了基礎，它應該是一門使一般男女瞭解自己行為原理的科學。它應該使一般男女都熱心於重新安排自己的生活，尤其要使他們熱心去用一種適當的方法教養他們的孩子。

至於行為主義的自由國度，華生認為，我們現在還不能用語詞來描繪，因為我們對它知道得還太少。

《心靈、自我與社會》

喬治・哈伯德・米德：社會心理學的創始人之一

道德受社會目的支援，並以科學所能提供的所有知識為養料，但它仍需要「主我」的創造性。

——米德

喬治・哈伯德・米德（George Herbert Mead，一八六三—一九三一），美國心理學家和哲學家，二十世紀美國重要的思想家，現代社會心理學創始人之一，和佛洛伊德、勒溫、斯金納一起被稱為當代社會心理學大師。

米德出生於美國麻塞諸塞州的南哈德利，其父是一個基督教牧師。七歲時，舉家遷往俄亥俄州的奧伯林。一八七九年，考入其父任教的奧伯林學院，就讀期間對自己從小被灌輸的神學觀點提出質疑，這是他思想上的一次革命。在米德大學還未畢業時他的父親就去世了，為了餬口和求學，他從事過很多種工作，如小學教師、鐵路勘測工和家庭教師。

一八八七年，米德結束動盪不定的生活，考入哈佛大學開始研究生生活，在羅伊斯和詹姆斯指導下從事哲學研究。這段時間的學習為他後來思想的形成奠定了一定的哲學基礎。

黑格爾哲學和羅伊斯哲學強調自我與道德的社會性，給米德很大的啟發。尤其是黑格爾的理念主義把他從新教徒缺乏創見的狹隘個人主義假設中解放了出來。他從黑格爾理念主義中獲得思想上的解放，試圖為哲學尋找更科學的基礎，偏重從生物學和社會學的角度看問題。儘管新黑格爾主義哲學家羅伊斯對他有強大的吸引力，但他並不滿足於哲學家對問題純思辨的論述，也不滿意哲學遠離科學和社會問題。於是他選擇了生理心理學，並於一八八八年前往德國深造。

在德國，他師從威廉・馮特，進行高級哲學研究。米德從馮特那裏吸收了「姿態」的相關概念，並作為其研究的中心。

實際上，「姿態」這一概念的藉助也使米德的符號互動思想的創立成為可能。一八八九年，米德進入柏林大學進一步研究心理學和哲學。一八九一年，米德受聘於密西根大學，擔任生理心理學、哲學史等課程的講師，第一次試圖提出進化論對心理學的意義，並把有機體與環境的關係作為心理學研究的基本模型。

一八九四年，與好友杜威同時進入芝加哥大學哲學系，開始了長達近四十年的執教生涯。他在芝加哥大學對社會學系的影響使該系享有「米德的前哨」之稱。在芝加哥大學期間，米德受到心理學中的機能主義運動和早期行為主義理論的影響，進而涉足社會科學領域，研究自我理論，並成為二十世紀最重要的自我理論家之一。

米德生前從未出版過著作，其影響主要是在課堂上。在米德去世之後，他的學生根據課堂記錄和他的部分手稿編輯出版了《心靈、自我與社會》、《當代哲學》、《十九世紀思想運動》、《動作哲學》、《社會的個體哲學家》、《社會學與哲學》、《米德論社會心理學》和《自我、語言和世界》等著作。

米德的經典著作《心靈、自我與社會》，是莫里斯根據米德的講課記錄和他的幾份未發表的手稿整理出版的。該書是米德講授社會心理學三十年的記錄，表現了其社會心理學體系的基本輪廓，可以代表他最重要的社會科學研究成果，被譽為符號互動論的「聖經」。

在書中，米德從進化論的觀點出發，提出了人的心靈、自我從社會中產生和發展的理論，尤其強調了有機體與環境、個體與社會相互作用的思想。米德所發表的，關於人類行為、互動和組織的觀點，是社會科學中關於符號互動的大部分現代闡述的概念基礎，因此人們常把米德的社會心理學簡稱為「符號互動論」。

米德的社會心理學體系內容豐富，蘊含著許多深刻的見解。其研究，不僅標誌著社會心理學作為一門科學的誕生，同時也是科學和哲學發展中的一個里程碑。米德的符號互動論，直接孕育了二十世紀四五〇年代及其以後形成的，諸多具有社會學取向的社會心理學理論。正如杜威所說，米德的思想透過自己的思維，在社會心理學領域「引起了一場革命」。

在米德之前的社會心理學領域裏，沒有人完全地解釋過心靈及自我如何從行動中產生，人們通常把心靈與自我的實存作為社會過程發生的先決條件，而且未能對心靈及自我的機制做出分析。

米德認為，作為心理或意識活動的心靈與自我完全是社會的產物，而語言為它們的出現提供了機制。在米德看來，生物個體轉變為具有心靈的有機體，形成具有自我意識的人格，是在社會活動中，透過語言這個媒介而發生或表現的。心靈與自我在社會中產生之後，又反作用於社會，形成了心靈、自我與社會之間的互動關係。

米德指出，社會是由生物個體組成的，生物個體參與社會性動作，把各自動作的初期階段看作姿態，即看作完成該動作的指導。生物個體的最初交流方式只是一種動作交流，可以稱作「姿態會話」。比如，在狗打架的「姿態會話」中，每隻狗總是根據另一隻狗正在做的動作來決定它的行為。這種在動物身上已經出現的姿態，已具備一定的意義，它意味著即將發生的動作和所涉及的對象。但這些意義不是主觀的，也不是個人的和心理的，而是客觀地處於社會情境中。

如果某些姿態向參加者提供同一的未來行動模式，那麼就可以說這些姿態具有同一種意義，它們就成為表意的符號或姿態。因此，只有當姿態成為表意的符號，才能產生語言，生物個體才能有意識地交流。

從行為主義的角度看，生物個體必須能夠利用自身的姿態喚起他人的反應，然後利用他人的反應，做出下一步的行動。透過使用表意的符號，個體在調整自身行動的過程中「扮演了他人的角色」。在自我和他人身上喚起同一反應，為意義交流提供了必不可少的內容。

透過參加社會合作活動，在社會性相互作用下，生物個體從姿態會話水準，達到表意的語言符號水準，並在此基礎上產生了心靈或意識。因此，心靈是社會的，也是發展的。在尋找能夠表意的符號，進而能夠把生物個體轉變為一個具有心靈的有機體的姿態時，米德發現了有聲的姿態。

在米德看來，有聲的姿態是語言本身，以及各種衍生的符號體系的實際源泉，也是心靈的源泉。心靈是表意的符號在行為中的所在，它是使意義得以出現的社會交流過程在個體身上的內在化。表意的姿態本身是社會過程的一個組成部分，它使那些在姿態交流的早期非表意階段出現的意義內在化，並使組成該過程的生物個體獲得這些意義。

但是，並非所有在姿態會話水準上交流的動物都能達到表意符號的水準。**米德認為，只有人這種動物完成了從衝動到理性的轉變，即只有人類有機體具有表意的符號所必需的神經結構。**

總之，米德不是從個體的心靈出發引出社會，而是從一個客觀的社會過程開始，藉助於有聲的姿態這一媒介，把社會交流過程輸入個體內部，然後，個體把社會動作化為自己的動作。儘管如此，心靈仍然是社會的，即使是獲得高度發展的思想，也是透過某人扮演他人的角色，並按照這種角色扮演自己的行為而持續下去的。

自我

米德認為，與心靈過程緊密相聯的，是個體在互動過程中，將自我視為被評價的客體，並以此獲得自我形象的能力。具有心靈的有機體能夠成為自身的對象，這是自我的獨特品性。生物個體轉變為具有心靈的有機體即自我，是透過語言這個媒介而發生的。自我是逐步發展的，是在社會經驗與活動的過程中產生的。實際上，自我、心靈、意識以及表意的符號，在某種意義上是一起突然產生的。

米德指出，自我的發展歷經兩個階段：遊戲階段和競賽階段。

在遊戲階段，兒童逐一扮演以各種方式進入他生活的人或動物的角色。這種對他人社會角色的「扮演」或模仿，有助於兒童以有關角色的方式從他人的角度來發展自身行為，並由此獲得基本的社會組織感。

在競賽階段，兒童不只是扮演某個特定的他人的角色，而是扮演參與競賽這一共同活動的任何一個他人的角色，他已經泛化了角色扮演的態度。

競賽和遊戲之間的根本區別在於，在競賽中，兒童必須採取所有其他參賽人的態度。一個參賽人所採取的其他參賽人的態度組織成為一個整體，而且正是這一組織控制著個體的反應。這個有組織的共同體或社會群體，使個體的自我獲得統一，米德稱之為「泛化的他人」。這個泛化的他人的態度是整個共同體的態度。

自我一旦形成，對於理解行為就成了至關重要的因素。**米德認為，自我有兩個側面：「客我」和「主我」。一個完整的自我是「主我」和「客我」的統一。客我，是有機體自己採取的、有組織的一組他人的態度，代表自我的被動性和社會性的一面；主我，是有機體對他人的、有組織的態度的反應，代表自我的主動性和生物性的一面。**

主我是動作的原則、衝動的原則和創造性的原則，它在其行動中改變社會的結構。主我和客我是相互依賴的動態關係，他人的態度構成了有組織的客我，然後有機體作為一個主我對之做出反應。主我和客我既分離又統一，它們共同構成一個出現在社會經驗中的人。

自我產生於有組織的群體之中個人之間的互動，社會先於自我而存在。但是，當社會塑造自我時，自我也透過主我—客我的辯證法塑造社會。透過這個過程，社會不斷地被創造和再創造。因此，社會和社會互動，又是被構造出來的。社會秩序和社會變遷，是更大的社會過程的兩個方面。

米德的「社會」概念與「泛化的他人」緊密相聯。在他看來，社會不是一種客觀實體，而是相互作用的框架，人類社會以其個體成員擁有心靈和自我為前提。同時，由於個體的心靈、自我以及相關的思維活動取決於他所參與的社會行為，即心靈與自我只能從社會過程中產生，因此社會又是心靈與自我能從中產生的泛化的背景。

米德強調，個體與社會是相互作用的。他認為，個體的一切動作，無論是在非語言的還是語言的交流水準上的動作，都在某種程度上改變了社會的結構。透過一個社會過程，具有適當的機體素質的生物個體獲得了心靈和自我。

人具有反省思考的機制，具有把自身視為對象的能力，人是一個道德個體。由於這樣一種個體的出現，初始意義上的社會也隨之發生變化。透過思考的、社會的自我，社會接受了人類社會特有的組織形式。

由於有了一種新的社會組織原則，社會便獲得一種新的控制方法，它置身於其成員之中，根據個體的預期動作對他人產生的影響，成功地調節個體的行為。在這個過程中，社會為自身的改變提供了方法。

為了論述心靈與自我的產生，米德首先假設合作群體的存在，這一合作群體進而發展為一個客觀的社會組織。因而從某種意義上說，社會過程先於個體的心靈與自我而存在。但社會本身也是一種被建構的現象，它從個體之間相互調節的互動過程中產生。

社會塑造了心靈和自我，但社會和社會組織本身又憑藉心靈和自我得以維持和延續。米德認為，社會的存在與發展依賴於兩大因素。

第一，為社會基本構成的一切生物有機體的行為，都會有一種基本的社會性。構成所有這些行為基礎的各種根本的生物、生理的衝動與需求（尤其是有關饑餓與性慾的衝動與需求，關係到營養與繁殖的衝動與需求），在最寬泛的意義上都具有社會性或與社會有關，因為它們無論從何處獲得滿足，必定牽涉到社會情境或社會聯繫。

一切生物有機體都在一個總的社會環境或情境中，在一個社會聯繫和相互作用的聯合體中結合起來的，它們的繼續生存有賴於此。

第二，是由個體對他人的一致反應，即階級的或社會的反應，或者說其他個體的整個有組織的社會群體，關於特定社會刺激的反應所作的反應構成，這些階級或社會的反應是社會制度的根源、基礎和材料。

如果說，前一種因素或過程，構成社會演變與進化總過程的個體極或心理極的話，那麼，後一過程或因素則可看作這一總過程的制度極。

與華生的行為主義不同，米德不僅強調個體與社會的相互依存性，而且極為重視有機體與環境的關係。米德認為，有機體能夠存在的環境，是有機體在某種意義上，以其感受性決定的環境。而有機體能夠對之產生反作用的惟一環境，也是其感受性所揭示的環境。因此，他重視有機體的能動性。

米德相信，刺激與反應之間必定有某種關聯，即如果有機體要對環境做出反應的話，環境必定在某種意義上存在於有機體的動作中。環境在某種意義上首先作為假設而存在，這些假設進而得到行動、實驗的支持。有機體對環境實施的控制之一就是以其感受性來選擇環境，另一項控制則是有機體對環境的主動改造。人類共同體本身藉助於對環境的感受性而創造了它的環境。

社會行為主義

社會行為主義是米德社會心理學體系的基本立場。米德自稱是社會行為主義者，認為表意的符號是社會生活的基礎。人們透過姿態、語言等表意的符號進行交往，達到共同理解。社會的意義就是建立在對他人行為的反應的基礎上的。

米德始終如一地堅持的行為主義基本觀點是，不應當根據人的意識來解釋人的行為，而應當根據人的行為來解釋人的意識。

米德的行為主義與華生的行為主義有相同之處，但也有很大差異。兩人都認為心理學應當研究行為的來龍去脈，而不是研究獨立存在的心靈。但米德認為華生的觀點過於簡單化，因為華生從整體的即社會的動作中只抽取出個體的部分加以研究。

米德與華生的區別突出表現在四個方面。

第一，在語言的本質問題上，華生把語言看作一種內隱的反應，一種喉頭肌肉運動。而在米德看來，語言是在某個社會群體中相互作用的客觀現象，是一種複雜的姿態情境。

第二，在對個人經驗的論述上，華生否認個人經驗的科學性，把意識現象完全排除在心理學的研究範圍之外，並且反對內省，主張以客觀的實驗方法研究顯而易見的動作。而米德認為，他的社會行為主義可以彌補華生行為主義的不足，因為它不僅包括被忽視的動作的社會性方面，而且包括個體的內部經驗。心靈不是被歸結為非心理行為，而是被看作起源於非心理類型的一種行為類型。對米德而言，行為主義不是否認個人經驗，也不是忽視意識，而是根據行動來研究所有經驗。

第三，因為重視內部經驗，所以，米德強調刺激與反應的相關性和行為的能動性。而華生則把人類有機體及其行為看成完全機械的條件反射作用。

第四，米德與一般行為主義最大的區別在於，他反對還原論的傾向，反對把現象還原為最簡單的行為單位，反對把經驗等同於反應。

米德認為，人不僅僅是一種動物，人與其他動物的不同之處在於，有意識的組織經驗。經驗具有社會性。米德力圖說明社會行為與個體對物理環境的反應之間的區別，主張從較廣泛的社會交往的觀點出發來論述經驗。

總之，米德根據經驗從社會動作著手，把他的社會心理學建立在一種社會行為主義基礎上，換句話說，社會行為主義是米德社會心理學的基本觀點。

在上述理論基礎上，米德闡明了他的價值觀和倫理觀，並進而表達了他的社會民主理想。和所有實用主義者一樣，米德持有一種利益價值論，他認為，價值是一個對象能夠滿足一種利益的特徵，它既不僅僅存在於對象之中，也非僅僅存在於主體的情緒狀態之中。

米德的價值概念是其行為理論基本框架的產物。評價是主體與客體、有機體與環境之間互動的結果。價值關係，實際上是客觀地存在於主體與客體之間的關係。米德在價值領域的探討是十分深刻的。米德對自我的社會心理學研究，使倫理學概念獲得新的闡釋。

自我是社會的自我，米德透過語言過程使自己採取他人的態度，在這個意義上他成了他人，而他人的價值觀成為他自己的價值觀；自我扮演了泛化的他人的角色，在此意義上，他的價值觀即該社會過程本身的價值觀。

米德反對人為地把行為的動機和目的分離開來。他認為，在道德行動中，行動的動機乃是針對一個社會目的的衝動本身，因而道德目的就是社會目的。道德任務便是嚴格遵守存在於特定生活情境中的所有價值標準，反思這些價值標準，努力使有關的衝動得到最大限度的滿足和發展，達到最大限度的能動的和諧。道德行動是有理智的、有社會目的的行動；在這樣的行動中，人們不但想著自我而且想著他人的利益，由此使生活成為一種緊張而活躍的生活。道德受社會目的的支援，並以科學所能提供的所有知識為養料，但它仍需要「主我」的創造性。倫理的普遍性只能以社會性為基礎，只有透過人的角色扮演能力的普遍性來實現。

正是在這樣一個自我的社會中，米德看到了社會的民主理想。**在米德看來，民主的條件是自我成為道德的自我。民主的真正含義是，每個人都能透過對一個合作過程的道德參與而實現他自己。**

此外，米德還是一位國際主義者。他認為，國際聯盟是各個國家為了達成一個更廣闊的社會所作的嘗試。與個體類似，國家仍然處於生物個體的水準，它們還沒有達到道德的人格；它們的「主我」還沒有在由一個國際的「客我」設立的舞臺上表演。

米德認為，國際主義並不要求消滅各個國家，而是要求它們在社會自我的道德水準上肯定自我。一個社會如果能使其成員透過理性程序達到一致，使不同制度透過交流而接受改變，它便是民主的社會。與歷史唯物主義已經得出的理論成果相比，不難看出米德學說的某些局限性。他所說的社會群體，完全是抽象的東西，失去了其構成特徵和性質的差別；他把任何兩個或兩個以上的有機體的關係或共同活動都稱之為社會，卻避而不談社會活動中最為重要的物質生產活動。所以，我們應歷史地、具體地看待這一學說，汲取其合理因素，使社會科學理論得到豐富和發展。

《尋求靈魂的現代人》

卡爾・古斯塔夫・榮格：分析心理學的創始人

當人類進步達到一個高度的意識水準時，人們就不再單純的信仰一方面而否認另一方面，而是將兩者都當作同一個心理的構成因素來予以承認。

——榮格

卡爾・古斯塔夫・榮格（Carl Gustav Jung，一八七五—一九六一），瑞士著名的心理學家和精神病學家，分析心理學的創始人。

榮格出生在瑞士開斯威爾一個宗教氣氛非常濃厚的家庭，他從小受到十分強烈的宗教影響。他想像力非常豐富，十三歲時進入巴塞爾大學醫科。一九〇〇年，獲巴賽爾大學醫學博士學位，同年，進入蘇黎世大學作助理醫生。一九〇二年，又獲蘇黎世大學醫學博士學位。接著，從師當時著名的精神病醫師布魯爾，研究精神分裂症，在此期間，他也曾研究歇斯底里症和多重人格。一九〇五年，擔任巴賽爾大學講師，同時被聘為蘇黎世大學精神病學兼課教師，以及布格赫爾茨利大學精神病診所的主治醫師。一九〇九年，應邀到美國克拉克大學講學，並接受該大學授予他的名譽博士頭銜。一九一一年，與佛洛伊德共同創立國際精神分析學會，並當選為第一任主席，成為佛洛伊德意中的繼承人。但隨著時間的推移，在學術觀點上與佛洛伊德發生分歧，並日益加劇。一九一四年，與佛洛伊德決裂，辭去國際精神分析學會主席的職位，並退出了學會。之後，他創立了分析心理學，成立了自己的分析心理學派，並提出集體潛意識概念。一九四八年，在蘇黎世以自己的名字創辦分析心理學研究所，直至去世。

榮格是與佛洛伊德齊名的當代心理學家，他在許多方面修正、豐富和發展了佛洛伊德的理論，幫助奠定了精神分析在現代西方文化中的突出地位。榮格的心理學理論已經遠遠超越了精神病的狹窄範圍，進入廣闊的社會領域，涉及社會、歷史、宗教、哲學、文學和藝術等領域內的重要問題，並對這些學科的發展產生了深遠的影響。榮格一生積極地從事研究和著述，發表了大量著作，其中主要有：《尋求靈魂的現代人》、《分析心理學的理論與實踐》、《力比多的象徵和轉化》、《潛意識心理學》、《分析心理學的貢獻》、《集體無意識的原始模型》、《人格的結構》、《記憶、夢和思考》、《人及其象徵》、《小心理類型學說》、《小心理治療學的實踐》、《小心理學和東方》等。

《尋求靈魂的現代人》是榮格最有影響的著作之一，該書由他一九三〇年前後發表的十一篇論文集冊而成。在這本書中，榮格對佛洛伊德的理論進行了批判性的繼承和根本性的發展，賦予精神分析的基本概念和理論體系以新的涵義，形成了自己特有的理論體系。

釋夢的現實意義

榮格認為，潛意識是神經症的主要原因，夢是潛意識的直接表現，夢必定有其實際的意義，這一實際意義也許正是各種神經症的初始原因。因此，找出這一意義的所在，對於治療神經症具有非常重大的意義。

在析夢的實踐過程中，榮格發現了以下問題：

第一，夢所展示的常常是一幅主觀狀態的真實圖畫，是無意識的心理過程，但人的意識卻會否認這一點。因此，在析夢的過程中，榮格把夢看作極有價值的事實。他認為，夢不僅提供他所希求的情況，而且還能指示治療者的治療從何處開始。

第二，由於夢在開始治療後會變得更加模糊，進而使對夢的解釋更加困難。那麼此時，治療醫生就不能勉強地去理解夢，而要和病人達成一致，進行雙方聯合的反省。否則，歪曲地理解、暗示性地說教，將會對病人的性格獨立有很壞的影響。因此，在析夢的過程中，應該及時發現並承認投射作用以及自己遇到的困惑和混亂，避免對病人使用暗示療法。

第三，確立夢的前後關係。在夢的分析和解釋工作中，最首要的事情並非對夢進行機械地解釋，而是確立夢的前後關係，並憑藉夢中的自身意象來發現夢的意義，透過對一系列對夢的解釋而達到治療的目的。

接著，榮格又強調，在實際的釋夢過程中必須注意兩個問題：第一，必須保證意識人格不受到傷害，因為只有意識人格參與合作時，才可能將無意識補償轉化為良好的結局；第二，對待夢中的象徵問題，需把夢者的哲學、宗教以及道德信念納入考慮的範圍，即把象徵和意識狀態聯結起來，在聯結中尋找象徵的意義。

有關心理治療的問題

榮格指出，心理治療的目標應該符合這樣一個事實，即同一事件對年輕人表現為一種意義，對年長者又表現為另一種意義。所以，在心理治療中，各種標記如年齡、心理構造傾向、心理功能對其他功能的支配，精神或物質的傾向等都應成為採取不同治療方法的區別標誌。當然，這些標記並不就意味著哪種標記就可以指定哪種治療方法，心理治療還遠未達到如同醫學那樣的明確程度，這些標記只是在治療中發揮警戒和預防的作用。

在具體的治療過程中，醫生最好不要制定什麼固定的治療目標，而應讓純粹的經驗去決定治療的目標。沒有固定的目標，並不是指醫生不去做那些可能使病人的生活變得正常和理智的事情，事實上，如果能夠的話，這就是治療的目的了。但是，當這一目標的達到也仍然不足以解決病人的問題時，醫生所選擇的途徑就要更多地涉及病人如何發展創造性潛力的問題了。

這就必然要藉助於非理性治療（這類特殊的病人所要求的並非正常的生活，對他們用理性的治療方法是難以見效的），而非理性的重要方法就是釋夢，藉助夢的參與，幫助病人去尋找那些能夠激發他們的東西，達到真正的治療效果。

治療的基礎是自由聯想，更高層次的則可以運用繪畫，畫出夢中所表達的幻想和情感，把這些潛意識的東西提升到有意識行為的地位上來。病人透過繪製一幅具有象徵色彩的畫面而得以從一種痛苦的精神狀態中解脫出來，這樣，他就不需要再去尋找心理醫生，或依賴於他的夢了。結果，標誌心理成熟的寶貴的東西——獨立性就增長起來了。

除此之外，繪畫還能展現出一個共同的特徵，即它不僅反映出個人的潛意識，同時，還反映出一種原始的象徵意義，即集體潛意識。這些圖畫深入過去，把原始的那部分心理也表現出來了，進而緩和了原始心理加在現實之上的那種令人惶惑不安的影響。

榮格認為，在每一個人的心理深處，對個人產生了重要作用的是「情結」。榮格把它作為劃分心理類型的標準，按照這個標準，人的心理類型被分為兩大類：內向型與外向型。內向型的人喜歡探求內心世界，側重主觀體驗，表現為沉默寡言；而外向型的人，心理能力引向外部世界的表象中，往往將注意力指向與他人交往，活躍開朗，對一切都感興趣。內向和外向作為一種典型的態度，制約著個體的整個心理過程，建立起習慣性的反應。

但是，由於同一類型的人之間仍然存在著巨大的差別，僅用兩種類型概括所有的人，顯然是無法進行精確描述的。於是，在論及差別類型的同時，榮格又提出了四種不同的心理功能，即思維、情感、感覺和直覺。感覺確立起實際給定的事實，即存在什麼東西；思維使我們認識到它的意義；情感告訴我們它的價值；直覺則指出這些事實何去何從的各種可能性。將心理結構的兩分法與心理功能的四分法相結合，進而形成了八種不同的心理類型。

榮格的分析心理學在心理治療的問題上雖然在一定程度上承襲了精神分析的理論，但其治療原則與體系都有自己鮮明的特色。他將心理治療的過程分成四個階段。

傾訴階段

長期壓抑的各種心理秘密，導致人們患上了各種神經症，所以，治療這樣的神經症，必須使之宣洩出來。透過徹底的傾訴，放棄心中的秘密，不僅在理智上承認那些壓抑於心中的事實，而且以心靈來鞏固這些事實，真正地釋放出被壓抑的感情，這樣，才能邁出心理治療的第一步。

解釋階段

治療只停留在傾訴階段，還不足以使病人與無意識緊密接近，進而使他們發現自己的陰影。另外，一些病人在症狀痊癒之後，卻沉迷於自己精神的內在深處，不斷進行宣洩，與無意識連在一起，無法分開。這些都是治療過程中出現的固置現象。

固置現象又會導致其他的病況，即其固置傾向以移情的形式表現出來。對這樣的現象，藉助傾訴的方法已經不能帶給治療以任何結果了，這時候可藉助佛洛伊德的「解釋療法」：對人的陰暗面進行闡釋，恰當的解釋之後，一種正常的適應和對自己缺點的容忍將會與病人的道德原則一致起來，能夠讓其離開潛意識。

教育階段

對於那些有充分的動力把自己推向前進的人，能夠洞察自身就足夠了。而對於那些在道德價值上缺乏想像力的人來說，自身洞察根本不足以解決問題，解釋只能使他們做到對病情的理解，對病情的治療卻依然無能為力。

這時，醫生應以教育家的身份出現，嘗試每一種教育方法，幫助那些已經學會內省的病人，找到一條通往正常生活的道路，並使他們適應正常人的生活。

轉變階段

這一階段的作用是彌補前面三個階段所遺留下來的虧空。由於人的需要是各不相同的，使一個人獲得解放的東西對另一個人而言則可能是監獄。因此，治療醫生應指導和說服病人按照其獨特的病情做出相應的轉變。

在這個階段，不僅要求病人轉變，而且還要求醫生有所轉變。醫生要反過來，在自己身上應用他給病人所開列的那一套治療方法。因為，**在治療中，醫生的人格和病人的人格都對治療有很大的影響，如果醫生希望在每一次心理治療中，都對病人有所影響，那只有在自己也被影響的情況下才會發生。所以，如果醫生要想確保自己對病人有適當的、良好的影響，那麼，他就必須一貫地去滿足自己的治療要求，把自己塑造成他想要病人成為的模式。**

這樣，心理治療就不單是對病人進行治療，也包含了醫生的自我完善過程，這也意味著心理治療對健康人也同樣有所幫助，分析心理學的用途也就更為普遍了。

古代人和現代人

這本書從集體潛意識這一新概念出發，闡釋了心靈探索的任務、時代精神潮流、文學藝術與宗教等問題。榮格認為，集體潛意識不同於個人潛意識，它從未在意識中出現過，是透過遺傳而存在的，藉助先天傾向的原型或原始意象而表現出來。

榮格試圖闡明集體潛意識不僅存在於古代人之中，而且透過遺傳置身在現代人中，主要表現在他們相同的心靈生活方式。

原始人把偶然性看成是某種專橫的力量，在他們看來，偶然性比規律性更為重要。造成原始人如此認識世界的原因有三個。

第一，偶然事件的聚集證明了其想法的合理性。

第二，由心理投射所造成的認同現象，創造了一個包容人的身體和心理的世界。這種投射以及這個世界的存在，使得原始人表現出其突出的特徵：把客觀的和主觀的聯繫起來，也把心靈的和外界的聯繫起來，因此，任何的偶然事件都可以有其自圓其說的解釋，對偶然性的恣意妄為的態度也就變得合情合理了。

第三，普通事件的規律性，使原始人在他的世界中獲得了一種安全的感覺，而每一個例外的事件在他看來都是專橫之力的威脅行為，都可能使之失去生命。為了更完善地保全生命，他們更傾向於謹慎，更傾向於服從這種專橫之力。

與之相比，現代人只是觀念不同，某些事物的表現形式不同，而在邏輯性、道德判斷的過程等方面都是相同的。這也正是集體潛意識存在於全人類身上的表現。

真正的現代人有最強烈和最廣闊的意識，他遠離那些與人類群體共同施行的「神秘參與」，遠離於被淹沒在共同的潛意識之中的命運，他與原始古樸的集體潛意識徹底地決裂。現代人是一個孤獨的人，他們從完全生活在傳統圈子內的人類群體分離了出來，必須要走到世界的邊緣，完全清醒地意識到現在這個時代，並且，他還必須具有一種高度的意識，必須頭腦健全，多才多藝。

現代人所具有的現代意識，有其優點，同樣也有其缺點。現代人在其發展的過程中，心理上遭受了一種致命的震動（比如，世界大戰的打擊），他們陷入一種深刻的不確定狀態中，與自身發生了衝突。

並且，由於世界大戰災難性的後果，導致現代人意識觀內的革命，使人們對自己和自身價值的信仰土崩瓦解，懷疑主義又使得他們難以將心理能量順利地運送到外部世界中去。結果，現代人只能孤獨地存在，使心理能量流回它們的源頭。

在這種不確定性中，現代人只能以物質的保障，普遍的福利和人道、高尚的理想來代替以往確定性的位置。但是，物質上的每一次進步，又都可能造成一個更大的災難，對人類產生更大的威脅。

於是，現代人又將其注意力從物質轉向其主觀心理過程，期待著從心理生活中得到從外部世界中得不到的東西。這種東西原本可以在宗教中找到，然而，**現代人卻認為，宗教的形式已經不再是他們心理生活的表現了，而東方古老的唯靈論、占星術、通神學卻似乎是更能為他們注入心理能量的方式。**

於是，這類行業蓬勃興起，其教義建立在無意識的基礎之上，且道德說教從不迴避生活的陰暗面。在人們已經不再把心理能量注入陳舊的宗教形式的背景下，它們擁有著宗教的真正性質，代替著宗教發揮作用。

同時，東方的各種教義精神，在現代人倒向心理生活的真實性，並期待世界拒絕給予他們確定性的時代大背景下，正潛移默化地向西方挺進，以它的潛意識力量改變著現代人。它深入進現代人的內心之中，從其自身心理生活的深淵中升起一種新的精神形式，這些新的精神形式將成為各種心理力量，幫助現代人獲得新的生活。

總而言之，無論是各種通神學還是東方精神，都是現代人典型精神問題的表現，是心理生活對現代人呈現出，越來越重要作用的產物。

違反時代精神的假設

時代精神是物質的形而上學，取代精神的形而上學，人們不再相信古代關於靈魂是一種實體的說法。精神不再是獨立的事物，對精神的專注已經轉化為對實際的研究。榮格認為，這只是人們進行自欺的想法。

事實上，人們對物質的形而上並不比對精神的形而上要知道得更多，人們之所以用物理的因果關係來提供對生活的真正解釋，只是因為迄今為止，從精神方面的解釋過於多了，並且它最終的結果仍然是對世界一無所知。

其實，用極端的物質觀代替精神觀，只能使心理學變成一門沒有心理的心理學：把思想看作是大腦的分泌物，潛意識心理生活則遭到徹底的疏忽和否定。但是，潛意識在我們的心理生活中卻實實在在地佔據著重要的地位，無論在過去還是現在，它都是客觀的，自足的，不受我們的意識所控制的。

因此，**榮格大膽地提出了一個違反時代精神的假設：承認將靈魂視為客觀現實的古老觀念是有道理的，自我意識就是從潛意識生活中產生出來的，並且性質強烈、集中、短暫，只指向目前以及直接的注意領域。與那些只觸及代表個人經驗的意識相比，潛意識包羅萬象，廣泛寬闊，除去容納於它之中的難以勝數的知覺外，還有著眾多世代累積起來的遺傳因素，這一遺傳因素正是表現在所有古代人和現代人身上的集體潛意識，它是人類心理生活的源泉，是生命的動力。**

最後，他得出結論：當人類進步達到一個高度的意識水準時，人們就不再單純地信仰一方面而否認另一方面，而是將兩者都當作同一個心理的構成因素來予以承認。

心理學和文學

在這本書中，榮格分作兩個部分來討論文學與心理學的問題。

心理學與藝術作品

榮格把藝術作品劃分為兩種類型：心理型和幻覺型。心理型作品即為人們通常所說的心理小說。心理學家對這一類型的作品並不感興趣。因為這些作品已經完成了其自身的心理解釋任務，沒有留下任何的餘地。

心理型的藝術作品，其素材得自於人類的意識領域，如生活教訓、感情波動、情欲體驗以及普遍意義上的人類命運的危機時刻。詩人及文學家們的工作即是解釋和闡釋意識的內涵，以及人類生活中那千載輪迴的悲哀與歡樂所組成的不可避免的經驗。這類作品無論它以怎樣的形式，其經驗及藝術表現都在可理解的領域之內。

而幻想型的藝術創作與心理型則有著深刻的差異，典型地表現在《浮士德》的第一部和第二部之間。第二部所代表的幻覺型藝術創作，為藝術表現提供材料的經驗不再為人們所熟悉，它是一種存在於人們心靈深處的陌生之物，是一種超越人類理解力的原始經驗。這種原始經驗就是沿傳到現代人類的集體潛意識，它是由遺傳力量所形成的某種心理氣質。

當偉大的文學作品在它們所處的時代中，從人類的生活裏吸取力量，而不是從個人因素著手時，集體潛意識以補償其自身意識觀的局限的身份出現在文學家、詩人的筆下。於是，便出現了《赫爾默斯的牧羊人》、《神曲》、《浮士德》等這種劃時代的、永恆啟迪人類的藝術作品。

心理學與詩人

毫無疑問，藝術家的人格終究會影響作品，但是，滲入藝術作品的個人特徵並不應該是作品的主要特徵，藝術作品在主要問題和特徵上都是高高超越於個人生活的，它所傳達的整個人類的心靈意識，使得詩人們以其精神和心靈向整個人類的精神和心靈對話。

在藝術的王國裏，個人因素是一種局限，是一種罪孽。如果一種藝術形式帶著濃重的個人的色彩，就容易被當作任意發洩的神經症來對待。當然，這樣說，並不是指藝術家不能擁有一種渴望世俗生活的個人意識，而是指富於創造性的藝術家大都具有雙重人格或是兩種矛盾的綜合體：一方面，作為一個人，他具有自己的私人生活；另一方面，他的創作又是一種非個體的創造過程，在藝術作品中，只能容納他的藝術家人格和藝術氣質，而且，藝術氣質中所包含的集體心理生活更重於個人的心理生活。

從這個意義上講，藝術家是一個更高意義的人——集體的人，攜帶著人類的集體潛意識心理生活並賦予它以表現方式的人。透過它，藝術得以實現自身的目的：展現人類的集體潛意識，那從未在人的意識中出現過的，只是透過遺傳而存在的原始意象。

人生的階段

榮格以意識為標準，將人生分為四個階段：第一個階段是童年，這是一個無次序的混亂階段。在此階段中，對別人構成問題，自己卻不能意識到自身的問題；第二階段是青年期，這是自我情結得到發展的階段；第三階段，中年期，意識到了一個人的分裂狀態，是一個充滿了意識問題的時期；第四個階段，極端衰老的時期，重新下降到起始的狀態，不再為自己的意識所困惑。

由於童年期和老年期有一個共同的地方，即都淹沒於潛意識的心理事件中，他們都是沒有任何意識問題的人生階段，因此，榮格沒有把它們納入討論之中，而是重點討論了青年期和中年期的問題。

他指出，青年期有兩個基本問題：第一，主觀預想與外部事實之間的對立；第二，由性衝動引起的心理平衡的失調，或某種難以忍受的自卑感所導致的內部的心理騷亂。這兩個問題都反映了一個共同的特點：即對童年意識水準的依戀，對存在於自身之中和自身之外的各種重大力量的反抗。

接著，榮格重點探討了成年期。在這個階段，人的心理和生理都發生了變化，往往使得人們對自己感到前途無望，生命收縮。此時存在的共同問題是：企圖把青年時期的心理氣質一直帶到成年時期的門檻。更為嚴重的是那些從前就不能從童年中掙脫出來的、現在又難以與青年時代分離的神經症現象。要解決這個問題，最重要的是要有一幅美好的前景和未來的一個目標。

對於靠近老年門檻的人來說，必須使之將生命的終止當作一個目標接受下來，將其當作生命的一部分，那麼，生活才會變得有所引導，才會比毫無目標的生活來得更好，才更能使他們適應自己，適應每一個階段，最後能夠從容地告別生活。

心理醫生和牧師

榮格指出，心理神經症的原因既有遺傳、氣質、細菌感染等因素，同時還具有內在的心理因素，這些心理因素可能是驅力或本能等。

> 神經症的問題在於精神的停滯和心理的貧乏，他們所需要的是能使他們繼續生活下去的一種體系或終極真理，這些體系或真理就是信仰、愛、希望以及理解，而這些是既不能被傳授、學習、索取，也不能被壓抑、贏得的，只能透過經驗才能獲得，而經驗又不能製造。

於是，心理醫生所面臨的問題就是怎樣使病人在獲得經驗之前，就得到唯有經驗才能給予他的東西。

事實上，與精神痛苦問題最相關的應該是牧師。大多數的精神病人，尤其是進入暮年的病人，他們的問題都是最終找到一種關於人生的宗教觀。無疑，他們是病了，他們喪失了每一個時代的活的宗教給予追隨者的東西。因此，需要這樣一種宗教，需要牧師。

然而，由於牧師缺乏專業的心理學知識和洞察力，並且似乎也沒有充分地準備起來，以解決時代迫切的心理需要。於是越來越多的人遠離宗教（尤其是受教育階層），而伴隨宗教生活的衰落，神經症更為頻繁地增長起來。

幫助他們，治癒他們，這付沉重的擔子就落在心理醫生的肩上。在這裏，最重要的並不是心理治療中的技術問題，而是精神治療醫生在工作中應採取的態度。在榮格看來，態度遠比理論和方法重要。醫生必須具備一種不帶偏見的客觀態度，必須與這個人的心理生活接觸，並接受病人的一切，包括優點和缺點，這樣，才能真正為病人提供指導，並幫助他。這就意味著，醫生必須接受一切邪惡，甚至包括自己在內的邪惡，因為只有完全接受了自己的人，才可能具有不帶偏見的客觀性。

與佛洛伊德的對比

在論及自己與佛洛伊德的區別時，榮格首先分析了分歧的根源。

榮格認為，觀念是主觀的，而主體又是一個客觀的事實，所以，有的人會相信在他自身內部所發現的那些東西是他創造出來的，而另一些人則會以觀察者的身份來看待這些東西。其實，真理是介於兩者之間的。哲理性的批判已經證明：每一種心理學都帶有主觀色彩，因此也就造成了各派心理學的分歧。

接著榮格分三個方面闡述了自己與佛洛伊德的區別。

首先，佛洛伊德過分強調生活中病理的一面，並完全根據人的缺陷來對人進行解釋。而且，他在進行歸納和概括時所依據的事實都只與各種神經症狀態有關。因此，他的心理學理論是一種關於不健康的心靈的心理學理論。

其次，佛洛伊德的心理學以一種未經批判的，潛意識的世界觀為基礎，這樣容易把人類的經驗和理解局限於狹窄的領域。而榮格的心理學則儘量擺脫一切潛意識，並賦予宗教、生物學及整個自然科學的經驗主義以積極的價值。

最後，榮格還明確表示了，不同意佛洛伊德只認為性慾才是心靈惟一動力的觀點。他認為，性慾只是生命本能的一種，而人有各種心理驅力或力量，榮格把他們統歸入「能量」的範疇，提出心靈能力的概念。因此，以其心靈能力還原的心理治療原則，不同於佛洛伊德的性還原原則。

總之，在《尋求靈魂的現代人》中，顯示了榮格和佛洛伊德的理論具有明顯的分歧。榮格以自己的理論體系，在精神分析學派的領地樹起了一面旗幟，以全新的面貌出現在世人面前。當然，其理論也並非十全十美，他的整個理論帶有濃厚的神秘主義色彩，他的生命力概念更是玄妙難懂，令人難以捉摸。但是，並不能因此而否認榮格作為一位傑出的分析心理學家，在心理學史上的光輝成就。

《分析心理學的理論與實踐》

卡爾・古斯塔夫・榮格：分析心理學的創始人

宗教及其他類型的信仰團體實際上是一種精神治療機構，因為它反映了人類的集體無意識傾向，代表了集體心理運動的規律。

——榮格

《分析心理學的理論與實踐》一書的前身是榮格一九三五年在倫敦的塔里斯托克診所所作系列講座的講稿。

這本書的主要內容包括：心靈的結構、內容及對心靈進行探索的方法。各講之間沒有嚴格的界限。由於是演講稿，加之例證和具體分析工作的細節頗多，並且還有一些討論的內容。

意識的功能

心理學是一門關於意識的科學，意識的產生依賴自我。自我是一種複合的東西，是精神事件的情結。榮格認為，當情結從精神的內層領域和外部世界吸取各種印象，印象進入自我並與自我發生聯結時，便形成意識。

在榮格看來，意識有四個外部功能：感覺、思維、情感、直覺。這些方面既受意志的控制，又因自身特有的能量而能表現自己。在不同的人身上，這四者總有一種占主導地位，並形成一個人特有的心理類型。而且在這四者之中，思維與情感相互排斥，感覺與直覺相互排斥，不同心理類型的人（感覺型與直覺型，思維型與情感型）具有各自獨特的特徵，形成人們心理的差異。

意識的外部功能在人與環境的聯繫中，主宰或幫助人進行意識定向。意識的內部功能是指能建立與處於自我之下「陰影世界」裏的事物相聯結的功能。它包括：第一，記憶；第二，情緒，即排斥自我、佔據人整個心靈的東西；第三，侵犯，即當人完全被無意識控制時，出現的不合需要的闖入意識狀態的東西，這時意識的控制處於最低點；第四，意識功能的主觀因素，即人以某種方式做出主觀反應的傾向，這種反應或多或少是不公正、不準確、難以接受的，當事人也不願承認自己受制於這種主觀傾向。

心理構造

在榮格看來，人的心理包括意識和無意識兩部分。意識包含直覺、記憶等，是個人與其環境現實保持聯繫的通道。無意識過程不能被探測或領悟到，只能透過其產物顯現出來，根據這些產品的特殊性質，榮格認為在它們背後一定還隱匿著某種東西，前者正是從後者中產生出來的。榮格把這個黑暗隱蔽的領域稱為無意識心理。**榮格認為，意識的外在內容首先是透過感官從周圍環境中得到的。**其次，意識的內容也來自別的源泉，如來自記憶和判斷過程。而這些屬於內在領域。意識內容的第三個源泉就是心靈的黑暗部分即無意識。我們是透過特定的內在功能接近無意識這個領域的，這些功能並不處於意志的控制之下。它們是媒介物，無意識內容經由它們而達於意識的表面。

根據能被意識識別的無意識產品（這些產品已跨入意識門檻），可把無意識分為兩類。

個人無意識

榮格指出，個人無意識包括那些顯然來源於個人的、可被認識的材料；這些是個人獲得的東西，或者是那些構成整體人格的本能過程的產物。除此之外，它還包括被遺忘、被壓抑的內容以及創造性的內容。這些內容並無特異之處，而且在別人那裏，這類東西可能是有意識的。換句話說，這些內容是一些人能夠意識到而另外一些人意識不到的。

因為這類內容完全由個人因素，即由那些構造整體人格的因素所組成，所以，榮格把這類內容稱為下意識或個人無意識。

個人無意識是一種非常相對的東西，即它能被意識所瞭解，只是在不同人身上被瞭解的程度不同，或在一個特定方面、在一個特定時刻，人不知道它的存在。

榮格特別強調，當一個人整個地沉入無意識並完全成為它的俘獲物時，他的自主活動是無意識的自主活動，喪失意識，便成為病態心理。

集體無意識

榮格指出，集體無意識的起源無從知道，或者無論如何不能把它歸結為個人獲得物。這些內容有一個突出的特點，那就是它們的神話特徵。這些內容似乎並不僅僅屬於任何單個心靈或單個人物，而屬於一般人類。集體無意識是根本不可能被意識到的核心層次。它可以在夢中出現，連做夢者本人也不會理解它到底是怎麼回事。集體無意識往往以投射的方式表露出來。即人可以從他人身上由對他人的意識認識自己的集體無意識。

榮格在剛開始接觸這些內容時，懷疑它們由遺傳因素引起的，或許可以用種族遺傳來解釋。為了解決這個問題，榮格研究了純種黑人的夢。研究結果顯示，這些夢的意象與所謂的血緣或種族遺傳無關，並且也不是個體透過自身經驗獲得的。這些意象屬於一般人類，它們具有一種集體的性質。

榮格藉助聖・奧古斯丁的話把這種集體模型稱為「原型」。原型意味著某種印跡，這是一類在形式和內容上都包含神話主題的遠古特徵。神話主題以純粹形式出現在童話故事、神話、傳奇以及民間傳說之中。一些著名的神話主題是：英雄形象、救世主、龍、鯨或吞噬英雄的怪獸。英雄和龍的主題的某些變調是進入地下、深入洞穴即「下洞儀式」。

這個下洞主題在古代比比皆是，並且實際上是全世界共有的現象。它所表現的，是有意識的心靈沉潛到無意識深層這一內向心理機制。非個人的心理內容、神話特徵，也就是說，原型正是來自這些深層無意識，因此，榮格把它們叫做非個人的無意識或集體無意識。

接著，榮格用例子說明了集體無意識的象徵，以及如何把它與個人無意識相區分的問題。

一個黑人向榮格講述過這樣的夢：夢中出現了一個像十字形那樣被釘在車輪上的男子的形象。這個黑人生於美國南方，完全沒有受過教育並且不是很聰明。考慮到黑人的眾所周知的宗教傾向，他很可能夢見被釘在十字架上的男人。十字架有可能是一種個人獲得的東西。然而最不可能的是這個無知的黑人竟夢見人被釘在車輪上。這是一個極不尋常的圖像，因為被釘在車輪上受難是一種神話主題。這車輪就是古代的太陽輪，受難則是為了贖罪而奉獻給太陽神的犧牲，正如從前人們為了換取土地的肥沃而把人畜當祭品一樣。太陽輪是一種極其古老的觀念，也許是最古老的宗教觀念。釘在車輪上的男人，是希臘伊克西翁神話主題原型的再現，而伊克西翁神的形象十分罕見。

那麼，這個黑人為什麼會做這樣的夢呢？

榮格認為，要回答著問題並不困難。他說：「人其無意識的心靈，就像人的身體一樣，是一間堆放過去遺跡和記憶的倉庫，它攜帶著歷史的痕跡，只要我們摸索到心靈的基本構造，就自然會窺見遠古的心靈的痕跡。」榮格特別強調，在通常情況下，當集體無意識在更大的社會團體內積聚起來時，結果便是大眾的瘋狂，這是一種可能導向革命、戰爭或類似事物的精神瘟疫。

最後，榮格申明，集體無意識的概念其實很簡單，其內容既不從屬於任何專斷性意圖，也不受意志的控制，它並不是什麼神秘的奇談怪論，也不是蒙昧主義的產物。

情結

情結是聯想的凝聚，它是一種多少具有複雜心理性質的圖像，有時具有創傷的特徵，有時具有痛苦和不同凡響的特徵。它難以被把握，又難以被趕走，容易引起緊張和情緒反應。情結是有張力和能量的，它像一種不完整的人格那樣行動。當它干擾人的意圖時就好像受到另外的人或外部條件的干擾似的。在榮格看來，情結類似於自我，具有某種意志力，當它解脫了意識控制後就可以與意識對話，猶如一個人身上具有兩個人的心靈。正因為情結是一些聯想的自由組合，有一種自己運動的傾向，企圖在意圖之外獨立生活，所以人的意識不是統一的。

析夢與心理治療

榮格指出，有的夢不能只停留在做夢者個人的範圍內討論，因為這種夢包含一種原型圖像，即做夢者的心理狀態不只局限在個人的無意識當中，他的問題不完全是個人的事情，而是觸及到人類的一般問題了。用一般性觀點進行心理治療具有重要意義。古埃及人很清楚這一點，如把個人疾病提升到更高的非個人水準上能產生療效。東方人、古希臘醫學在實際治療中也依據這一原則。之所以如此，是因為古代人的心理與現代人很不相同，但有些時候古人與我們好像又並無太大的差別。我們得到精神上的安慰或心理上的影響就能治病或有助於治療。對於處於原始水準上、心理狀態更古老的人更是如此。

在病人的疾病中，往往掩藏著特定的原型意象，若它能被正確揭示出來，病人就能被治癒；反之，若病人依賴於原型的願望得不到恰當陳述，他不得不退而依靠自身，於是便陷於病患的孤獨無援的境地。當醫生向病人指出，他的病患不僅是他一個人的，而是人類普遍的，甚至也是神的疾患，有神和他人同他做伴，那麼就有療效了。現代精神療法的原則類似於此：當醫生把病人的苦痛和疾患與耶穌的苦難相比較，病人就能從自己的不幸和孤獨中超越出來，知道自己正在經歷的命運考驗，最終是有益於人類的，是英勇和富有意義的標誌，像神的受難與獻身一樣。

轉移的心理學及其處理

榮格認為，轉移所包含的心理過程是投射過程的一種特定形式，換句話說，轉移是一種特殊的投射。投射是指把主觀內容搬運到客觀之中，主體的心理內容顯得好像一直屬於客體。轉移通常具有情緒性、強制性。情緒本身總在一定程度上使主體不能自制，它凌駕於自我的意圖之上，主體擺脫不掉它。主體的這種不由自主狀態被投射到客體上，這樣就建立起一種牢不可破的紐帶關係，對主體施加強制性影響。

轉移治療共分四個階段。

第一個階段，使病人認識到，靠投射並期待見到自己個人經歷中有過的所有肯定和否定的權威圖像，這只是在以孩童和小學生的眼光看待世界，還只涉及客觀的一面。

要獲得真正成熟的態度，他還必須從所有這些似乎給他造成麻煩的意象裏看出主觀價值。這些意象必須被他融進自己的心理之中，他必須弄清楚它們是怎樣成為他自身的一部分的，如他是怎樣將某個客體賦予一種積極的意義的，儘管實際上正是他才能夠、也才應該促進這種意義的產生。

同樣的，當他對客體投射否定的性質進而憎恨和討厭這個對象時，他須明白，事實上是他把自己的卑劣的一面投射出去了，因為他更欣賞一種樂觀、片面的自我圖像，即讓病人承認他是作為整體而存在的。他有好、壞兩個方面和高級與低級兩種功能，他應對所有這些承擔責任。

第二個階段，區分兩種轉移，並在讓病人的意識認識到個人的投射並瓦解它的基礎上擋回病人發出的非個人圖像的投射，即取消病人的非個人圖像的投射行為，不是也不應該取消投射的內容。

第三個階段，區別病人對醫生的個人關係和非個人因素之間的不同。醫生精心治療病人，相互產生喜歡的情感，這是個人之間正常的反應。若病人認識到非個人價值的重要性，他必然會加入宗教活動，即他把自己集體無意識的體驗容納入一種特定的宗教形式。

若做不到這一點，即非個人因素缺乏受體，病人就會陷入轉移，產生與醫生的不正常關係，如產生救星情結這種原型意象。這時，就須用特殊的複雜方式把病人投射出的非個人價值還給他本人。

第四個階段，非個人意象的對象化。目的是將意識從客體上分隔出來，這樣個人就不再把他的幸福或生命的保障寄託在自身之外的因素（如人、思想或情景）上，而是認識到這依賴他自己。

最後，榮格討論了主動想像法。榮格認為，主動想像法是一種有目的的主動的創造活動。其具體做法是：全神貫注於頭腦中的一幅圖景，在它動起來後會變化發展下去。這實際上是無意識產生出的一系列意象，是無意識的對象化。由此即可分析病因並幫助病人找到致病的根源。當然，這種方法僅適於一部分病人，對另外的病人則可能有害。

《發生認識論原理》

吉恩・皮亞傑：發生認識論的創始人

獲得認識的每一個結構都是心理發生的結果，而心理發生就是從一個初級的、簡單的結構過渡到一個較高級的、較複雜的結構。

——皮亞傑

吉恩・皮亞傑（Jean Piaget，一八九六—一九八〇），瑞士傑出的心理學家和兒童心理學家，發生認識論的創始人。皮亞傑是二十世紀最負盛名的學者之一，西方學者公認他是與巴普洛夫和佛洛伊德齊名的當代心理學三大巨人之一。

一八九六年，皮亞傑出生在瑞士的納沙特爾，他聰明異常，十幾歲就開始發表科學論文。一九一八年，在納沙特爾獲自然科學博士學位。同年，在榮格的指引下研究精神分析學，後又獲得法國國家科學博士學位。一九二一年，擔任日內瓦大學盧梭研究所試驗室主任。一九二四年，任日內瓦大學教授。曾先後當選為瑞士心理學會、法語國家心理科學聯合會主席，並於一九五四年當選為第十四屆國際心理科學聯合會主席。一九五五年，皮亞傑在日內瓦創建國際發生認識論中心，他集合各國各方面專家之長研究發生認識論。一九六八年，獲美國心理學會的心理學卓越貢獻獎。一九七二年，在荷蘭獲得榮譽地位相當於諾貝爾獎的「伊拉斯莫斯」獎。

皮亞傑一生著作頗豐，光專著就有五十多部，其中主要有：《發生認識論原理》、《智慧心理學》、《兒童的語言和思維》、《兒童的判斷和推理》、《兒童的世界概念》、《兒童的因果概念》、《兒童的道德判斷》、《兒童智力的起源》、《兒童現實建構》、《發生認識論導論》、《結構主義》、《邏輯與科學認識》等。

《發生認識論原理》一書是皮亞傑在一九七〇年出版的一本理論性著作，較有系統地闡述了他對認識論的看法。他認為，研究認識的發生發展是認識論不可缺少的一部分。他還指出，發生認識論有兩大特點：一個是它研究各種認識的起源，另一個是它具有跨專業性。

皮亞傑認為，傳統的認識論只顧及到高級水準的認識（即認識的某些最後結果），卻看不到認識本身的建構過程。他自己則是從其心理的發生發展來分析認識的。他認為，各門科學都應有自己的認識論，但認識總是一種連續不斷的建構。

認識的形成

皮亞傑指出，認識的獲得必須用一個將結構主義和建構主義，緊密地連結起來的理論來說明，也就是說，每一個結構都是心理發生的結果，而心理發生就是從一個較初級的結構過渡到一個較複雜的結構。

皮亞傑認為，認識的建構是透過主客體的相互作用而進行的。個體之所以能對刺激做出反應，是由於個體原來具有格局來同化這個刺激。但同化不能使格局改變或創新，只有透過自我調節，才能引起格局的變化和創新以適應外界環境。

皮亞傑把適應看作智力的本質，透過同化和調節，認識結構就不斷發展，以適應新環境。透過適應，同化和調節這兩種活動達到相對平衡。而平衡既是一種狀態，又是一種過程，平衡的這種持續不斷的發展就是整個心理智力的發展過程。

格局可以說是認識結構的起點和核心。透過嬰兒開始的各種活動，格局就逐漸分化為多數格局的協同活動，並能建立新的格局和調整原有的格局，對外界刺激再進行新的各種水準的同化。格局的這種不斷擴展，使得結構愈來愈複雜，最後達成邏輯結構。

皮亞傑用運演（operation）這一術語來說明兒童的活動類型。各個運演的協調就組成結構的整體，包括群（group）、格（lattice）和群集（grouping）等。皮亞傑用它們來說明兒童行為的心理協調的初級邏輯形式和運演。當兒童的思維發展到了高級階段，就具有了形式運演，用邏輯符號表示就是有了「INRC」群。

皮亞傑以運演為標誌，將兒童思維的發展劃分為四個大的年齡階段。這四個階段分別是：

感知運動階段（從出生到兩歲左右）

這一階段是思維的萌芽期，是以後發展的基礎。皮亞傑認為，這個階段的心理發展決定著心理演進的整個過程。這時的兒童只能依靠自己的肌肉動作感覺來應付外界事物，動作尚未內化，還不能在頭腦中進行，必須表現為外部的活動。所以，這個階段幼兒是利用感知和動作來征服他周圍的整個宇宙的。

兒童透過不斷地和外界交往，動作慢慢地協調起來，並逐漸知道自己的動作和對外物所引起的效果之間的關係，開始有意識地做某個活動。在十八個月到兩歲這個時期內，發生了一次被皮亞傑稱之為「哥白尼式的革命」。

如果說在這一階段前期，兒童處於極端的自我中心狀態，尚不能區分自己與客體之間的關係，那麼到了後期，兒童獲得了客體的永久性，他自己才真正成為宇宙間其他因素中的一個因素或實體。

根據兒童所表現出來的行為模式，這一階段可以分為六個子階段，即反射活動階段、習慣動作時期、有目的的動作形成時期、手段和目的之間分化並協調的時期、感知—運動智慧時期和感知—智慧的綜合時期。

總之，這時兒童能運用某種原初的格局來對待外部客體，能開始協調感知和動作間的活動。但其感知運動的智力還沒有運演性質，因為兒童的活動還沒有內化。

前運演階段（兩歲左右到六、七歲左右）

這一階段又稱前邏輯階段。指的是兒童處於運演之前，為運演做準備的階段，但並不是說這個階段一點邏輯的痕跡都沒有。

這時兒童開始以符號作為仲介來描述外部世界，表現在兒童的延緩模仿、想像和遊戲中。**皮亞傑把這一階段兒童的思維稱為「自我中心思維時期」。動作雖然內化了，但由於尚未形成從事邏輯思維所需要的心理結構，因而還不能進行運演，只是具體運演的準備期。**

此時的兒童只能進行表象思維，其認識的發展仍有對感知運動經驗的依賴性，但大部分是依賴表象的心理活動。當兒童在實際活動中遇到挫折需要加以校正時，他是依靠直覺的調整而不是依賴運演來進行的。

這一階段又可以分為兩個子階段：象徵思維階段（二至四歲）和直覺的半邏輯思維階段（四至七歲）。

象徵思維階段已出現象徵符號的機能，因而兒童能夠憑藉意義對意義所指的客觀事物加以象徵化。皮亞傑認為，這意味著思維的發生，同時也意味著符號系統開始形成。

兒童能運用語言並形成心理意象，能使用符號在頭腦中再現外部世界。但是這個時期的語詞和符號尚不能離開所代表的東西，兒童尚不能形成概念，不能用概念反映事物間的聯結或代替一類事物。

在直覺的半邏輯思維階段，兒童開始從表象思維向運演思維進展，但它的判斷仍受著直覺表象自動調節的限制，他們既無歸納推理，亦無演繹推理，往往將沒有邏輯關係的事情因果關係化。

這一階段兒童思維的突出特點是自我中心思想。這主要是由於兒童的表象和語言與具體事物的聯繫太直接，而他們被束縛在他們自己關於世界的觀點之中，不能採用任何別的更高的觀點。由於自我中心缺乏可逆性，沒有運演，因此在這個水準上不可能做成任何守恆實驗。但是半邏輯思維階段孕育著運演思維。

具體運演階段（從六、七歲到十一、十二歲）

在這個階段，兒童形成初步的運演結構，能進行具體運演，也就是能在與具體事物相聯繫的情況下，進行邏輯運演。這時兒童已有了一般的邏輯結構，如群、格和群集等，這時的群集有五個特性，即組合性、逆向性、同一性、重複性和結合性。但是這個階段的運演還離不開具體事物表象的支持，還不能把各種具體運演之間的複雜關係在一個系統內綜合起來。

有些問題在具體事物幫助下可以順利解決，但在口頭敘述的情況下作邏輯推理還很困難。此外，這一階段所獲得的兩種可逆性仍是相互孤立的，說明具體運演雖已協調成一定程度的整體結構，但這些整體結構還比較低級。

由於解除中心化的發展和可逆性的出現，兒童有了守恆的概念，這是這個階段的主要標誌，也是運演結構是否形成的重要標誌。一般來說，六—七歲的兒童能掌握連續守恆；九—十歲兒童能掌握重量守恆；十一—十二歲兒童能掌握體積守恆。

隨著自我中心的解除，兒童開始能站在別人的觀點上看問題，能利用別人的觀點去校正自己的觀點，並檢查自己解決問題的方法是否正確。

具體運演階段的兒童雖然在推理、問題解決和邏輯方面已超過前運演階段的兒童，但思維仍局限於當時當地的具體運演。雖然已有量和數的守恆，但不能對抽象概念、假設的命題或想像的事件進行推理，而且他們雖然能按大小排列一系列匣子，但解決抽象的言語問題仍有困難。

形式運演階段（**從十一、十二歲到十四、十五歲**）

所謂形式運演，即不受具體事物內容的局限，透過假設演繹的方式進行推理，形成完整的認識結構系統，兒童的智慧發展趨於成熟。

在這一階段，兒童的思維能力已超出事物的具體內容或感知的事物，具體運演階段的局限性克服了，思維具有更大的靈活性。解決問題時，他們能運用許多不同的認知運算策略，思維和推理高度靈活，能觸類旁通，並能從許多角度和觀點看事物。

在這一階段，兒童思考假設的問題，和思考真實的問題的能力得到了發展，已有能力處理假設而不只是單純地處理客體。他們思考可能性和現實性的能力得到了發展，認識超越了現實本身，而無須以具體事物為仲介。在具體運演階段，兒童在心理上操縱客體和事件，而在形式運演階段，兒童能操縱關於假設情境的觀念。

在這個階段，兒童解決問題的一個主要特徵就是有系統地尋找答案。兒童能對一個問題提出各種可能的假設，並詳盡而有系統地交換有關因素，逐個論證所提假設，最後得出一個恰當的結論。這樣，他們開始能評價自己和別人的運演，而且能將不同的運演整合成更大範圍問題的高一級運演。

在運演結構上則是合併成為命題聯合，它標誌著一個新的運演系統，即所謂命題運演。這個階段的形式運演使個別結構達到綜合性水準，這是邏輯思維的高級階段，同時也是智慧發展的最高階段。

原初的有機條件

在這部分內容裏，皮亞傑分析了獲得認識的生物學前提，也就是認識在機體方面的起源和機制問題。**皮亞傑認為，從發生認識論來看，有必要從生物學方面來考慮認識論問題。心理發生只有在其機體根源被揭露以後才能為人們所理解。**在皮亞傑看來，生物的發展是個體組織環境和適應環境，兩種活動相互作用的過程，也就是生物的內部活動和外部活動的相互作用過程。對於這個問題，皮亞傑從三個方面加以了論述。

從本能到智力

智力是怎樣從本能之中出現的呢？智力從本能中出現伴隨著兩種發展：內化的發展和外化的發展，這兩種發展的方向雖然不同，但卻是相互聯關連的。

內化的發展，其發展方向是朝向邏輯數學方面的。內化建構對主體動作進行分解、歸類、排列、組合等各種協調，進而形成動作結構。它是對已有動作格局的再協調或再建構，進而形成更高級、更複雜的格局。

外化的發展，其發展方向是朝向學習與經驗的。外化建構是運用動作格局（包括內化的和尚未內化的）把主、客體或客體經驗組織起來，進而建立客體的關係與變化結構。

總之，智力的發展是一個雙重建構的過程。

自我調節系統

皮亞傑指出，要揭露認知結構的生物根源，以及認知結構成為必然這一事實，既不能認為只有環境才對認識結構發生作用，也不能認為認識結構是先天形成的，而應把它看作是在循環往復的通路中發生作用的，並且具有趨向於平衡的內在傾向的自我調節作用。

在建構過程中，同化和順應之間的平衡是透過主體的自我調節來實現的。在主體和客體的相互作用過程中，自我調節隨處發揮自己的功能以保證同化和順應的正常進行。

皮亞傑的觀點顯示，在主體與客體永無休止的相互作用過程中，主體不是被動的接受者，而是積極的改造者。

因此引入這個概念對於進一步突出主體在認識中的能動作用是有積極意義的。

對經驗主義和天賦論的批判

皮亞傑的觀點與強調環境決定作用的拉馬克主義是對立的，同時與強調隨機變異的新達爾文主義也是格格不入的。拉馬克認為，受環境影響而獲得的習慣是有機體形態上發生變異和器官形成的基本解釋因素。皮亞傑認為，拉馬克學說缺乏關於變異和重新組合的內在能力的概念，以及關於自我調節的主動能力的概念。

皮亞傑強調，有機體與外界環境之間存在名副其實的相互作用，這就是說，在環境變化所引起的緊張狀態或者不平衡狀態出現之後，有機體已經用組合的方法發明了一個創造性的解決辦法，進而帶來了一種新的平衡形式。

皮亞傑對行為主義的著名公式S→R進行了改造。他認為，這一公式的最大缺陷在於，它沒有表示出人在認識過程中的能動作用。他指出：一個刺激要引起某一特定的反應，主體及其機體就必需有反應刺激的能力，因此，我們首先關心的是這種能力。感受性自然是依存於做出反應的能力的，所以這個公式不應該寫作S→R，而應當寫作S⇄R，說得更確切些，應寫作S（A）R，其中A是刺激向某個反應格局的同化，而同化才是引起反應的根源。

修改後公式的含義是，當外部刺激S作用於機體時，機體並不是消極地接受這一刺激，而是先利用自己現有的格局將這一刺激進行過濾改造，使之變為組織所能吸收的形式。刺激這樣被同化，就是客體作用於機體，機體改造客體的結果。皮亞傑認為，對S→R公式提出這種修改，絕不只是單純追求準確性，也不是為了理論上的概念化，這個修改提出了認識發展的中心問題。S（A）R不是一種直觀的、機械的反映，而是機體改造環境的過程。

皮亞傑對現代語言學家喬姆斯基和生態學家洛倫茲的思維遺傳理論進行了批判的吸收。皮亞傑認為，喬姆斯基在句法結構的範圍內採取了一種生成語法的立場，進而使語言結構具備了結構的最一般特徵。它具有各種整體性的規律，以及由組成關係而產生的自我調節作用。

皮亞傑指出，喬姆斯基的嚴重不足在於，他把各種轉換規律看成是由某種穩定的核心句所派生的，並把這種穩定的核心句看成是天賦的固定格局。在皮亞傑看來，這個先天的固定格局的假設是完全不必要的。因為，在語言出現之前就有感知運動水準的智慧存在了。而它的連續不斷的建構，將為這種天賦固定格局的產生提供充分條件。

皮亞傑堅持認為，概念、範疇、認識結構以及一切唯理者所推崇的理性認識，都是主體的後天動作建構的產物。如果把這些認作是先驗的東西，就會把它的最初來源神秘化，或者把它們在人類中的穩定存在歸之於遺傳因素。

皮亞傑認為，遺傳與成熟的作用只能決定後天成就的不可能性，或可能性的範圍有多大。但是，成就的實現需要由經驗也是由環境所給予的外界材料，以及由自我調節引起的逐步的內部組織化來決定的。

總之，要說明認知性行為，或者要說明有機體的任何改變，必須求助於經驗論者所忽略的內源因素。但卻不能由此就認為每一種內源的東西，都是從一種遺傳程式設計派生出來的，而必須考慮自我調節因素。這種因素同樣是內源的，但是它的效應卻不是內在的。

皮亞傑從心理的發生發展來解釋認識的獲得，特別是科學認識的獲得。皮亞傑一再強調，認識的建構是透過主客體的相互作用。皮亞傑認為，邏輯、數學和物理學的認識同樣是不斷建構的產物，建構構成結構，結構對認識產生了仲介作用。結構不斷建構，從比較簡單的結構到更為複雜的結構。其建構過程則依賴於主體的不斷活動。

皮亞傑指出，一切認識在初級水準都是從經驗開始的，但是從一開始我們就能區別出從客體做出抽象的物理經驗，和從主體活動間的協調做出反身抽象的邏輯數學經驗。例如，為了驗證二＋三＝三＋二，而改變客體的順序或把客體排成倒序。

皮亞傑認為，我們可以越過那些可觀察到的東西來嘗試著建構結構，並不是從主體有意識地說或想的內容來形成結構，而是以解決新問題時，依靠運演所「做」的來建構結構。因此，可以把邏輯看作是這些結構的形式化，以及隨後對這些結構的超越。

皮亞傑認為，全部數學都可以按照結構的建構來考慮，物理學也總是這樣那樣地與一些產生結構作用的運演有關。可以肯定，在被發現之前，客體就已經存在，客觀的結構本身也已經存在。

《智慧心理學》

吉恩・皮亞傑：發生認識論的創始人

知覺過程是機率性的、相對性的，由於這種相對性是一種引起歪曲作用的相對性，進而導致相對的錯誤。

——皮亞傑

《智慧心理學》是皮亞傑早期的一部重要著作，是一九四二年他在法國法蘭西學院講學時的講稿，並於一九四七年第一次以法文版的形式出版。在這本書中，皮亞傑批判地吸收了生物學、認識論、數理邏輯和現代心理學各理論流派的觀點，博採眾長、自成一體，提出了智慧的生物性和邏輯性的雙重特點，劃分了兒童智慧發展的階段及其特點，建立了科學的智慧心理學體系。

智慧的性質

一開始，皮亞傑就指出，智慧既是生物性的，又是邏輯性的，然後以此雙重性質為出發點，來探討和解釋思維心理學的有關問題。這一部分主要包括兩個方面的內容。

智慧與生物性適應

皮亞傑首先指明智慧在心理組織中的地位。他認為，每個反應不論是指向外界的一個動作，還是如思維那樣的一種內化了的動作，都採取適應的形式，或者較恰當地說，都採取再適應的形式。個體只有在他體驗到一種需要時，即環境跟有機體之間的平衡被打破時，才會有動作，而這種動作就趨向於重建平衡，即使有機體重新適應。

因此，**皮亞傑以一種結論的方式給智慧下了個定義。他指出，智慧是一種適應形式，而適應依賴於有機體的同化與順應兩種機能的協調，是有機體與環境之間的一種平衡狀態。**

接著，皮亞傑從生物學中引進適應這個概念，並進一步闡明了智慧具有適應性這一生物性特點。皮亞傑評述了六種已有的有關智慧的不同學說，在揚棄進化論的前提下，把適應的產生歸結於三種因素：

第一，有機體的外在因素；第二，有機體的內在因素；第三，內外交互因素。

在進一步細緻分析的基礎上，皮亞傑又把適應具體地歸因於三個方面：第一，有機體與環境性質之間預先造成的和諧；第二，容許有機體透過實現其潛在結構而能對每種情境進行反應的預成論；第三，完善結構的出現，而這種結構不可能還原於元素，而同時決定於內因和外因。

最後，皮亞傑以其獨特的心理學思想指出，關於智慧的現代心理學理論，既有與上述生物學觀點和認識論觀點相對應的六種不同學說，也有從發展角度提出的三種學說，而後者的最後一種即是以主體與客體相互作用的關係為依據的運演說。

思維心理學和邏輯運演的心理性質

在這一部分內容裏，皮亞傑集中闡述了其關於運演說的觀點，並分析了智慧邏輯性的特點。

一、運演的概念

應用運演概念是皮亞傑對思維心理學的一項重要貢獻。「運演」（又譯運算），是皮亞傑從現代符號邏輯中引進來的，是邏輯思維的核心概念。因為動作是在實物上進行，而運演是在思維上進行，但不失去動作原有的特徵，所以說，運演來源於實際動作，是動作的內化。不僅如此，運演還是可逆性的，它有別於那些單向的、不可逆的動作。

為了更正確引出運演這個概念並加以闡明，皮亞傑分別在邏輯學上和心理學上進行了一些討論。

關於羅素的解釋

皮亞傑認為，羅素關於智慧的學說的特點就是，使心理學最大程度地從屬於符號邏輯學。支配一般概念及其關係的那些定律，僅單獨依存於邏輯學，心理學只能服從提供給它的這種現成的知識。皮亞傑指出，這實際上是一種假設，不論從純邏輯學觀點，還是從心理學觀點，羅素涉及運演的一些論斷，都是武斷的。

關於彪勒和塞爾茲的思維心理學

皮亞傑指出，德國思維心理學家，實際上主要受先驗論趨向的啟發，或者受現象學趨向的影響，特別明顯地受到胡塞爾的影響，以及受到介於這兩種趨向之間所有中間階段的影響。

在思維心理學派看來，邏輯學不是從外部而是從內部強加於心智的。在關於智慧的心理學的解釋上，彪勒透過控制的內省法研究，將所獲得的思維因素歸結為三個方面：首先，具有輔助作用的意象；其次，理智感和理智態度；最後是「思維」本身。

皮亞傑認為，這樣理解的思維，對理智狀態做到了一種精確而極其仔細的描述，然而，這種描述類似邏輯分析，絕不是對運演本身的解釋。而塞爾茲則認為，一些思維活動就在於完成一個整體（複合體完整化學說），問題的解決不能歸結為刺激－反應的圖式，而在於填補種種觀念和關係的「複合體」中的缺口。

隨後，皮亞傑對思維心理學進行了批判，並專門探討了邏輯學和心理學的關係。他指出，邏輯學是關於推理的一門公理學，而智慧心理學是一門相應的實驗科學，堅持這種方法論觀點是很重要的。形式邏輯學和智慧心理學，一開始是混淆在一起的，後來，隨著心理科學作為獨立科學的建立，邏輯學就越來越變成一種公理學方法，而心理學則深入智慧或思維的內部機制中去。

二、運演集群方式的四種類別

- 由手段和目的之間關係運演形成的集群方式，這些運演在實際智慧中產生了重要作用。
- 由命題運演形成的集群方式。命題邏輯學是以各命題函項之間的蘊含和不相容為基礎的邏輯學。
- 由邏輯性運演形成的集群方式。其中又包括八種不同的集群過程，有些是加法式的，有些是乘法式的；有些與類有關，有些則與關係有關；有些按照組合、序列或簡單的對應關係排列，有些則按照互易性和「一對許多」的對應關係來排列。
- 由亞邏輯性運演形成的集群方式，也被稱作形成空間和時間觀念的集群方式。其中也有八種不同的集群過程。

這種按一定方式，或組合在一起，或「集合成群」的運演，便是智慧邏輯性的充分表現。**皮亞傑**

指出，對於智慧的心理學解釋，在於追溯其發展，並指明智慧的發展如何必然導致我們所描述的那種平衡。因此，我們必須重新確定智慧的發展或智慧形成的階段，直到我們最終能夠說明最終的運演性水準。可見，對運演的解釋就在於把較高級的運演與整個發展過程聯結起來，而把發展看作是一種進化，後者受對平衡所固有的需要所控制。

智慧、知覺機能和運動機能的連續性

皮亞傑指出，由於一切運演均被看作集合成群、結構完善的整體，它們必須與一切「結構」相比較，與知覺性和運動性的最低水準的結構相比較，這樣的話，智慧與知覺的關係、智慧與運動性習慣的關係，以及兒童思維中運演的形成及其社會化，就必須加以研究，以保證上述問題的深入與明瞭。於是，在這一部分裏內容裏，皮亞傑圍繞這些問題展開了論述。

智慧與知覺

皮亞傑從「完形說」的中心理論入手，提出知覺是透過直接的或暫時的接觸而對客體或客體運動所獲得的認識，智慧則是主體與客體之間，在時空距離增加的情況下，透過迂迴途徑獲得的一種認識。

所以，智慧結構，特別是智慧發展達到最終平衡時，所特有的運演集群方式，可能從一開始就以知覺和思維所共有的組織形式，完整地或部分地存在了。

隨後，皮亞傑作了特定的歷史回顧，試圖從中尋找知覺與智慧的關係所在。他重點介紹了完形說及其對智慧的解釋，並對完形派心理學進行了批判。在此基礎上，他指出了知覺與智慧之間的差異。

皮亞傑認為，知覺結構是相互依存的一系列關係，知覺關係的任何一方發生變化，都會導致整個知覺結構發生變化，其變化的程度以引起新的平衡為限，而這種平衡已經不同於知覺關係原有的那種平衡，所以導致「平衡的位移」，這便是運演組合中的不可逆性。

另外，皮亞傑指出，由於相反的運演方面的變化，總是可逆的而彼此抵消的，因此運演結構中的變化，不會改變其平衡。於是運演結構的平衡既是靈活多變的，又是持久性的。皮亞傑又指出，知覺過程是一種機率性的、相對性的，由於這種相對性是一種引起歪曲作用的相對性，進而導致相對的錯誤。而智慧的相對性正是客觀性的條件，而在空間和時間方面的相對性正是對它們量度的一個條件。

同時，智慧則把透過各種各樣靈活變動途徑所獲得的大量事實概括成一個整體，因此智慧是透過充分地分散片面集中的思想而達到客觀性的。可見，知覺與智慧都有相對性，前者可能存在歪曲的成分，而後者則是客觀的。這樣一來，知覺活動和智慧活動兩者間既存在對立，某些情況下又有連續性表現的情況就毫無疑問了。不過，應當指出的是，這種連續性是須以兩者共同機制的存在為前提條件的。

總之，由於知覺是局限於一定階段的，一種機率性質的過程，而智慧的過程則決定著那些高級水準的複雜關係。因此，知覺之於智慧，相當於物理學上不可逆的作用和平衡的位移之於力學。

當然，知覺與智慧之間還存在一定的相似性。如果知覺活動接近於感覺——運動性智慧，它的發展就會達到運演的萌芽。隨著比較和換位所進行的知覺調節越來越趨向於可逆性，這些知覺調節就成為運演機制開端所需要的靈活性支柱之一。

皮亞傑指出，運演機制的建立，又會反作用於知覺調節，並透過反作用，把這些知覺調節統合於運演機制中。然而，他認為，知覺活動並不是醞釀智慧運演的唯一媒介，我們還必須考慮使習慣得以產生、而且跟知覺本身有密切聯結的種種運動機能的作用。

習慣與感覺——運動性智慧的關係

皮亞傑分別簡單介紹了其他學說關於習慣與智慧關係的解釋，然後介紹了一些關於習慣及其形成的研究，並逐步深入揭示習慣與感覺——運動性智慧的關係。他認為，從簡單的學習到智慧，似乎涉及一種同化活動，這種同化活動既是各種最被動形式的習慣（條件反應和聯想性遷移）構成所必需的，又是活動外部表現的展開所必需的。

同時，**最適合於說明知覺、習慣和智慧之間聯繫的方式，莫過於從分析由客體和空間所形成的各種基本圖式的感覺——運動性構造方式入手，而這種構造方式則與言前的知覺結構、智慧的發展等密切相關**。所以，習慣與智慧之間關係的問題，跟知覺與智慧之間關係的問題極其相似。知覺活動雖不等同於智慧，但知覺活動一旦能擺脫它所片面集中注意的直接的當前的客體，就能跟智慧相聯繫。同樣的，產生習慣的同化活動也並不等同於智慧，但是各個不可逆的和孤立的感覺——運動性結構一旦分化、並相互協調為靈活易變的關聯環節，這種同化活動就可以引發智慧的產生。

皮亞傑得出這樣的結論：在產生知覺活動的感覺——運動性過程中，習慣的形成與言語前或表象前的智慧之間有著重要的統一性。所以，最初的智慧，只適應於知覺和習慣的機制趨向於平衡的形式。換句話說，智慧從最初的感覺－運動性階段起，已經構成了一種完全經驗性的平衡結構。

思維的發展

皮亞傑在解釋了有關思維心理學體系的一些基本概念及與相關問題之後，圍繞著思維的發展這一主題，分別探討了思維成長和智慧發展的社會因素。

思維發展的階段

皮亞傑指出，思維發展的機制是以運演的集群方式作為其平衡的最後形式的，它包括四個主要時期，分別是：感覺—運動智慧階段、前運演階段、具體運演階段和形式運演階段。以下是這四個階段的基本內容。

一、**感覺—運動智慧階段**

這一階段的兒童能夠區分自己和物體，逐漸知道動作與效果間的關係，開始認識客體的永存性、主體與客體間的相互關係、客體間的相互關係，動作與動作之間開始逐漸協調。這個階段只有動作活動，並開始協調感覺、知覺和動作間的活動，這些純粹是智慧適應性的表現，但既無認識、也無語言和思維。這一階段又可分為六個子階段：本能反射階段、低級習慣階段、繼發循環反應階段、感覺—運動智慧開始形成階段、三級循環反應階段和感覺—運動智慧的完成階段。

二、**前運演階段**

在這個階段，兒童的思維具有兩個特點。

第一，思維的象徵性、表象性。兒童憑藉這種思維進行延遲性模仿、象徵性活動或遊戲以及繪畫活動等。所謂延遲性模仿，就是兒童模仿自己過去見過或聽到的事物或活動；而對於象徵性活動或遊戲，是指兒童可以用一塊小卵石代表一粒糖，或用木塊當作汽車行駛等。皮亞傑認為，此時的思維通常具有一些概念前思維的特徵，並伴有類推的方式。

第二，思維的直覺性。四—七歲的兒童開始從象徵性思維逐漸向運演思維過渡，但是知覺活動的跡象依然存在，所以，這時兒童的思維表現出很大的直覺性。這種直覺性思維比象徵性思維進了一步，因為這種直覺導致初步的邏輯性，雖然這種初步的邏輯性是以表象性調節，而不是以運演為形式的。由這種觀點可以看出，直覺思維是感覺—運動智慧的擴展，正如感覺—運動智慧把各種客體同化於反應圖式那樣，直覺最初總是在思想中進行的一種動作，但是卻為過渡到具體運演，甚至是邏輯性運演的思維提供了必要的條件。

三、具體運演階段

具體運演是在主體擺弄特定的客體，並對它們進行歸類、依序排列不對稱關係等實際動作的基礎上實現的。這些實際動作體系的內化，就成為運演集合成群的過程。也就是說，動作是在實物上進行的，而運演則在思維上進行，雖是動作的內化，但不失動作原有的特徵。

在具體運演階段，兒童的思維主要有兩個特徵。

第一，守恆性。皮亞傑認為，所謂守恆，就是內化的和可逆的動作。守恆是透過兩種可逆性實現的，一種是逆向性或否定性，例如，「A^+」是「A^-」的逆向或否定；另一種是互反性或互換性，例如，「A＞B」和「A＜B」具有互反性，兒童自身的左右和對面人的左右就是一個互反關係。皮亞傑指出，通常情況下，兒童守恆概念的獲得是依數量守恆、長度守恆、物體守恆、重量守恆和體積守恆而成遞進趨勢。

第二，集群運演。皮亞傑認為，在具體運演階段的兒童智慧，之所以能夠達到靈活的平衡，是因為發生了一連串的集群變化，即集群的同一、組合、結合、逆向、和反覆。這一階段的兒童開始對上述集群運演結構進行分析綜合，進而正確地掌握邏輯概念。這個階段之所以稱為具體運演階段有兩個方面的原因：首先，這種運演思維還離不開具體事物的支援，只能把邏輯運演應用到具體的或觀察所及的事物中，因而這個階段的思維只局限於初步的邏輯思維；其次，這些運演是零散的、孤立的，還不能把邏輯運演結合為各種可能的變換形式，並組合成為一個完整的系統。

四、形式運演階段

在具體運演結構的基礎上，經過不斷同化、順應、平衡，思維就逐步出現新的運演結構，這就是與成人思維接近的形式運演階段。

皮亞傑認為，所謂形式運演，就是使形式從內容解放出來。在這個階段，思維能夠超出具體感知的事實，而透過假設推理解答問題，或從前提出發，做出應有的結論。這時思維特點是，把邏輯運演組合成各種系統，並根據可能的轉化形式，去解決脫離了當前具體事物的觀察，而提出的各種命題。

從以上四個階段的比較可以看出，感覺—運動智慧階段是兒童思維的萌芽，前運演階段出現象徵和直覺思維，具體運演階段出現初步的邏輯思維，到了形式運演階段才出現抽象的邏輯思維。換句話說就是，這幾個階段是彼此銜接的，存在機能上的連續性。

皮亞傑特別指出，思維的每一階段雖與特定的年齡相聯結，但也並非完全由年齡所決定。也就是說，上述內容雖然具有一定的普遍性，但也不否認特殊性的存在。

思維成長的社會因素

皮亞傑認為，隨著個人思維水準的發展，他與其所處社會環境的相互作用，在性質上有著很大的變化，同樣地，這種相互作用本身又以各種不同的方式改變著人的心理結構。例如，在感覺一運動時期，嬰兒受到多種多樣的社會影響，人們透過食物、交往使他體驗到種種樂趣，形成習慣，遵從社會規範。

而隨著年齡的增長和言語的習得，出現了使兒童的思想豐富起來和發生轉變的種種新的社會關係，而兒童也開始按照自己的方式同化各種資訊，但由於受自身智慧程度的影響，兒童可能對自己的主觀性全然不知，而形成自我中心的習慣。運演的集群的出現，使兒童開始了對各種觀點的協調，包括加強交往和思想的交流、與別人的合作，等等。所以說，集群過程實質上就是使個人的知覺和自發的直覺擺脫自我中心的觀點，進而構成一種關係系統，進而使人從一種關係過渡到另一種關係。因此，集群過程的實質就是各個觀察者之間的協調，是幾個人之間的一種合作形式。各個人內部的每一集群過程是一系列運演，而合作則構成一些人共同進行的一系列運演，即真正的合作。皮亞傑指出，影響智慧發展的社會因素最終透過內部運演和外部合作而得以印證，並構成個人智慧社會化之所在。

最後，皮亞傑把節奏、調節和集群方式作為智慧發展機制的三個階段論。他認為，這個發展機制使智慧與生命本身形態發展上的可能性聯繫在一起，並使生命實現種種適應，這些適應既是無限的，又是相互平衡的。

《機體論》

科特・戈爾德斯坦：人本主義心理學巨匠

我們必須努力發現那些使整個有機體發揮作用的規律，以理解各不同部位所產生的作用。

——戈爾德斯坦

科特・戈爾德斯坦（Kurt Goldstein，一八七八—一九六五），美籍德裔著名神經精神病學家，人本主義心理學的先驅者之一。

一八七八年，戈爾德斯坦出生在德國上西里西亞卡托維茨（今屬波蘭）的一個猶太人家庭。他在當地的古典大學學過拉丁語和希臘語，在那裏培養了對哲學的興趣。獲得學士學位後，考入下西里西亞的布萊斯勞大學，有一個學期他去海德堡大學學習，從此便轉向了醫學，重點是對心理疾病的研究。一九〇三年獲得醫學博士學位。

一九〇四年，戈爾德斯坦來到法蘭克福的賽根伯吉奇神經症學院擔任L・埃丁路的助教；一九〇六—一九一四年，在科尼斯堡大學精神病診所工作。一九一四年，任賽根伯吉奇神經症學院的首席助理。一九一六年，組織創建了法蘭克福大學腦損傷研究院。一九一九年，被任命為法蘭克福大學神經症學與精神病學的常任教授，並兼任神經症學院主任和腦損傷研究院院長。一九二七年，成為國際心理治療學會的合作創始人。一九三〇年，擔任默比特醫院神經症學部主任，同時在柏林大學教授神經症學和精神病學。一九三三年希特勒上臺後，被納粹逮捕入獄，並被流放到荷蘭。一九三四年，擔任荷蘭阿姆斯特丹大學的客座教授。一九三五年，在美國紐約州立精神病研究所工作，並擔任蒙特費爾醫院的神經生理學實驗室主任，哥倫比亞大學精神病學教授。一九三八年，擔任哈佛大學威廉・詹姆斯哲學與心理學講師。一九四〇—一九四五年，在波士頓的塔弗茨醫學院任臨床神經症學教授。

一九四六年，任紐約市立學院的心理病理學訪問教授，紐約社會研究新學院的訪問教授，後又擔任布蘭蒂斯大學教授。一九五八年，被法蘭克福大學授予名譽博士學位。一九六五年九月十九日，病逝於美國紐約市，享年八十七歲。

戈爾德斯坦一生發表了二百五十多篇論文和著作，這使他成為頗有影響的神經症與精神病學家。他的主要著作有：《機體論》、《從心理病理學看人的本性》、《語言和語言障礙》等。《機體論》一書發表於一九三四年，它使戈爾德斯坦成為機體論心理學的主要代表人物。在這本書中，戈爾德斯坦從整體論的觀點出發，提出了對中樞神經系統組織和功能的看法，第一次有系統地提出了「自我實現」理論，並試圖從生物學角度對人的本性加以闡釋。後來，這一觀點被人本主義心理學家所接受和發揮。

這本書中的許多思想，也被認為是人本主義心理學的自我實現理論的主要來源和基礎。這一理論的核心是強調人是一個有自我實現潛能的完整有機體，人的一切行為表現都是整個有機體潛能自我調整的結果。

有機體——整體心理學思想

整體心理學思想

作為一個心理醫生，戈爾德斯坦指出，在對待治療的態度上，不能再專注於單一的疾病現象，因為這些現象並不是疾病的根本。**戈爾德斯坦認為，必須根據每一症狀對病人完整人格功能的重要性來考慮該症狀，所以，醫生瞭解整體的有機體，瞭解病人的完整人格，以及作為整體的有機體由於疾病而導致的變化，顯然是很有必要的。**

在戈爾德斯坦看來，人的有機體是由結合在一起的不同成分組成的，但有機體並不是部分的總和。有機體總是作為一個統一的整體，而不是作為一系列分化的部分而做出行為的，因此心和身並不是各自獨立的實體。心不是由獨立的官能或元素組成的，身也不是由獨立的器官和過程組成的。心或身某一部位所發生的變化會或多或少地影響整個有機體。

以這種觀點為基礎，戈爾德斯坦相信，雖然心理學家從一種觀點來研究有機體，生理學家從另一種觀點來研究有機體，但這兩門學科都需要在機體論的框架內進行活動。對整個有機體來說，整體的規律支配著有機體各不同部位的活動。因此，戈爾德斯坦強調指出，我們必須努力發現那些使整個有機體發揮作用的規律，以理解各不同部位所產生的作用。這就是戈爾德斯坦機體論的基本原則。

戈爾德斯坦反對行為主義把「刺激—反應」的條件反射作為解釋人類行為的依據。他認為，行為主義者之所以持此觀點，是因為他們沒有把有機體看作一個整體，而是用實驗隔離的方法來研究病理和心理現象。**戈爾德斯坦認為，這樣並不能發現有機體的整體活動規律，特別是對動物和幼小兒童的研究更是如此，因為它們雖然能表現出分散的、隔離的驅力，但這種驅力不像成人的那樣有核心。**在適應環境方面，它們表現不出適當的內在整合，而成人則可以使分離的驅力服從於整個有機體的活動。

戈爾德斯坦認為，有機體的神經系統是一直保持活躍的。來自環境的印象會改變神經的興奮水準，此時有機體往往尋求一種偏愛的活動。正常的、有自我核心的機體受到刺激時，並不僅僅對某一分離的部位做出反應，而是使刺激在整個有機體內得到轉換和擴散。當有機體出現某種損傷或人為的環境障礙時，即使出現相同的刺激也不會得到相同的印象，進而阻礙有機體對環境做出滿意而一致的反應。

機體論的特點

戈爾德斯坦的機體論心理學，鮮明地反映了時代特徵和文化傳統的影響。他試圖在哲學上找到一條解決人與世界之間關係的通路，解決有機體之間的關係問題。縱觀他的機體論思想，可以發現其主要特點。

第一，戈爾德斯坦把有機體看作是一個有組織的系統，以此為出發點，再把整體分成各組成部分進行分析。但在分析中不能把部分從它所屬的整體中抽象出來，也不能把部分作為一個獨立的實體進行研究。因為在他看來，整體是根據那些在部分中所不能發現的規律而發揮作用的。所以，只透過研究各組成部分並不能理解整體。

第二，戈爾德斯坦相信個體的行為動機是由惟一的驅力，而不是多種驅力提供的。他把這個惟一的最高驅力命名為自我實現。在他看來，正常行為與緊張的持續變化是相應的，緊張狀態的一再出現，迫使人們不斷地透過各種適合自己的方式實現其內在潛能。它給人生提供了惟一的、最崇高的目標，這種目標的單一性為人的生活提供了機體的方向性和統一性。

第三，戈爾德斯坦強調正常人格的組織性。認為正常的人格組織具有統一性、整合性、堅忍性和一致性。這種組織性是有機體的自然狀態，而非組織性則是一種病理狀態，它通常是由某種壓抑的或有威脅的環境，或由有機體內部的某種反常現象引起的。

第四，戈爾德斯坦認為，有機體並不是一個封閉的系統，它往往傾向於把外部環境對正常人格發展的影響降低到最小，努力促使有機體發展適合自己的內在潛能。只要環境適宜並允許個體正常發展，有機體的自我實現潛能就會產生一種健康、整合的人格。儘管有害的環境力量可能會在某一時刻對有機體造成破壞，但他認為，有機體內部並不存在固有的「惡」，「惡」是由不適當的環境造成的。

第五，戈爾德斯坦吸取了格式塔學說的某些術語和原則。他認為，刺激所影響的不是某一部位，而是整個有機體，他稱之為「空間接近效應」；同時，神經系統某些部位的感受性則決定著刺激的功能效應，他稱之為「功能接近效應」。正是由於這些效應的存在，刺激才會使有機體的基質發生變化，進而影響以後的興奮性。在他看來，無論對有機體的哪一部分進行評價，都必須把它作為一個整體看待。只有把有機體所具有的和所做的一切都包含到它的研究範圍內，才能更完滿地理解整個有機體。

第六，戈爾德斯坦認為對一個人做全面的研究，比從許多個體中抽象出一種獨立的心理功能進行廣泛的研究能得到更多的東西。

機體動力學概念

戈爾德斯坦的機體動力學概念主要包括三個方面。

內在潛能的自我實現

戈爾德斯坦反對多驅力觀，主張「促進人類行為的動機只有一個，這就是自我實現的傾向」。這種觀點與他強調有機體是一個統一的整體相對應。他認為，人的一切活動都受這一驅力的推動，這一驅力驅使有機體以各種方式實現其潛能，而像饑餓、性、權力、成就和好奇心等，都是自我實現這一人生最高目標的不同表現形式。例如，當人們饑餓時，他們透過吃來實現自己；需要權力時，他們透過獲得權力來實現自己；當任何特殊需要的滿足成為整個有機體自我實現的前提條件時，這種滿足便處於突出地位。於是，他得出結論，自我實現的驅力是惟一的驅力。

他認為，在不同條件下，人們表現出不同的活動，由於人們似乎是朝向不同目標的，所以，人們往往誤認為這些活動是相互獨立存在的。但實際上，這些不同的活動是根據各種不同的能力表現出來的。這些不同的能力屬於有機體的本性，它是有機體自我實現的必要前提。

> 戈爾德斯坦相信，自我實現是人類本性的一種創造性傾向，它是使有機體全面發展和完善的一條組織原則。例如，一個渴望獲得知識的人有一種本身不完善的感覺。知識的獲得，使這種渴望得到了滿足，空虛感便消失了。這是一個人以學識來取代無知，進而獲得自我實現的實例。

雖然自我實現在本質上是一種普遍現象，但人們奮力以求的目標卻各不相同。由於人們具有不同的內在潛能，因而形成了各自不同的目標，這些目標指導著個體成長和發展的路線。另外，人們處在不同的環境和文化氛圍中，他們必須適應這種環境與文化，必須從中獲得發展所必需的各種供應。

當然，在實際生活中自我實現並非輕而易舉。對自我實現的主要威脅是個體身體功能內部的障礙和與環境的某種形式的相互作用。例如疾病、焦慮和來自環境的各種干擾。但是，不論這些干擾多麼強烈，自我實現的傾向總是存在的，而且個體總是在力圖排除各種干擾，一旦障礙被克服，人的發展過程又可以繼續了。

均等原則

戈爾德斯坦假設在機體內部有一種經久不變的、均等分佈的、有效的能量供應。在正常情況下，能量代表著有機體的「平均」緊張狀態。當有機體受到刺激後，其緊張狀態便會發生改變。在均等原則作用下，驅使有機體在緊張之後重新恢復「平均」狀態。戈爾德斯坦把這種恢復到平均緊張狀態的過程稱為均等過程。例如，人在聽到一個發自右側的聲音時，會把頭轉向右側，頭的轉動就是使由於聲音刺激，而導致不平衡的機體系統中，能量分佈處於均等狀態。人在饑餓時吃食物，疲倦時休息等都是這種均等過程的實例。

戈爾德斯坦認為，正常健康人的目標不僅僅是釋放緊張，而且要使緊張處於均等狀態。當有機體處於均等狀態時，顯示有機體處於核心狀態下，它能使有機體更有效地發揮作用來對付環境，並根據其本性而在未來的活動中實現自我。不過，完全處於核心狀態或均等狀態只是一種理想的整體狀態，在複雜的人類生活中是很難做到的。在一般情況下，有機體的這種朝向均等的傾向，是力圖造成一種使它感到最舒服的情境。

戈爾德斯坦指出，有機體雖然經常受到各種刺激的干擾，但有機體仍能保持行為的連貫性和一致性，行為活動是井然有序的。因此，他反對行為主義的外周說，而主張對機體的刺激除了外部環境的作用之外，也有機體內部的作用，特別是在導致內在衝突的變態狀況下和機體處於災難情境中時更是如此。在適當的環境中，有機體總是多少保持平衡的。由於機體的成熟和人類經驗的累積，逐漸使人形成了自己的偏好。人就是以這種偏好的行為方式使干擾和衝突處於最低水準，並使有機體保持平衡的。伴隨著成長，個體的行為活動越來越具有核心性，對內外部世界偶然變化的依賴也越來越少。

機體與環境的相互作用

儘管戈爾德斯坦非常重視行為的內在因素，重視機體潛能的自我實現，但他並未否認客觀世界的重要性。戈爾德斯坦認為，環境既是個體必須對付的一個干擾源，也是有機體據以實現其目標的一個供應源。換句話說，環境透過刺激作用於有機體，使機體的內在平衡遭到破壞，但這種失衡的有機體又會從環境中尋求它需要的東西，而使內在緊張得到平衡。也就是說，機體與環境之間有一種相互作用。

既然如此，有機體就必須與環境協調一致。這是因為，雖然環境提供了達到自我實現的方法，但同時它又包含著以威脅和壓抑為表現形式的阻止自我實現的障礙。有時候，這種來自環境的威脅非常大，往往使個體的行為由於焦慮而凍結，使人無法朝向目標前進。有時候，自我實現之所以受到阻礙，是因為環境缺乏自我實現所必需的對象和條件。

戈爾德斯坦認為，自我實現的初級過程只有在與環境中的對立力量相衝突和鬥爭中才會發生，而且如果沒有焦慮，這個初級過程就不會出現。因此，**在正常、健康的有機體中，自我實現的傾向往往發自於機體內部，它要克服由於和世界發生衝突而引起的障礙。它不是產生於焦慮，而是產生於征服的歡**

樂。戈爾德斯坦指出，要克服焦慮，人就必須在更大的社會關係中看待自己的體驗，並對自己的各種選擇做出自由的確定，其中主要包括對環境加以控制。要是做不到這一點，這個人就必須努力調整自己，以便使自己更適應外部現實。如果有機體的目標與環境之間的差異太大，那麼，有機體要麼垮下來，要麼不得不放棄它的某些目標，努力在一個較低的存在水準上實現自己。

機體病理學觀點

戈爾德斯坦相信，用病理想像是可以理解正常人的行為的，因為病態行為也是根據一定的規律而發生改變的，如果人們考慮到由疾病引起的變化，就可以理解病理現象了。戈爾德斯坦在對眾多腦損傷患者研究的基礎上，探討了有機體病理現象與正常現象之間的關係，提出了許多人格心理學以及語言和語言障礙等方面的觀點。

意識與非意識

作為人格目的論者，戈爾德斯坦強調，有機體行為的最終目的是達到自我實現。也就是強調人生有意識的價值追求。他重視意識在心理活動中的主導地位，但並不否認潛意識的作用，只是他用「非意識」一詞代替了潛意識的概念。依據對腦損傷患者的研究，戈爾德斯分析了意識和非意識活動的特點，探討了兩者之間相互影響的方式。

一、意識

戈爾德斯坦指出，意識活動是人類有機體都具有的，它是區分自我與世界的一種內在體驗。作為機體的潛能，自我實現雖然屬於潛意識活動，但實現自我的過程中卻要求人們能夠運用自己的能力，例如，對適度緊張的追求、焦慮的解除和逃避災難等情境，這些活動都需要人們自覺地選擇，而這些選擇便表現了人們的意識作用，它在正常人的行為中產生了主導作用。

在戈爾德斯坦看來，正常人的腦功能是流暢的和協調的，因此其心理活動表現為抽象態度與具體態度的協調統一。抽象態度不是低級心理功能的綜合，而是代表一套全新的心理功能，其基本特點是有意識的意志因素發揮主導作用。意識是人與外界和諧相處的最高級形式，人類有意識的創造活動便起源於有機體創造性地應付環境。而這種創造性活動是不能單靠具體態度來完成的，更主要地表現為有意識的抽象態度。

二、非意識

戈爾德斯坦認為，僅靠意識行為的研究，是不能說明人的全部行為，因為人類行為不可能只在意識基礎上加以理解，而是包含在大量沒有意識到的事件。他把這些事件稱為非意識，其類別和特點如下：

- 內在體驗。包括人在行為過程中內心所感受到的情感、心境、態度、欲望和需要等。這種內在狀態可以體驗到，但它絕不可能成為有意識的活動。
- 某些身體過程和自動作用。例如，人在活動中的身體姿態、表情動作、自主活動等。它們支持和促進用意志活動所引發的身心活動，進而保證著活動的進行，這些過程也絕不會成為意識。
- 早期意識事件的後效。即對早期意識現象的態度、身體過程等在記憶殘留的痕跡。當有機體受到同樣刺激情境的再次刺激時，這種後效的過程和強度便會加強。這些早期事件已經被遺忘了，但卻影響著機體目前的思維和行動，對於這種影響，機體可能會意識到，也可能意識不到。

總之，戈爾德斯坦所謂的「非意識」不是被壓抑的心理活動，而是那些積極的、非人為的和可以觀察到的本性的事件，一般情況下，指那些沒有處於注意中心的心理活動。它可以以很不顯著的形式保存在人的心靈中，只有當人所面臨的情境需要引起對它的關注時，人才能間接地體驗到它。

三、抽象思維和具體思維

腦損傷患者的行為變化是多種多樣的，但其思維方式卻主要表現為抽象和具體兩大方面。抽象思維是正常人的主要活動方式，它可以使人產生某種抽象態度並做出抽象行為。當刺激出現時人們要考慮刺激物的模式，理解它所代表的意思，它與其他結構的關係，怎樣才能利用它，以及它的概念特徵是什麼等等。而具體思維則形成人的具體態度和行為方式，使人以自動的和直接的方式對刺激做出反應。這兩種思維方式在正常人身上都存在，但在腦損傷患者身上則主要表現為具體思維。戈爾德斯坦與人合作，提出了腦損傷患者的八種具體思維方式：

- 病人缺乏空間關係感。他能用手指出聲音從哪裡發出的，但說不出聲音發自何方。
- 病人無法區分外部世界和內心體驗。例如，外面正下雨時，讓他說「太陽當空照」這句話是絕不可能的。
- 病人不能形成自覺的意識行為。要求病人把時鐘撥到某一時刻，他做不到。但他看鐘錶時卻能認出這是什麼時間。
- 病人不能接受中途插入的任務。他能從一開始數數，但不能從其他除一之外的數字開始數。
- 病人不能把有組織的整體分成部分，也不能重新綜合起來。他不能看圖講故事，只能列舉圖畫中的個別項目。
- 病人不具備稍長時間的辨別力。若要求他把一段文字中的某個字母劃出來，他開始還能做，但不久便轉為把每個字母都劃出來了。
- 病人不能抽象出一系列客體的共同特徵或形成任何部分在整體中的關係，例如，他不能理解「鞋之於腳＝什麼之於手」這種類比。
- 病人不能預先制定計劃，考慮未來可能發生的事情，或用象徵性的術語思考問題。他能找到固定環境中的道路，但不能畫出地圖或用言語描述他是怎樣行走的。

焦慮理論

戈爾德斯坦發現，腦損傷患者經常產生各種不同程度的焦慮。他透過對患者和正常人的比較分析，闡述了焦慮的表現形式、產生原因，焦慮的作用以及克服焦慮的手段等。

一、焦慮是什麼

戈爾德斯坦認為，焦慮是有機體的一種紊亂狀態。焦慮相應於有機體遇到危險時的主觀狀況，焦慮是威脅存在的主觀體驗。在焦慮狀態下，患者不僅不能完成所要求的任務，甚至還會影響到他在正常狀態下能夠完成的任務，尤其是在發病初期或情境突然變化時，患者會感到無所適從，極度困窘不安。

二、產生焦慮的原因

腦損傷導致整個有機體的「均衡機制」受破壞，機體在短期內無法適應腦損傷造成的功能障礙就產生了焦慮。經過一段時間的適應，雖然功能障礙仍然保持不變，但焦慮會減輕不少。一旦環境發生突然變化，患者又會產生尤如災難臨頭的焦慮反應。

三、焦慮的作用

戈爾德斯坦認為，焦慮雖然是對紊亂狀態的主觀反應，但其作用卻並非只是消極的。在自我實現過程中，正常人也會遇到各種障礙而引發焦慮，其情緒活動結構和腦損傷患者產生焦慮時的結構是一樣的。換句話說，焦慮提醒人們「存在」受到了威脅，使人能積極動員機體的能量來對付焦慮。

四、排除焦慮的手段

戈爾德斯坦指出，患者排除焦慮有六種主要手段。

- 迴避。焦慮向人們發出警告信號，使人竭力避開這種可能發生的危險。
- 排除刺激。排除由缺陷引起的危險刺激，透過重新適應外部環境來擺脫腦損傷造成的功能障礙。
- 不反應。即對所要求的任務無動於衷，或乾脆回答「我不知道」、「我對此不感興趣」等。
- 替代性反應。即透過使自己忙於某些能完成的事情，而尋求間接地擺脫可能遇到的災難情境。
- 尋找參考框架。做事情必須以某一物體為參照物，不喜歡空洞無物的空間狀態。
- 過分和狂熱的有條不紊。患者總是把所用的東西放在固定位置，嚴格按規定時間辦事，不允許有任何紊亂無序。

總之，戈爾德斯坦把焦慮與人的存在聯繫在一起，把克服焦慮的過程看作是實現自己存在價值的必要步驟，進而為焦慮的心理作用提供了積極的意義。綜上所述，《機體論》一書從人類潛能出發，有系統地闡述了戈爾德斯坦對人類本性的看法。在對腦損傷患者治療的基礎上，戈爾德斯坦闡明了正常人心靈深處的活動與行為之間的關係。**戈爾德斯坦的學說和實踐活動對人本主義心理學的誕生有著至關重要的影響，可以說，戈爾德斯坦的機體論或整體論是人本心理學理論研究的基礎。**

《我們時代的神經症人格》

凱倫・霍妮：精神分析社會文化學派的開創者

焦慮是所有神經症的共同基礎，它對產生病態的性格傾向產生了決定性的作用。

——霍妮

凱倫・霍妮（Karen Horney，一八八五—一九五二），美國著名的心理學家，精神分析社會文化學派的開創者。霍妮出生於德國漢堡，父親是輪船公司老闆。霍妮從小隨父在海上漂泊，熱情勇敢，對遙遠的地方充滿了好奇的憧憬。

中學畢業後，霍妮赴柏林學習醫學、精神病學，師從佛洛伊德最得意的門生卡爾・亞伯拉罕。一九一三年，霍妮獲醫學博士學位，此後不久就成為了柏林精神分析運動的主要領導人物。後來，霍妮到了美國，接觸了阿德勒、弗洛姆等人，思想開始發生變化。

一九一八—一九三二年間，霍妮因對佛洛伊德關於女性性慾看法的不滿，在雜誌上發表論文，對其觀點進行否定。經過艱苦努力與長期思考，霍妮終於出版了她的第一本主要著作《我們時代的神經症人格》，標誌著她思想的形成和對正統精神分析學所作的修正和批判。後來，隨著這種分歧的增大，她與佛洛伊德正統學派分裂，被罷免了精神分析醫生的資格。對此霍妮毫不畏懼，創辦了美國精神分析研究所，並親任所長。

霍妮以文化決定論取代佛洛伊德的生物決定論。霍妮認為，產生神經症的個人內心衝突，雖然不排斥性壓抑、遺傳稟賦、童年經歷等個人特徵，但本質上卻來源於一定的社會文化對個人施加的影響。普遍的人性是不存在的，人性、人的各種傾向和追求、人所受到的壓抑和挫折、人的內心衝突和焦慮，乃至什麼是正常人格、什麼是病態人格的標準，所有這一切都因文化的不同、時代的不同而不同。從這個意義上來說，霍妮的學說為後來興起的人本主義心理學開闢了道路。

霍妮的主要著作有：《我們時代的神經症人格》、《神經症與人的成長》、《精神分析的新道路》、《女性心理》、《我們內心的衝突》、《自我分析》等。

在《我們時代的神經症人格》一書中，霍妮對神經症人格的種種心態進行了精彩而透闢的分析，讀起來妙趣橫生、引人入勝。這本書的目的在於刻畫推動我們時代的神經症患者的內心衝突，他們的焦慮、痛苦，以及他們在個人生活和與他人交往中所遇到的種種障礙。

在這本書中，霍妮把重點放在實際生活中存在的衝突，以及神經症患者為解決這些衝突所作的嘗試上，放在神經症患者存在的焦慮，以及他們為對抗這些焦慮所建立的防禦機制上。神經症不僅可以由個人經驗所造成，也可以由我們生活在其中的特殊文化環境所造成。事實上，文化環境不僅為個人經驗增添分量和色彩，而且歸根結底決定了它們的特殊形式。

對神經症的基本認識

神經症的文化與心理內涵

某些人之所以被我們稱為「神經症」，是因為他們的生活方式與我們時代所公認的行為模式偏離，顯得有些畸變。人類學和社會學強調，並不存在適合一切人的正常心理學，我們的情感和心態，在極大程度上取決於我們的生活環境，取決於不可分割地交織在一起的文化環境和個體環境。

在所有的神經病人身上，都可表現出兩種特徵：第一，反應方式上的某種固執，缺乏對不同情境做出不同反應的靈活性（如隨時隨地沒有任何理由的處於疑慮狀態）；第二，潛能和實現之間的脫節（如具備種種天賦，外在條件也十分有利於他的發展，他卻仍然無所作為），神經症病人往往感到自己是自己的絆腳石。具體來說，神經病人身上的特徵可表現如下。

一、**焦慮的存在**

對神經症的動力系統進行分析後，就會發現一切神經症的基本因素，是焦慮以及為對抗焦慮而建立的防禦機制，焦慮（恐懼）始終是產生和保持神經症過程的內在動力。

首先，每種文化所提供的生活環境都會導致某些恐懼，沒有任何人能逃避。神經症病人不僅承擔了共同恐懼，而且由於生活環境的不同，還承受了偏離文化模式的其他恐懼。

其次，存在於一定文化中的恐懼，通常會因為某些保護性措施（種種禁忌、儀式，風俗習慣等）而得以抵消。正常人雖身受恐懼與防禦的影響，但能夠發揮自身的潛能，享受生活提供給他的一切機會和可能。相反的，神經症患者因為要建立防禦措施，需要付出一筆高昂的代價，遭受比別人更多的痛苦。這樣做，不僅使他的生機與活力受到損害，還使他的人格的拓展受到阻礙。

二、衝突傾向的存在

這類患者本人並沒有意識到衝突的尖銳、緊張，只是自發地以某種病態的解決方式企圖達到某種妥協。這種解決方式不僅不能令人滿意，還會損害完整的人格。**所謂神經症，是一種由恐懼、對抗這些恐懼的防禦措施、為了緩和內在衝突而尋求妥協解決的種種努力所導致的心理紊亂。**只有當這種心理紊亂，偏離了特定文化中共同的模式，我們才能稱之為神經症。

神經症的基本結構

在對許多神經病人的童年進行考察後發現，他們早期普遍缺乏真正的溫暖、愛和鼓勵。在父母患有神經症的情況下，孩子很有可能患上神經症。這樣的父母通常不滿意自己的生活，對子女過分的溺愛、恐嚇或者過度的自我犧牲。在這種情況下，孩子會對自己的父母表示不滿和抗議，但他們又覺得這種做法不對，竭力壓抑自己的這種感情，把所有的譴責加在自己身上，感到自己不配被愛。

孩子對父母敵意的壓抑，主要有四種形式：第一，我無能為力，需要你；第二，我害怕你；第三，我怕失去你的愛；第四，怨恨父母是罪孽深重的。孩子的這些焦慮在與環境的作用中不斷被增加、蔓延，並被凝固到性格態度中，形成基本焦慮（與基本敵意交織在一起）。各種各樣的神經症狀都是從共同的基本焦慮沃土中滋生出來，只是程度各異，病人也極少能自覺意識到。

基本焦慮意味著情感上的隔離、孤獨、自我內在的軟弱。透過以下方式，可對抗基本焦慮：第一，獲得任何形式的愛；第二，順從他人放棄自己；第三，擁有權力，獲得安全感；第四，向後退縮，不讓他人影響自己的內外部需要。

神經症病人同時被內心種種強迫性需要所推動，表現為以下特徵：第一，既希望統治一切人，又希望被一切人愛；第二，既順從他人，又把自己的意志強加在他們身上；第三，既疏遠他人，又渴望得到他們的愛，這些衝動構成神經症最常見的動力核心。

神經症患者常有的兩種企圖，是對愛的追求和對權力的追求。個人願望與社會要求之間的衝突，並不必然導致神經症，只有當企圖減輕焦慮的努力反過來導致種種儘管同樣不可抗拒卻互不相容的防禦傾向時，神經症才會產生。

為何談起「我們時代的神經症人格」

在神經症影響人格的方式上，主要考察兩個方面：首先，性格神經症，主要紊亂在於性格變態上；其次，性格紊亂本身，而不去糾纏其症狀。不同類型神經症之間的表現方式和解決方式是不同的，但其衝突的內容及其相互關係大體是相同的。

同一文化中的大多數人都會面臨同樣問題，神經症病人身上反覆發生的那些心理困擾，與正常人相比僅是程度的差異。所有神經病人都有著共同的基本特徵，特徵的本質是由存在於我們時代和我們文化中的種種困境造就的。

在我們的時代中，精神病人對這些困境常採取五種態度：第一，給予和獲得愛的態度，神經病人的主導傾向是對他人稱讚或情愛的過分依賴；第二，自我評價的態度，由內在不安感產生自卑感和不足感；第三，自我肯定的態度，神經病人表現出明顯抑制傾向；第四，攻擊性態度，是反對、攻擊、貶低、侵犯他人的敵對行為；第五，性慾方面的態度，主要表現在性生活方面的怪癖。以上的五種態度，在結構上是相互關聯而組成了一個統一的整體。

焦慮是神經症的基礎

焦慮

焦慮與恐懼一樣，都是對危險做出的反應。但恐懼的危險是顯而易見的、客觀外在的，焦慮面對的危險卻是隱而不露的、主觀內在的。人們有時不僅不知為何焦慮，而且意識不到焦慮對我們生活的決定作用。人們總竭力擺脫焦慮或避免感到焦慮。**焦慮是最折磨人心的，人們也不能容忍焦慮的非理性因素控制自己，不願接受焦慮提出的告誡，對要改變自己態度的警報產生反感。**

在我們文化中，有四種逃避焦慮的方式：第一，把焦慮合理化，這是逃避焦慮的最佳解釋；第二，根本否定焦慮的存在；第三，可透過酒精和藥物來達到麻醉目的，或投身於社會活動，或拼命沉浸在工作中以麻醉自己；第四，避免一切可能導致焦慮的處境、思想、感受。

抑制狀態是人們熟知的現象，它使人們不能夠去做、感受、思考某些事情，避免由此而引起的焦慮。一般情況下，人們意識不到自己身上究竟有多少抑制存在，特別是當個人抑制符合文化所贊同的抑制形式，符合現存的意識形態時。**焦慮既可以隱藏在生理上的不適，也可以隱藏在許多似乎合理的恐懼後面。它是驅使我們借酒澆愁、尋歡作樂的潛在動力，是使我們無力去做或無力享受某些事情的原因，是隱藏在各種抑制作用背後的動力因素。**

我們的文化使生活在其中的人產生大量的焦慮，並為此建立起各種防禦機制。一個人越是病態，他的人格越是被防禦機制所滲透和決定，他不能去做或是沒想到去做的事情就越多，儘管根據他的生命活力、精神狀態和教育背景，他完全有能力去做這些事情。一個人的神經症越嚴重，就越具有種種抑制傾向，抑制傾向也越微妙和巨大。

焦慮與敵意

焦慮本質上是一種涉及主觀因素的恐懼，是由於感到來自外界的強大危險而萌生的一種缺乏防禦能力的感覺。形成焦慮的主要心理力量，來源於各式各樣的敵對衝動，這種衝動造成了焦慮。

人們對敵意有兩種反射。

第一種反射是壓抑敵意。壓抑會產生兩種後果，一是由此而產生未設防的感覺，絲毫感覺不到心中還有的敵意，使他人有可趁之機。這是種獲得保障最迅速的方式，卻不是最安全的。因為敵意從個體人格的正常結構中分裂出來而失去控制，它有高度爆炸性和突發性的情感，在個人內心中不停地旋轉傾向於發洩。另一種後果，是在心中記住這種不受控制、具有極大爆炸性的情感。

第二種反射是把敵對衝動投射到外部世界中去。透過「偽裝」，使這種破壞性衝動從表面上看來不是來自自己，而是來自外界的某人或某物，有時甚至是毫不相干的事物。許多幸福婚姻的錯覺，就建立在這種「駝鳥政策」上。

敵意與焦慮之間的關係亦可換向，當焦慮基於一種受到威脅的感覺時，它可以很容易地反過來，以自衛的形式產生一種反應性敵意。霍妮關於焦慮的觀點，與佛洛伊德的不同，主要表現在以下三點：其一，焦慮主要不是由於對衝動的恐懼而產生的，而是由於對受到壓抑的衝動的恐懼而產生；其二，性並不是焦慮的特殊來源，焦慮可由任何一種衝動所導致，只要這些衝動的放縱會招致外來危險（性衝動導致焦慮的發生率主要取決於現存文化對性的態度）；其三，焦慮並不是基於童年的幼稚反應，從早期的焦慮到成年的怪癖，有一條未間斷的反應鏈。

對愛的病態需要

關於對愛的病態需要

對愛的渴望在神經症中發揮極大作用，可被看作是焦慮存在和表示大致強度的最可靠的指證。病人毫不自知地處在一種既無力去愛，又極其需要得到他人之愛的困境中。在病態的愛中，愛的感受不是主要的，主要的感覺是安全的需要，而愛的錯覺僅是次要的感受。神經症病人不考慮對方的人格、個性、局限、需要、願望和發展，緊緊抓住對方不放，尤如落水者在水中抓住另一游泳者，而不考慮對方能否救他上岸。

精神症患者的基本敵意是蔑視與嫉妒，這種心理可被富於愛意、體貼對方、不惜犧牲個人的態度所掩蓋。他們極力捍衛自己的錯覺，根本意識不到自己缺乏愛的能力；不能正視對他人的敵意，另一方面又陷入需要得到他人愛的感情困境。以對愛的追求作為保護手段的神經症病人，當意識到有人正在給他真正的愛時，往往感到極大恐懼和害怕失去自主性，不能真正接受這種愛。

對愛的病態需要的重要特徵

對愛的病態需要有兩大重要特徵：第一是需要的強迫性，第二是需要的永不知足。

一、需要的強迫性

強迫性的結果，會導致自發性和靈活性的喪失，有喜愛被人高度評價自己存在的傾向。對愛的病態需要可不加選擇地附著在任何人身上，當集中在同性身上時，就形成了同性戀的情況。

由於獲得愛是如此重要，神經症病人往往無意識地願意付出任何代價，其方式有順從的態度（不敢不同意他人的意見、不敢批評他人，只對他人表示忠誠、讚賞和馴順）和情感上的依賴（緊緊抓住某個能提供保護性許諾的人，完全無能為力地依賴他人，又因遭受奴役而產生怨恨，壓抑怨恨又產生新的焦慮）。

二、需要的永不知足

從本質上來說，需要的永不知足是一種貪婪，表現為狼吞虎嚥、拼命購買以及急不可耐等。貪婪大多時候受到壓抑，但會突然爆發。貪婪既可以表現在性領域中，也可表現在金錢、服裝、權利、名望等多方面。**永不知足的愛，常常表現為嫉妒和要求對方無條件的愛**。病態的嫉妒表現出對失去對方愛的危險產生不相應的誇大反應。對方可能有的任何其他興趣，都可以成一種潛在的危險，不斷害怕失去對對方的愛的獨佔。要求對方無條件的愛更為強烈，這種愛中包含了「愛我而不計較我任何激怒人的行為」，要求對方不計較回報，甚至希望對方可以為自己犧牲。

在神經症病人冷漠無情、不為他人著想的後面，隱藏著內在的敵意。對愛的病態需要的一切特徵，顯示了正是內心的種種矛盾衝突，妨礙了病人得到他所需的愛。

獲得愛的方式和對冷落的敏感

神經症病人對冷落非常敏感，任何不順心的事情，任何不能順利實現自己要求的挫折和失敗，都會被視為拒絕和冷落，並被拋回到基本焦慮中。他們把這些情況視為侮辱，進而激起憤怒之情。冷落與憤怒之間的聯繫，往往處於無意識狀態之中。另外，對冷落的恐懼可導致一連串嚴厲的抑制，進而使自己變得膽怯靦腆。這種膽怯靦腆有助於保護自己，不使自己暴露在冷落拒絕之中。

對冷落的恐懼，成了獲得愛的願望的嚴重障礙，由冷落感激起的敵意，必然會使焦慮變得更加尖銳、強烈。對愛的病態需要的惡性循環如下：

焦慮→對愛的過分需求，包括要求絕對排他的無條件的愛→由於要求不能實現而產生冷落感→用強烈的敵意對冷落感做出反應→由於害怕失去愛而不得不壓抑敵意→由壓抑造成一種彌漫性的憤怒→焦慮的進一步增加→對獲得安全感需要的進一步增加……

精神分析的重要任務，就是要揭示這一惡性循環的全部內涵。

性慾在愛的病態需要中的作用

愛的需要是否以性慾的形式表現出來，在一定程度上取決於以下三點：第一，外部環境是否有利於這種表現；第二，文化的差異、生命活力的差異和性氣質的差異；第三，個人的性生活是否滿意（不滿意者比滿意者更易以性的方式做出反應）。人們往往高估性慾的作用，許多被認為是性慾表現的現象，實際上都與性慾無關，只不過是表現了對安全感的欲望，特別是愛的病態需要。

霍妮認為，透過對性在文化中發揮的作用進行反思後，可以知道：今天許多性行為可用來解釋為心理緊張的發洩和輸入，而不是來自於真正的性驅力；它們更應該被視為一種鎮靜劑，而不應被視為性歡娛和性享受。俄狄浦斯情緒本身不過是神經症形式，而並不是神經症的根源，性慾的作用並非像佛洛伊德認為的那樣大。

發洩敵意的其他途徑

對權力、聲望和財富的追求

對愛的追求常被用來對抗焦慮、獲得安全感，其主要透過強化與他人的接觸來實現的。獲得安全感的另一種方式，是對權力、聲望和財富的追求。當事實證明透過愛不能獲得安全感及對抗焦慮時，會轉而透過放鬆與他人的接觸、堅守個人的位置來實現。

霍妮認為，在我們的文化結構中，權力、名望和財富可以提供一種極大的安全感，對三者的病態追求，也是受壓抑的敵意得以發洩的途徑。

第一，對權力的追求以對抗孤立無援、無能為力的狀態，對抗自覺無足輕重或被人看得無足輕重的危險。其敵意的表現形式是，支配他人的傾向、希望控制自己、他人，希望自己永遠正確，一切符合己願、絕不讓步。在支配他人的態度中，往往包含著敵意，進而導致新的焦慮的產生。

第二，對名望的渴求的病人迫切需要吸引他人注意，受到他人尊敬和崇拜。其敵意往往以一種侮辱他人的欲望形式出現。對自尊心曾遭受傷害並因而變得報復成性的人說來，這種欲望是至高無上的。侮辱他人的傾向，還可能隱藏在崇拜他人的傾向的背後。

第三，對財富的追求，是用來對抗軟弱無能、無足輕重、委屈羞辱的感覺。在我們的文化中，財富同時給人以權力與名望，有了財富就可擺脫貧窮潦倒、寄人籬下的恐懼。其敵意表現為剝奪他人的傾向，具有高度情緒色彩的欺騙、偷盜、榨取或擊敗他人的願望。這個傾向往往伴隨著羨慕和嫉妒，此傾向會加深人際關係的不正常，結果使人在賺錢方面特別能幹，但又因怕被人欺騙或剝削而焦慮。

病態競爭

一、病態競爭的表現

在我們的文化中，權力、名望和財富必須透過個人努力才能獲得，競爭卻是每個人面對的問題，它以經濟為中心，輻射到一切活動中。特別是在神經症病人內心衝突中，競爭始終佔據核心地位。

病態的競爭表現有三方面：第一，病人總是不停地拿自己與他人衡量，甚至在不需要衡量的情況下也是如此；第二，病人的野心不僅是要比他人取得更大的成就，而且要使自己顯得獨一無二、卓爾不群（與此同時，他可能認為自己的目標比較起來總是最高目標）；第三，病人的野心中隱藏著敵意，認為「只有我才應該是最美麗、最能幹、最成功的人」。他們身上競爭的破壞性比建設性更強，伴隨著這種挫敗他人的衝動，往往會產生極大的焦慮。

神經症病人挫敗、制伏、侮辱對方的病態傾向，在戀愛關係中發揮著重大的作用。性關係成了制伏、貶低對方或被對方制伏、貶低的一種手段。有兩種方式用來掩蓋這種侮辱和挫敗，其一是透過懷疑使這種衝動理智化，其二是借崇拜讚美來掩蓋。

內心深處隱秘地渴望傷害和侮辱女性的男人，很可能在自己無意識中把女性捧上天。而那些無意識希望打敗和侮辱男性的女人，則很可能沉溺於英雄崇拜。**崇拜或愛常被用來作為對挫敗他人衝動的一種補償：意識不到性衝動；與對手之間造成不可追趕的距離；完全消除競爭；分享成功的滋味或參與到成功之中；安撫競爭對手以便躲避對方的報復。**

二、逃避競爭

神經症病人的競爭心理所具有的破壞性，使病人身上產生大量焦慮，進而逃避競爭。病態焦慮產生的直接後果，是對失敗的恐懼和對成功的恐懼。對失敗的恐懼，一部分出於對侮辱的恐懼，擔心被人洞悉冷酷無情的野心而對其失敗幸災樂禍，因而退出競爭，不做任何努力，故意引人注意地沉溺於社會活動或其他嗜好，不敢冒任何風險。對成功的恐懼，來源於害怕遭到他人的嫉妒並因而失去他人的愛，因而逃避競爭。

病人壓抑自己的願望，以致完全不願做任何一種工作，或希望做某件事卻不能集中精力完成，或者儘管工作出色卻不承認自己的成功，用這些自輕自賤的方式逃避競爭。除要消除自卑感外，神經症病人常用誇張幻想的方式，補救野心與現實的差距。

對權力、名望和財富病態追求，導致如下的惡性循環：

焦慮、敵意、受到傷害的自尊心→對權力或其他類似事物的追求→敵意和焦慮的增加→逃避競爭的傾向（伴隨著自我貶低的傾向）→由此而導致的失敗和在潛能與成就之間出現的差距→過分高漲的優越感（伴隨嫉妒心）→不斷增多的自大幻想（伴隨對嫉妒的恐懼）→越來越敏感（伴隨著新產生的逃避傾向）→越來越多的敵意和焦慮……

病態的犯罪感

在神經症的外在表現中，犯罪感發揮著十分重要的作用，它是由害怕遭受他人反感的恐懼引起的。神經症犯罪感有的是公開地表現出來，有的卻披上偽裝，透過態度、行為、思維和反應方式透露出來。神經症患者喜歡用犯罪感來掩蓋自己的焦慮，從這個意義上來說，犯罪感是焦慮的表現或一種對抗焦慮的防禦機制。

> 精神症患者保護自己免遭他人反感的方式有四種：第一種方式是自我譴責，它是犯罪感的標誌，帶有極濃的非理性色彩；第二種方式，透過將自己的行為、錯誤說得十全十美、正當合理，而不留給別人任何批評的把柄和理由；第三種方式，借無知、患病或無能為力來尋找庇護；第四種防禦方式，感受到自己成了他人的犧牲品。

神經症病人之所以會有怕遭人反感的恐懼，主要是因為他顯示給世界和自己看的「面孔」，與隱藏在這面孔後所有受到壓抑的傾向之間存在巨大的差距，正是人格中病態的那一部份的不真誠造成的。

自我譴責意義特別重大：可以用來對抗被人反感的恐懼；可以透過說反話的方式，來獲得正面的安全感；能給人安慰作用；使病人看不出自己有任何必要改變自己（事實上，是用自我譴責代替自我改變）。自我譴責的態度也可以用來排除指責他人的危險，因為把罪過放在自己肩上，似乎是一種更為安全的方式（對人指責的恐懼，是神經症病人人格結構中固有的東西）。

受虐狂

霍妮認為，受虐傾向在本質上既不屬於性慾現象，也不是由生物性所決定的，它起源於人格中的內心衝突。神經症病人在內心衝突中拼命掙扎的時候，蒙受了大量的痛苦（這些痛苦並非緣於受苦傾向）。與正常人一樣，患者不希望受苦，因此，受虐傾向的目的不在受苦，而是作為一種手段來達到難以用其他方式達到的目的。

受苦具有直接防禦價值，而且往往可以成為保護自己免受眼前的危險的惟一方式；受苦也是實現自己的欲望並建立在正當理由上的一種手段；受苦以一種經由偽裝的方式，更有效地表達對他人的譴責；而經由誇張過的痛苦，還具有一種麻醉效果。

受虐傾向是一種軟弱傾向的結果，患者透過沉浸在痛苦中，把自己消融在某種巨大的東西中，透過消除自己的個性，透過放棄自我以及它擁有的一切懷疑、衝突、痛苦、局限和孤獨，來獲得最後的滿足。這種滿足的構成成份，是一種自我泯滅的驅力和一種反應性的恐懼。

霍妮指出，我們文化中有種特殊的因素，強化了與自我湮沒傾向相關聯的焦慮。個體是有限的、孤獨的，我們的「酒神精神」（在集體是節日的放縱和宗教的狂歡，在個人則是吸毒和服藥達到銷魂的境界），正是要克服個體的有限和孤獨。所有受虐幻想中共同的因素，乃是一種受他人主宰、受他人擺佈的感覺，是一種被剝奪了一切意志、一切力量的感覺，是一種完全屈服於他人統治和支配的感覺。

神經症是當今文化的副產品

霍妮指出，現代文化的經濟基礎是建立在個人競爭的原則上的，每個人都得與同一群體中的其他人競爭，超過他們和把他們排擠開，一個人的利益往往就是另一個的損失。這一情境導致人間敵意的增強，每個人都是他人的競爭對手。競爭是社會關係中壓倒優勢的因素，它滲透到各行各業、各種社會關係中，滲透到家庭、學校、社會活動各環節上。因此，敵意也滲透到一切人類關係中。

人與人之間潛在的敵對性變得緊張，導致了恐懼的產生，恐懼的重要來源是害怕失敗。在存在競爭的社會裏，失敗總多於成功，而現實的意識形態告誡大家：成功就是有價值的，失敗則一錢不值。

競爭、敵意、恐懼、搖搖欲墜的自尊心，導致了個人的孤獨感，即使他與很多人來往、婚姻美滿幸福，卻仍感孤獨，人們產生了用愛作為補償的強烈需要。而我們的文化使得個人總是處在需要大量的

愛，但又難以得到愛的兩難境地。

在我們的文化中，存在著某些固有的典型困境，這些困境作為種種內心衝突，反映在每個人的生活中，日積月累就可能導致神經症的形成。在正常人的身上，這種困境表現為搖搖欲墜的自尊心、潛在的敵對性緊張、憂慮擔心、含有恐懼和敵意的競爭心、對美滿人際關係有越來越大的需要。在神經症患者身上，這些後果則表現為自尊心的崩潰、破壞性、焦慮、焦慮和破壞性衝動越來越強烈的競爭心理，以及對愛的病態需要。

霍妮認為，在時代文化中，有三種主要矛盾：第一，競爭與仁愛，個人主義與基督教精神的矛盾；第二，不斷刺激起來的享受需要與這些需要實際上不可能實現的矛盾；第三，個人自由的許諾與他實際受到局限的矛盾。這些矛盾以及所有其他文化困境，迫使個人不得不與使人道德混亂的價值標準打交道。由於神經症患者無力正視和解決這些矛盾，真正的自我始終得不到成熟，而不得不以一連串虛幻的、不真實的追求和幻想來代替其真實的自我。因此，霍妮認為，神經症患者是當今文化的副產品。

總體說來，霍妮的許多解釋與佛洛伊德的說法大相徑庭，她認為精神分析的本質在於某些基本思路，目的在於考察無意識過程的作用和無意識過程獲得表現的方式，並以心理治療的形式使這些潛在的過程意識化。這些觀點，與佛洛伊德所提出的整套理論不同。霍妮作為新佛洛伊德學派的傑出代表，從社會文化角度與正統精神分析學分道揚鑣，開拓了精神分析的新領域，壯大了精神分析運動的聲勢，其著作具有獨特的價值和地位。

《格式塔心理學原理》

庫爾特·考夫卡：格式塔心理學的創始人之一

動力情境是十分複雜的，在這種動力情境中，自我——物體力量可能在控制執行者方面發揮重要作用。

——考夫卡

庫爾特・考夫卡（Kurt koffka，一八八六——一九四一），美籍德裔心理學家，格式塔心理學的創始人之一。考夫卡出生在德國柏林，曾在愛丁堡大學、柏林大學修哲學和心理學。一九〇九年，在斯頓夫的指導下，獲得哲學博士學位。一九一〇年，開始與韋特海默和苛勒合作。一九一二年，與苛勒和韋特海默一起進行似動現象實驗，成為格式塔學派的主要發言人。一九一一——一九二四年，受聘於基贊大學，指導了許多研究工作。一九二四年，在康乃爾大學和威斯康辛大學擔任訪問教授。一九二七年，開始擔任史密斯學院教授，直到逝世。考夫卡是格式塔心理學三人小組中最多產的一個，他的主要著作有：《格式塔心理學原理》、《心理的發展》、《格式塔心理學》、《知覺：格式塔學說引論》等。

在瞭解《格式塔心理學原理》一書的內容之前，我們有必要對「格式塔」這一概念進行簡單的介紹。「格式塔」（Gestalt）一詞具有兩種涵義：一種涵義是「形式」；另外一種涵義指「任何分離的整體」。格式塔心理學派不像機能主義或行為主義那樣明確地表示出它的性質。綜合上述兩種涵義，它似乎意指物體及其形式和特徵，所以，有人又把格式塔心理學譯為完形心理學。

格式塔這個術語起始於視覺領域的研究，但它又不限於視覺領域，甚至不限於整個感覺領域，其應用範圍遠遠超過感覺經驗的限度。苛勒認為，形狀意義上的「格式塔」已不再是格式塔心理學家們的注意中心；根據這個概念的功能定義，它可以包括學習、回憶、志向、情緒、思維、運動等等過程。廣義地說，格式塔心理學家們用格式塔這個術語研究心理學的整個領域。

心理、物理場論

考夫卡認為，世界是心物的，經驗世界與物理世界不一樣。他把觀察者知覺現實的觀念稱作心理場，被知覺的現實稱作物理場。

考夫卡指出，心理場與物理場之間並不存在一一對應的關係，但是人類的心理活動卻是兩者結合而成的心物場，同樣一把老式椅子，年邁的母親視作珍品，它蘊含著一段歷史，一個故事，而在時髦的兒子眼裏，如同一堆破爛，它蘊含著在女友面前陷於尷尬處境的危機。

心物場含有自我和環境的兩極化，這兩極的每一部分各有它自己的組織。這種組織說明，自我不受欲望、態度、志向、需求等等的束縛，環境也不是各種感覺的鑲嵌。

環境又可以分為地理環境和行為環境兩個方面。地理環境就是現實的環境，行為環境是意想中的環境。在考夫卡看來，行為產生於行為的環境，受行為環境的調節。為此，他曾用一個生動的例子來說明這個問題：

在一個冬日的傍晚，在風雪交加之中，有一男子騎馬來到一家客棧。他在鋪天蓋地的大雪中奔馳了數小時，大雪覆蓋了一切道路和路標，能找到這樣一個安身之處他格外高興。店主詫異地到門口迎接這位陌生人，並問客從何來。男子直指客棧外面的方向，店主用一種驚恐的語調說：「你是否知道你已經騎馬穿過了康斯坦斯湖？」聞聽此言，男子當即倒斃在店主腳下。

那麼，該男子的行為發生在何種環境之中呢？考夫卡認為，在他騎馬過湖時，地理環境毫無疑問是湖泊，而他的行為環境則是冰天雪地的平原。倘若那個男子事先知道他要途經一個大湖，則他的行為環境就會發生很大的變化。正因為他當時的行為環境是堅硬的平地，所以在聽到自己騎馬穿過湖泊時大驚斃命。

據此，考夫卡得出結論：行為受行為環境的調節。

但是，行為環境在受地理環境調節的同時，以自我為核心的心理場也在運作，它顯示有機體的心理活動是一個由自我——行為環境——地理環境等進行動力交互作用的場。

例如，一個動物受到某一障礙物的阻擋（地理環境），無法獲得置於障礙物後面的食物（行為環境），在這樣一種心物場中，自我的張力是明顯的。當頓悟可以使這個場獲得重新組織，也即當動物發現它可以繞過障礙物時，問題就得到了解決。問題的解決使動物得到食物，同時清除了這一心物場中的張力。

這裏，一個重要的問題在於：動物在產生一個真正的心理問題之前，必須意識到這一問題情境的所有因素。如果動物不知道障礙物後面有食物，即沒有行為環境，問題就不會存在，因為產生不了心物場的張力；如果動物知道障礙物後面有食物，但它的自我沒有這方面的欲望或需求，問題也不會存在，因為同樣產生不了心物場的張力。以此類推，地理環境也是如此。

同型論

同型論意指環境中的組織關係，在體驗這些關係的個體中，產生了一個與之同型的腦場模型。考夫卡認為，大腦並非像許多人所認為的那樣是一個感覺運動的連接器，實質上它是一個複雜的電場。

例如，讓被試者坐在暗室內，室內有兩個光點交替閃現。當兩個光點閃現的間隔超過二〇〇毫秒時，先見到第一光點，後見到第二光點，兩者均靜止不動；當間隔只有三〇毫秒時，被試者則同時看到兩個光點，它們也靜止不動；但是，當間隔介於上述兩者之間，為六〇毫秒時，被試者則看到一個處於連續運動的光點。

考夫卡認為，被試者在事實上無運動的情境裏覺察到明顯的運動，說明光點引起了相互交疊的兩個腦場，使之產生運動感覺。在一個問題情境中，心物場的張力在腦中表現為電場張力；頓悟解除腦場張力，進而導致現實問題的解決。

同型論與神經系統機械觀是相對的。神經系統的機械觀認為，神經活動好比一架機器的運作，它不能組織或修改輸入機器的東西，正像「記憶機器」忠實地複製知覺印象一樣，它的機械性使知覺印象與

其皮質複本之間在大小、形狀和組織方面是一一對應的。由此推論，對每一知覺過程，腦內都會產生一種與物理刺激的組織精確對應的皮質「畫面」。

例如，一個人看到一個十字形，視覺區的皮質神經元就會被啟動為一種十字形的形式，其視網膜意象與皮質之間具有一對一的關係，正如視網膜意象與刺激圖形具有類似的對應一樣。

考夫卡以似動實驗為例，反駁這種機械觀。他認為，既然經驗到的似動和真動是同一的，那麼，實現似動和真動的皮質過程也必定是類似的。但是，這種同一是指經驗到的空間秩序，在結構上與作為基礎的大腦過程分佈的機能秩序相同一，是知覺經驗的形式與刺激的形式相對應，而非刺激與知覺之間一對一的對應性。

從這個意義上說，格式塔是現實世界「真實」的表象，但不是它的完全再現。它們在大小和形狀方面並不等同。正如一張地圖不是它所代表的地域的精細複製。它有逐點的對應，有關地區的特徵都在圖上表示出來。但是，也有歪曲，地圖只是它所代表實地大小的一個分數，地圖的曲線在現實中可能不那麼分明，有些特徵可能被略去。然而，正因為地圖是同型的，它才用作旅行的嚮導。

那麼，同型論是如何解釋形式之間對應的呢？考夫卡等人的假設是：皮質過程是以一種類似電場的方式運作的。例如，一個人注視灰色背景上的一個十字形，與刺激形式同型的枕葉皮質視覺區就會啟動電學過程，該十字可由皮質中相當強的皮電活動來代表，而十字形的界外則皮電強度漸弱。

實際上，一種神經的格式塔會在皮質中形成，其勢能差異存在於毗鄰的組織之間。同型論是為了說明心和物具有同樣的格式塔性質，都是通體相關的有組織的整體，而不是部分之和，因為部分不具有整體的特性。

知覺與判斷

雖然格式塔原理不只是一種知覺的學說，但它卻源於對知覺的研究，並且重要的格式塔原理，大多是由知覺研究所提供的。

在考夫卡看來，知覺問題涉及到比較和判斷。當我們說這種灰色比那種灰色淡些，這根線條比那根線條長些，這個音比那個音響些時，我們所經驗的究竟是什麼呢？考夫卡用了一個實驗來解釋這個問題。

在一塊黑色平面上並排放著兩個灰色小方塊，要求被試者判斷兩個灰色是否相同。回答有四種可能性：第一，在黑色平面上看見一大塊顏色相同的灰色長方形，長方形中的一道分界線，將長方形分成兩個方形；第二，看見兩個明度梯度從左至右上升的方形，且左邊方形較暗，右邊方形較亮；第三，看見兩個明度梯度從左至右下降的方形，且左邊方形較亮，右邊方形較暗；第四，既未看見同色的長方形也未看見梯度，只有一些不確定的、模糊的東西。

從這些經驗得出的判斷是：一、相同的判斷；二、左邊的方形深灰色，右邊的方形淺灰色；三、左邊的方形淺灰色，右邊的方形深灰色；四、不肯定。

根據上述的描繪，在理論上可以推斷出什麼呢？考夫卡認為，該描繪解釋了兩相比較的現象，比較不是一種附加在特定感覺之上的新的意動，而是發現一個不可分的、聯結著的整體。以第二和第三的判斷為例，梯度的意思並不只是指兩個不同的層次，還指上升本身，即向上的趨勢和方向，它不是一個分離的、飄忽的、過渡的感覺，而是整個不可分的經驗的中心特徵。考夫卡指出，這種整體性知覺不僅在人類身上得到證實，而且在動物實驗中也得到證實。

當動物面對兩個刺激，被訓練成對其中一個做出積極反應，而對另一個做出消極反應時，它習得的究竟是什麼呢？傳統的理論認為，動物在與第一個刺激相應的一個感覺和積極反應之間形成了聯結，在另一個感覺和消極反應之間也形成了聯結。而考夫卡則認為，動物習得的是對整體或組織的反應。

例如，將淺色Ｂ和深色Ｃ兩個物體置於動物面前，Ｂ下有食物，Ｃ下無食物。動物選擇Ｂ可以得到食物，選擇Ｃ則得不到食物。訓練動物進行選擇，直到動物總是選擇Ｂ為止。然後，將這對刺激（Ｂ和Ｃ）替換成另一對刺激（Ａ和Ｂ），其中Ａ比Ｂ的顏色淺些。根據傳統的理論，動物必須在熟悉的、肯定的Ｂ和新的、中性的Ａ之間進行選擇，由於Ｂ有過訓練，並與積極反應聯結起來，所以要比沒有建立任何聯結的Ａ更容易為動物所選擇。

事實上，動物選擇了Ａ。為什麼？

考夫卡認為，動物在先前的訓練中，已經學會對明度梯度中那個較高的梯度（較亮的刺激）做出積極反應，所以當它面對一對新刺激時，按照整體反應原則，將會以同樣的行為選擇刺激A。

上述事實說明，有機體對刺激的反應有賴於本身的態度，也就是自我問題。**在考夫卡看來，被試者在面對刺激以前，必須對最終將產生的結果先有某種心理態度，這種心理態度是實現一定結果的一種準備性。它意味著，當被試者進入一個特定情境時，在準備性上已具備某種反應模式，這種模式就是格式塔所謂的組織。**

對此，考夫卡列舉了華盧朋（Washbum）的不同指導語的實驗結果。該實驗是研究觸覺的空間知覺效應的。

用兩腳規連續兩次刺激被試者手掌一邊的同一區域，兩個針尖的相距總是十五毫米，要求被試者說出這兩次刺激中，兩針尖的距離是相等、前者大於後者還是前者小於後者。對第一組被試者，指導語總是含有相等關係的意思，對第二組被試，指導語含有大小關係的意思。實驗結果顯示，第一組判斷兩個針尖距離相等的次數要明顯高於第二組。在共八十次的判斷中，第二組判斷相等的只有五次，而第一組則有二十次。這說明，由於暗示作用，態度在知覺判斷中具有定向效應。

為了證明上述例子的真實性，考夫卡進行了一連串的實驗。考夫卡指出，在實驗中，運動—組織的預備狀態竟然能被一個不充分的刺激所引起，恰恰證明了組織的預備狀態或預期的真實性，那就是自我中的態度。

組織律與知覺場

考夫卡認為，我們自然而然地觀察到的經驗，都帶有格式塔的特點，它們均屬於心物場和同型論。以心物場和同型論為格式塔的總綱，由此衍生出若干亞原則，稱作組織律。在考夫卡看來，每一個人，包括兒童和未開化的人，都是依照組織律經驗到有意義的知覺場的。這些良好的組織原則包括：

圖形與背景

在具有一定配置的場內，有些物件突現出來形成圖形，有些物件退居到襯托地位而成為背景。**一般說來，圖形與背景的區分度越大，圖形就越突出而成為我們的知覺對象。例如，我們在寂靜中比較容易聽到清脆的鐘聲，在綠葉中比較容易發現紅花。**反之，圖形與背景的區分度越小，就越是難以把圖形與背景分開，軍事上的偽裝便是如此。要使圖形成為知覺的對象，不僅要具備突出的特點，而且應具有明確的輪廓。明暗度和統一性。需要指出的是，這些特徵不是物理刺激物的特性，而是心理場的特性。

一個物體，例如一塊冰，就物理意義而言，具有輪廓、硬度、高度，以及其他一些特性，但如果此物沒有成為注意的中心，它就不會成為圖形，而只能成為背景，進而在觀察者的心理場內缺乏輪廓、硬度、高度等等。而一旦它成為觀察者的注意中心，便又成為圖形，呈現輪廓、硬度、高度等等。

接近性和連續性

某些距離較短或互相接近的部分，容易組成整體。例如，人們自然而然地會把距離較近而毗鄰的兩線，組合起來成為一個整體——雙線。連續性指對線條的一種知覺傾向，有時候，儘管線條受其他線條阻斷，卻仍像未阻斷的一樣為人們所經驗到。

完整和閉合傾向

知覺印象隨環境而呈現最為完善的形式。彼此相屬的部分，容易組合成整體，反之，彼此不相屬的部分，則容易被隔離開來。完整傾向是知覺者心理的一種推論傾向。在心理上盡可能使不連貫的、有缺口的圖形趨近閉合，那便是閉合傾向。完整和閉合傾向在所有感覺中都產生作用，它為知覺圖形提供完善的定界、對稱和形式。

相似性

如果各部分的距離相等，但它的顏色有異，那麼顏色相同的部分就自然組合成為整體。這說明相似的部分容易組成整體。

轉換律

按照同型論，由於格式塔與刺激形式同型，格式塔可以經歷廣泛的改變而不失其本身的特性。例如，一個曲調變調後仍可保持同樣的曲調，儘管組成曲子的音符全都不同。一個不大會歌唱的人走調了，聽者透過轉換仍能知覺到他在唱什麼曲子。

共同方向運動

一個整體中的部分，如果作共同方向的移動，則這些作共同方向移動的部分容易組成新的整體。

綜上所述，考夫卡的格式塔學說在心理學史上留下了不可磨滅的痕跡。它向舊的傳統進行挑戰，給整個心理學以推動和促進；它向當時存在的諸種心理學體系提出中肯而又堅定的批評，對人們深入思考各種對立的觀點具有啟迪作用；它的主要學說極大地影響了知覺領域，進而也在某種程度上影響了學習理論；它的哲學基礎導源於現象學，並用大量的研究成果豐富和充實了現象學，遂使歐洲逐漸形成一股現象學的心理學思潮，直至今天仍有影響。

《人猿的智慧》

沃爾夫岡・苛勒：格式塔心理學的創始人之一

手杖等東西一旦被猩猩掌握成為一種普遍的工具，那麼，猩猩就會以不同的方式來處理直接現實中的物體，工具的功能就不斷地引起擴展和變異。

——苛勒

沃爾夫岡・苛勒（Wolfgang Kohler，一八八七—一九六七），德國著名的心理學家，格式塔心理學的創始人之一。他生於波羅地海省愛沙尼亞的雷維爾，曾先後就讀於杜平根、波恩、柏林大學。在柏林大學期間，他在心理學家斯圖姆夫的指導下，以一篇心理聲學的論文《聲學研究》，獲得該校的哲學博士學位。

後來，苛勒到法蘭克福大學任職，並和考夫卡一起成為韋特海默似動現象實驗的被試者。三人經過努力，共同奠定了格式塔心理學的基礎。

一九一三年，苛勒接受普魯士科學院的任命，擔任了大西洋加那利群島的西班牙屬地騰奈列夫島上的類人猿研究站主任，從事類人猿心理研究。由於第一次世界大戰的緣故，他被滯留在這個島上長達七年之久。

一九二二年，苛勒繼任斯圖姆夫在柏林大學的職務兼心理研究所主任。同年，韋特海默也被任命為柏林大學的編外教授。於是，柏林成為格式塔運動的中心。

一九三五年，苛勒寫信給柏林的報社，公開反對希特勒的納粹政權，並決定永久定居美國。從這一年起，他先任賓夕法尼亞州的威斯瓦特摩學院心理學教授，後任研究教授。鑒於苛勒對心理學的貢獻，一九五六年，美國心理學會授予他傑出科學貢獻獎，一九五九年當選為美國心理學會主席。

苛勒是格式塔心理學派的著名代表，一生寫了許多著作，主要有：《人猿的智慧》、《格式塔心理學》、《靜止狀態中的物理格式塔》、《價值在事實世界中的地位》、《圖形後效：視覺過程的研究》和《心理學中的動力學》等。

《人猿的智慧》一書，彙集苛勒在騰泰列夫島類人猿研究站的研究成果。該書將格式塔心理學原理應用於動物行為上，被認為是格式塔心理學的經典著作。在該書中，苛勒提出了與桑代克的「學習試誤說」相對立的「學習頓悟說」，開創了現代學習理論中的「行為論」與「認知論」對立之先河。

在這本書的開頭部分，苛勒批評了聯想主義心理學者只用簡單的聯想作為思維或智慧的惟一標準，以及桑代克否認動物有智慧的觀點。苛勒實驗研究的目的，在於探索高等動物人猿是否有和人類一樣的智慧活動，進而探索智慧活動的本質。

《人猿的智慧》

為了測定動物的智慧，苛勒首先對智慧行為的標準進行了界定：「當人或動物藉助其本身自然而然地透過沒有阻礙的道路，用以達到他們的目的時，我們不能說這種行為是智慧的；當環境阻礙了直接的通道，而人或動物為了適應這種環境，另闢一條迂迴的道路時，我們才能說它是『智慧』的。」苛勒的全部實驗都是根據這一標準設計的。在實驗中，苛勒不僅使用了七隻猩猩作為實驗對象，也用少數狗、小雞等動物作了對照觀察。

在實驗初期，苛勒和托伯設計了一個比較具有代表性的實驗情境：用一根細長的繩，縛住一個裝有水果的籃子；在屋頂上掛了一個鐵圈，把繩穿過鐵圈，拉到使籃子離地有二米左右的地方；將繩子的另一端打成一個活套，捆在離籃子三米左右的樹枝上，樹枝的高度約與籃子的高度相等；於是，這根繩就形成了一個銳角，角的轉折處則在鐵圈上。

佈置好一切後，把猩猩蘇丹引進了屋子。蘇丹突然向樹走去，很快爬到繫有繩子的樹枝上，牠在那裏停了一下，望了望籃子，然後使勁拉繩子，直到籃子與鐵圈（在屋頂上）相碰。過了一會，牠又進行第二次的拉繩，這次拉得更用力，籃子被拉側，一個香蕉跌落了下來。牠趕忙從樹上爬下來，撿起了香蕉，再爬上去，更使勁地拉繩子，繩子被拉斷了，籃子掉了下來，牠提著籃子，到一邊去吃水果了。

苛勒進行這個實驗的初衷，是希望猩猩能把活套從樹枝上退出來，使籃子跌落下來。在實驗中，蘇丹顯然已明白問題的關鍵在於繩子，但是，牠卻沒有做出最好的解決辦法。是蘇丹沒有看出活套和樹枝之間的不穩定裝置，還是蘇丹已經注意到但不會解決呢？對於這些疑問，在本試驗中無法被明確解答。

基於這樣的原因，苛勒認為，從一開始就設置這樣複雜的實驗情境，對動物來說是不合適的。在後來的實驗中，苛勒開始設計一些簡單的情景，並且在這些情景問題中，只要猩猩能解決，他便能夠給出合理的解釋。苛勒根據格式塔理論，來設計和解釋他所做的實驗。他的實驗是遵循從簡到繁，從易到難的原則設計的，它們分別是迂迴實驗、利用工具實驗、製造工具實驗、建築實驗、利用仲介物體的迂迴實驗以及形的處理實驗。

迂迴實驗

這種實驗的設計原則是：實驗者把直接的道路加以阻礙，但這種阻礙極容易被動物看到；目的物放在空曠的地方，但動物只能透過迂迴的道路才能取得。在這個試驗中，一定要使動物對目的物、阻礙、以及可能迂迴的道路的全場一目了然，並且，阻礙的設置如果有不同的形式，就會產生不同的到達目的物的方法，動物們也遇到了不同的困難。

苛勒設計的實驗如下：在猿舍中有間房屋，屋內有很高的百葉窗，窗戶的外邊就是運動場。房間裏有一扇門，這門和走廊相通，走廊的盡頭也有一扇門，出了這扇門，就到了運動場。猩猩對這種情境非常熟悉，但因為百葉窗太高，牠們在房間內看不到運動場的情景。

實驗者把蘇丹領進了這個房間，期間穿過了兩道門和一個走廊。牠徑直走到窗戶邊，試驗者把窗戶打開，把一個香蕉擲了出去，並很快關上了窗戶。對於蘇丹來說，牠只能看到香蕉在窗外消失，卻看不到實際的情況。

當實驗者轉過身來的時候，蘇丹已採取了行動。牠推開門，進入走廊，又推開了第二道門，來到了窗外。從窗戶看出去，可以看到蘇丹正在尋找，香蕉掉在了兩個箱子之間的夾縫裏，但蘇丹最後還是把它找到了。

這個試驗得出了這樣的結論，儘管目的物處於動物看不到的地方，並且只能透過間接的道路才能取到它們，這也阻礙不了動物的成功。並且，如果動物們對試驗情景非常熟悉，牠們會很容易透過迂迴的方式取得目的物。

苛勒還用狗做過類似的實驗，結果發現，狗也能順利地解決問題。苛勒認為，動物們的某些智力是和我們一樣的，因此，在設計實驗時，應該用和我們相同的方式去設計，最關鍵的是要讓動物能夠看清試驗情景。透過迂迴實驗，苛勒對桑代克的動物學習實驗提出異議，認為如果不讓動物看到實驗裝置的主要部位，牠們是無法運用自己的智力來處理這種情境的。

利用工具實驗

這一實驗的設計原則是：**動物要想取得可見的目的物，只能藉助於第三物體才能達到目的。從這個意義上來說，目的物「是藉助於工具而取得的」**。在這裏，可作為工具的實物有繩子、手杖和箱子等。

實驗之一，實驗者把目的物繫在一根繩子上，放在離柵欄很遠的地上，除了「對的」繩子外，還有三根「錯的」。繩子的末端都放在靠近目的物的旁邊，和「對的」繩子彼此交疊，這些繩子的另一端都放在柵欄近旁。實驗者把蘇丹領到柵欄旁邊，牠只朝外看了一下，就很快拉動繩子，結果先拉的兩根都是錯的，直到第三根才拉到了對的。蘇丹之所以失敗，是因為情境過於複雜。接下來，試驗者把情景簡化了一點，去掉了兩根「錯的」繩子，並且使剩下的兩條不交叉，同時將目的物移到柵欄外一米左右。在這種情況下，蘇丹很容易就拿到了目的物。

實驗之二，把猩猩戚喜哥領進籠子裏，把目的物放在籠外牠手臂構不著的地方，在籠裏靠近柵欄的一邊，放著幾根手杖。實驗開始時，戚喜哥試圖用手去拿水果，結果失敗了。牠躺在地下休息了一會，又進行了一輪嘗試，還以失敗告終。這樣折騰了半個多小時，牠似乎對目的物不再感興趣了，在籠子裏悠哉樂哉地散步。這時，在柵欄外玩耍的猩猩注意到了目的物，漸漸地走了過來。戚喜哥突然一躍而起，拿起了手杖，很熟練地把香蕉拉到了自己能夠取到的地方。

實驗之三，把六隻猩猩放在一間牆壁非常光滑、高度約為二公尺的房屋裏。把一隻木箱（長、寬、高各為五〇、四〇、三〇公分）放在房屋中間，目的物掛在屋頂，與箱子的水準距離約有二公尺半左右。剛開始時，這六隻猩猩試圖跳起來，以取得上邊的目的物。沒過多久，蘇丹就放棄了這種徒勞無獲的辦法，牠不停地走來走去，突然站在了箱子前面。牠把箱子推倒，向目的物拖來，然後，牠爬上箱子，用盡力氣跳上去把香蕉扯了下來。從試驗者掛上水果到蘇丹取得水果，約花費了五分鐘時間；從蘇丹在箱子前短時的停頓，到開始吃香蕉，只費了幾秒鐘時間；在初時的遲疑之後，蘇丹「表演」了一組完整的連續的動作。

實驗之四，把猩猩經常玩弄的一根長約二公尺半的健身棒的凸出的一端，用牢固的繩掛起來，目的物掛在屋頂，離繩有二公尺，離地面也約有二公尺。蘇丹被帶進屋子之後，就拖著靠在近旁的、過去曾利用它來取得目的物的梯子，想把它豎起來，失敗後，又把注意力轉移到很重的木板上，這個做法同樣沒有獲得成功。隨後，牠爬到健身棒上，從高處看到了一把破掃帚。牠趕忙爬下來，拾起掃帚，回到健身棒上，竭力想把水果擊落下來，很不幸，牠又失敗了。可憐的蘇丹帶著掃帚又回到地面，想把它作為「跳棒」，但牠的這種努力又白費了。

最後，蘇丹又回到健身棒上，握住繩子，向目的物蕩去。剛開始時，牠用力不大，好像覺得這是一種毫無希望的工作。然後，牠爬到棒的上端，蹲伏在那裏，注視著水果，做出一種在人類中無論如何都可以被描寫為「思維」的表情來。幾秒鐘以後，蘇丹又握住了繩子，用足夠的力量把自己蕩過去，取得了水果。

實驗之五，把箱子放在圍有柵欄的屋子裏，並且和柵欄相接觸，箱子狹小的一端立在地上，因此很容易把它推倒。在柵欄外面正對著箱子中間的地方，放著一根香蕉。在這個試驗中，如果動物能夠把箱子推在一邊，或把它推翻，就可以用手杖取得食物。

最初，蘇丹坐在木箱上面，用手杖費力地去取目的物，自然失敗了。有時，牠也把箱子搖動一下，甚至有一次蘇丹已抓住箱子的一邊，把牠推開了一些，可以很容易地取得食物，但牠又漠不關心地走開了。最後，牠失手把手杖掉在柵欄外面，再沒有可利用的東西了。這時，實驗停下來了，因為從一開始，蘇丹就表現出不勝其煩的冷漠和厭煩。

過了一會，試驗者又把箱子重新放在柵欄旁邊，讓年輕的猩猩都走進屋子裏來。在牠們中間，只有拉娜（一隻猩猩）把箱子搖了一下，但並沒有把它移動。蘇丹顯然受到競爭的激勵，立即「用手」移開這個障礙物，並用手杖取得了目的物。

在這本書中，**苛勒這樣描述道：手杖等東西一旦被猩猩掌握成為一種普遍的工具，那麼，猩猩就會以不同的方式來處理直接現實中的物體，工具的功能就不斷地引起擴展和變異。**比如，手杖不僅被猩猩用作攀登跳躍的支撐物，挖掘土地的工具，也可以用來撥弄各種有趣的但又不能直接用手接觸的東西，如火焰或各種小動物等。

製造工具實驗

這裏的「工具的製造」是指：對某一情境中不適用的物體加以改造，使之成為可利用的工具活動。

實驗之一，把目的物放在柵欄外伸手不可及的地方，在實驗室的另一端放著一棵鋸斷了的樹。蘇丹剛進去時，因為沒有看到目的物，所以只去啃樹上的一根小樹枝。過了一會，牠發現了目的物，於是，牠朝柵欄走去，看看外邊的目的物，接著轉過身來，折斷一根細長的樹枝，用這根樹枝取得了目的物。從蘇丹走向小樹到折斷樹枝直至取得水果，是一個單一而迅速的連鎖動作，絕無一點「脫節」之處。

實驗之二，把目的物繫在橫樑的鐵鉤上，繩子的另一端在二公尺半外的橫木條上繞了三圈，其下垂部分約為三〇公分。基卡看到目的物，立即爬到橫木條上，抓住橫木條上的繩子的中間一圈，用力往下拉，結果除了最靠近鐵鉤的一圈外，繩子都從橫木條上脫落而懸掛下來。牠對繩子的最後一圈漠不關心，立即用懸掛下來的繩子，把自己向目的物盪去，盪了兩次都沒有成功，因為繩太短了，不能做出適當的擺動。基卡沒有補救這個缺陷，而是在離開繩時做了一個跳躍，凌空跳向目的物並把它抓了下來。

在這個實驗中，基卡看到目的物之後，立即想到繩子的性質，但對繩圈的結構還不能在視覺上有所瞭解，因而使牠解決問題受到一定的限制。在兩年後重做這個實驗時，基卡順利地解決了這個問題，牠解開繩子的方法，幾乎和人不相上下。

實驗之三，目的物掛在很高的地方，離目的物幾公尺處，放著一只箱子，這只箱子的一邊是開著的，我們可以看到在箱子裏有三塊很重的石頭。蘇丹走到箱子封著口的一端，試圖把它向目的物那裡拉去。沒有成功後，牠走過去，朝箱子裏邊看了看，小心地拿出了一塊石頭。然後牠再用力地拉，但又失敗了，就又從箱子裏拿出第二塊石頭。牠不再理睬第三塊石頭，拼命地拉，一直把箱子拉到了目的物底下，然後站在箱子上取得了目的物。

實驗之四，柵欄內放著兩根長度大致相等的竹竿，一根粗一根細，細的一根可以很容易地插入粗的那根的任何一端。柵欄外放著水果，水果放在竹竿的長度之外。試驗一開始，蘇丹便煞費苦心地輪換著用竹竿去拉取目的物，甚至把右肩也從柵欄裏穿過去。然後，牠把箱子也搬了過來，但很快發現這種做法沒有用處，又立即把箱子推開。不久，牠又把一根竹竿向外推出去，然後再用第二根竹竿去推第一根竹竿，很小心地對著目的物推去，這種做法雖然可以使竹竿接觸到目的物，但拿不回來。

最後，實驗者當著蘇丹的面，把手指插入粗竹竿的空口（不是以另一根竹竿插入），但這種幫助並不產生作用。於是，蘇丹開始沒精打采地蹲伏在箱子上，後又站起來，拾起兩根竹竿，坐到箱子上，漫不經心地玩弄它們。牠這樣玩弄的時候，忽然發現手裏的兩根竹竿可以連接成一條直線。牠把較細的一根插入較粗的那根的空口裏，躍身而起，向柵欄奔去，用連接好的竹竿把香蕉拉了過來。

建築實驗

建築實驗實際上是：製造工具實驗的一種延伸，在這種試驗中，苛勒主要做了猩猩如何疊置木箱和樹立梯子的實驗。

疊置木箱實驗

目的物放在屋頂很高的地方，地上放著兩只相距並不太遠的箱子，牠們離目的物約有四公尺左右，其他的工具都已拿開。一開始，蘇丹把兩只箱子中大的一只向目的物拖去，放在它的底下。蘇丹爬上箱子，向上張望，準備跳上去，但卻不跳了。它走下來，拿了另一只箱子，拖在身後滿屋子亂跑亂叫，踢著牆壁，表現出極度不安的樣子。

但過了一會兒，牠突然停止了喧嚷，把那只箱子也拉到目的物下邊，豎立在另一只箱子上。牠爬上了這個多少有點搖晃的建築物上，好幾次準備向上跳而又沒有跳，因為目的物掛得太高。

在繼續做這個實驗時，目的物掛在較低的地方，實驗終於成功了。在後來的實驗中，猩猩不僅學會平行疊置兩只木箱，而且可以將它們垂直疊置，乃至疊置兩只以上的木箱。

豎立梯子的實驗

將水果掛在屋頂上，然後在屋內放一張梯子。蘇丹第一次利用梯子時，不是把梯子豎立在靠近掛著水果的屋頂牆上，而是把它垂直地豎立在正對目的物底下的空地上，站在了梯子上。蘇丹這樣做，只是把梯子用作一根跳杖，想把這個梯子也像手杖、木板一樣去利用。當這種方法達不到目的時，蘇丹改變了策略。

蘇丹不是把梯子靠在近旁的A牆上，而是把直的一端倚靠在牆上，使梯子的平面向屋內引伸。牠登到梯子上，把一隻手靠在B牆上（B牆和牠很接近），以保持梯子和自己的平衡，成功地站在了梯子的直面上。但在牠取得食物之前，梯子就跌落了下來。經過幾次傾跌以後，蘇丹很煩惱地靜臥了一會，然後再去工作。經過了長期的嘗試以後，牠終於找到了正確的使用梯子的方法，取得了食物。

利用仲介物體的迂迴實驗

這類實驗的設計原則是：動物在取得最後目的物之前，必須在情境中取得一個準備性的「輔助」目的物。也就是說，牠們要想取得最後的目的物，就必須先取得這種輔助的目的物。當然，這種取得輔助目的物的準備過程，應該和以後的事件緊密聯結，不能單從牠本身來考慮，否則，就會使最初的迂迴和最後的目的沒有多少關係，就會在外表分裂成一個獨立的過程。這樣的結果，顯然與苛勒的目的是相背離的。

實驗之一，柵欄外放著目的物，柵欄內放著一根短手杖，用短手杖不能取得柵欄外的水果。一根長手杖放在柵欄之外，並且是在蘇丹伸手不可及的地方，但可以用短手杖把它拉過來。蘇丹最初想用短手杖去取水果，沒有成功，於是，牠折取柵欄上的一段鐵絲當手杖，但也沒有成功。牠停下來，朝自己的身上打量了一番，突然，牠又拾起短手杖，向長手杖對面的柵欄跑去，用這根「輔助的」手杖把長手杖拉過來，又用它取得了目的物。從蘇丹的視線落到長手杖時開始，整個過程沒有一點間斷，形成了一個連續的整體。

實驗之二，仍把水果放在柵欄後面，在屋頂上掛著一根手杖，另一邊又放了一只箱子。要想取得水果，必須要有手杖；要想取得手杖，只能藉助於箱子。蘇丹在開始解決這個問題時，犯了一個愚笨的錯誤，把箱子拉到正對水果的柵欄邊。在把箱子東拖西拉地搬了一陣，就把它拋在一旁，很小心地環顧四周（顯然是在尋找工具）。這時，牠看到了掛在屋頂上的手杖，牠立即搬取箱子，把它拉到手杖底下，跳上箱子取得手杖，並用手杖取得水果。從牠看到手杖時開始，牠的動作就非常明確而有連貫性，所費的時間至多只有半分鐘，包括用手杖去拉取水果。

形的處理實驗

在以上智慧測驗中，運用的都是視覺因素，實驗的被試者在完成任務中，都必須領會一定的形狀，也即厄棱費爾和韋特海默所稱的「完形」。這種試驗相對比較簡單，在下面的實驗中，猩猩要處理一些更為複雜的形狀特點。

實驗之一，猩猩被關在柵欄內；在柵欄外約四十五公分處，放著一個抽屜，抽屜上面沒有蓋子，後面也沒有隔板，水果放在抽屜裏靠近猩猩的一端；柵欄內還有一根手杖。

妞娃先用手杖把目的物朝自己的方向拉過來，因為抽屜的隔板擋住了牠的行動，為此牠十分地沮喪。後來，牠把目的物向抽屜開口的一端推去，推得很小心。但當目的物接近抽屜的開口處時，牠突然採取了相反的行動，把目的物往回拉了五公分。很快，牠便明確地將目的物向開口處推去，以平穩的動作使目的物沿著抽屜的側邊移動，最後成一曲線地繞過抽屜的左側邊，把目的物拉到自己的身邊。

實驗之二，在一個很大的木籠的一邊（A處），用橫木板封固，將最上面的一塊木板抽去，在木籠的下面放著水果。猩猩從木籠的最上邊把手伸進去，觸不到地面。與此相對應的一邊（B處），有一排柵欄，猩猩也可以從這裏把手伸進籠內，但達不到對面A處附近的目的物。籠的另外兩邊全是封固的，籠外靠近A處有一顆樹，樹上有一根用繩牢牢繫住的手杖，可供在A處使用。

蘇丹拿了手杖，把它從A處的空隙中穿過去，試圖把目的物拉向自己。牠還時時尋找一切可用來從B處拿取目的物的物體，但這一切努力都是白費的。過了一會兒，牠又回到A處，突然用手杖把目的物向籠壁推去，原來牠在那裏發現了一個小孔。牠小心地用手杖把目的物撥動到小孔前，然後放下手杖，繞道走到側壁的外面，試圖用手指把水果拿出來。但小孔太小了，牠還是拿不到。於是，牠又回到A處，拿起手杖，撥弄目的物。當目的物被撥到籠內中央比較靠近柵欄的地方時，蘇丹放下手杖，走到柵欄那邊，把手盡可能地從柵欄伸進去，終於取得了食物。

在這六類實驗中，猩猩一般都能解決向牠們提出的問題。根據這些實驗的結果，苛勒認為，猩猩所表現出來的一般智慧行為與人類的動作相似。這種行為的最明顯的特徵是：首先，牠們是順利的連續的過程，以突然的中斷而與先前的行為分開來；其次，這種過程作為一個整體，是和情境的結構及其各個組成部分之間的關係相適應的。這也是對整個情境結構進行了充分審察後的產物，苛勒把這種考慮到情境結構的行為，稱為「頓悟」。

苛勒在這本書中提出的「學習頓悟說」，是針對桑代克的「學習試誤說」的，這種學說在後來的教育心理學，特別是在學習心理學中，產生了重要的影響。

《精神病學的人際理論》

哈里・斯塔克・沙利文：新精神分析學派代表人物之一

每個人在其一生中，都不得不花費許多時間和大量精力用於人際交往，以避免產生更多的焦慮，而且，若有可能，他會利用人際關係消除已有的焦慮。

——沙利文

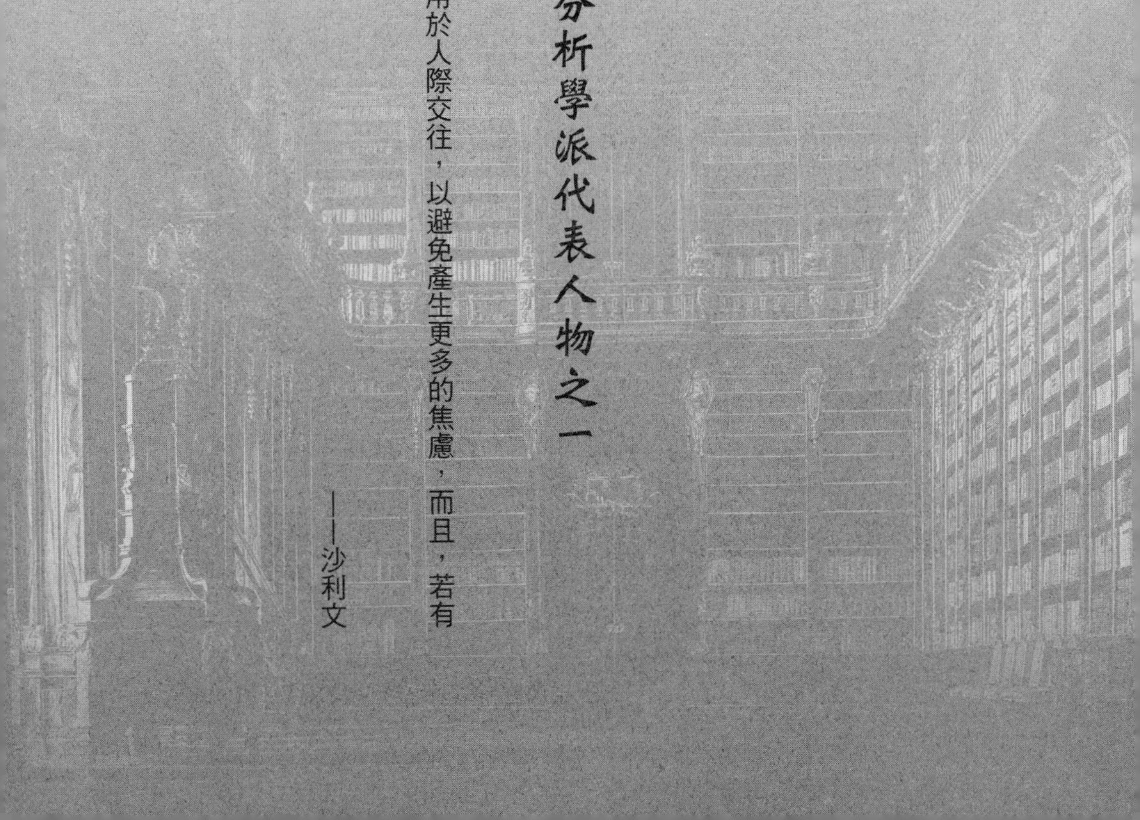

哈里・斯塔克・沙利文（Harry Stack Sullivan，一八九二—一九四九），美國精神病醫生和精神分析理論家、新精神分析學派代表人物之一。一九一七年，沙利文在芝加哥醫學院獲醫學博士學位。他在著名神經精神病學家懷特的影響下，致力於精神分裂症的研究工作。

沙利文生前出版的惟一著作是《現代精神病學的概念》。沙利文傳世的著作，是他去世後，後人按他的筆記和學生記錄他講授的系列課程，編輯出版的。這些著作主要有：《精神病學的人際理論》、《作為人的一種過程：精神分裂症》、《精神病會談法》、《精神病學與社會的融合》和《平民精神病學》等。

沙利文對精神病學的貢獻主要表現在以下幾個方面：首先，他對嬰兒和兒童經驗進行了系統性的闡述；其次，他提出「動能」的概念，認為動能是人際關係中能量轉換的長期模式，人際場是由兩個或多個有機體動能互動組成的；再次，沙利文進行了大量臨床實驗，同時開創了理解人格的新途徑。

《精神病學的人際理論》出版於一九五三年，該書內容來自沙利文生前於一九四六—一九四七年在華盛頓精神病學院講授的一系列課程，是沙利文對自己思想進行的完整闡述。這本書強調人際關係的作用，試圖透過人際關係去分析人心理的發展變化和變態人格。

《精神病學的人際理論》一書的學術思想可以概括為兩個方面。

第一，就人格的發展問題，沙利文討論了需要的張力，認為人除了有一般需要，還有從人際互動中產生的人際需要。強調了焦慮的張力和作用；探討了人的經驗發展具有的三種模式；提出了人格化問題；揭示了自我系統、自我動能的形成。

第二，關於人際關係的闡述，強調精神病學是研究人際關係的學說，把人際關係看作是人生存必需的環境，並藉助動力場來說明人際關係，詳盡闡述了動能的概念。

概念的介紹

在這一部分內容裏，沙利文主要講述了發展研究的含義，討論了一些概念的定義並提出了一些假設。**沙利文認為，在日常生活中，每個人都會有大量的生活經驗，所以，精神病學應該直接關注普通人的日常生活。**沙利文指出，人們對精神病學存在著以下三種不同層次的理解。

第一種理解，也就是前科學時代精神病學的合理理解。持這種觀點的人認為，精神病學是一種藝術，是一種觀察和可能影響精神失調過程的藝術。

第二種理解，也是最廣泛的一種理解。持這種觀點的人認為，精神病學也就是精神病學家所從事的職業，它不過是由一大堆觀念、印象、資訊、規則、冗詞以及神秘主義等抽象物聚集而成。

第三種理解，也就是沙利文自己的觀點。他認為，精神病學是一門正處於發展中的科學，精神病學家在其中充當積極參與的觀察者的角色，直接關注普通人日常生活中的各種事件及過程，研究的著眼點指向人際場中的事件及過程。

受精神分析學派思想的影響，沙利文接受了佛洛伊德理論假設中的一小部分，如：意識和無意識過程的概念等。但他對佛洛伊德理論對嬰兒性行為以及變態病症過程等的研究毫無興趣。在現代物理科學中的場理論及操作主義思想的影響下，沙利文觀察分析了佛洛伊德相對忽視的問題，即發生在特定人群間的特定人際互動關係問題，並把它理論化。把研究視角從僅僅關心少數人的互動關係，轉移到人數更多、更複雜的社會群體的互動關係上。

沙利文認為，大部分精神失調現象是由於個體不充分的人際交流，或者在人際交流過程中受到焦慮干擾所造成的。焦慮是擾亂人際關係，造成不充分人際交流的主要因素，也是個體不能夠有效適應社會生活，出現生活障礙的癥結所在。

在這本書中，沙利文接受了物理學家布里奇曼操作主義的思想主張，強調精神病學研究中學術術語的可通約性。他認為，作為一項科學事業，精神病學的許多概念陳述的有效性必須接受操作性檢驗。心理生物學、社會心理學、文化人類學的研究成果及思路，都可運用到精神病學人際關係理論的研究中。

沙利文特別強調，要使精神病學成為一門真正的科學，它的研究領域就必須建立在對人際場中，人際互動關係研究的基礎之上。精神病學作為一門科學，它不能只關心私人事件，而應該更關心可以轉化成公開模式的個體社會生活，研究受生物和文化制約但又自成一類的人際過程，這些人際過程存在於人際情境中，觀察力敏銳的精神病學家就是在人際情境中進行工作的。

最後，**沙利文論述了人際關係理論藉助生物學的三個原則：共存原則、組織原則和機能活動原則。沙利文指出，共存原則是指生命脫離了它們必需的環境就無法生存。所有的有機體都生活在與它們必需的環境的連續、共存的狀態之中。**至於組織原則和機能活動原則，沙利文認為，幾乎無需強調就能顯示出重要性，它們理所當然地構成生命過程中最基本的術語，因而他沒有在這兩個概念上花費過多筆墨。

透過對上述原則的思考，人們就會發現，人不同於動植物，因為人的生活必需與包括文化在內的環境相互交換。換句話說，因為文化是附屬於人的抽象物，所以這意味著人需要人際關係，或者需要與他人相互交換。對於一個動物，斷絕與外界的聯繫可能不會有太大影響，然而對於生活在特殊領域中的人來說，斷絕與他人的直接和間接的聯繫肯定是致命的打擊。

發展的階段

這一部分是這本書的重心，**沙利文把人格的發展分為以下幾個階段：嬰兒期、幼兒期、少年期、前青春期、青春期早期、青春期後期和成年期或成熟期。**

嬰兒期是從出生到出現發音清晰的語言，不過這種言語還是非交流的或者無意義的。幼兒期從發出清晰聲音，或者出現言語的能力，到對玩伴的需要。少年期主要是在小學期間，直到由於成熟而出現對與之地位類似的人建立親密關係的需要。

前青春期極為重要，但又相當短暫，一般結束於出現生殖性慾和月經，但在心理學上和精神病學上，則結束於把對同性的強烈興趣轉向了異性。這個時期一直持續到一個人仿學了某種表現方式，以滿足自己的性慾、滿足自己的生殖驅力，便迎來了青春期後期。

到了成年期，一個人就能夠建立與他人相愛的關係，在該關係中，他人和自我幾乎一樣重要。這種真正得到高度發展的親密關係，並不是生活的主要職責，而也許是生活中滿足的主要來源。從這時起，一個人繼續發展興趣的深度和廣度，直到有機體衰變而走向老年。

對被看作實體的人格做任何討論，都必須運用經驗這個術語。而談到經驗，最終都要分析張力的經驗和能量交換的經驗。**在人格和文化的領域中，可以認為張力有兩個重要的方面：第一，張力作為活動和能量交換的潛能，是一種本能；第二，是所感受到的或注意到的存在狀態。也就是說，張力是活動的潛能，可以有感到的或陳述的成分。**

焦慮對人際關係發展的種類和程度都有重大影響。焦慮最初來自嬰兒時期的無助，嬰兒不予餵養就不能生存。兒童一旦有過多的焦慮，就會迴避社會。自我擔負的職責是不斷地監視、評價和調節人際關係的各種活動，尋求一切機會以維持安全感。不為人們贊許的行為會受到阻止，甚至消失。得不到他人的贊同以及強烈的不安全感，都會形成情緒障礙。特別是當撫養者出現焦慮張力時，更會引起嬰兒的焦慮。被稱作焦慮的張力，主要涉及嬰兒與人的環境的共存，也涉及母親與人的環境的共存。焦慮張力的抒解，即在這個特定方面重新達到的平衡，並不是滿足的經驗，而是人際安全感的經驗。

在論述發展時期時，沙利文提出了精神病學的人際關係理論中一個極為重要的概念：動能概念，它是對精神機械論等古老思想的一個重大改進。

沙利文在劃分動能的依據的基礎之上，發展了理解人格概念的途徑，提出了相互作用圈模式。相互作用圈是指人類與其生存必需的環境、生化的環境、人類以下生物的環境和由他人構成的環境共存時，相互作用或相互滲透的最終狀態。它們可以部分地被看作克分子生理結構，在這個結構中發生的能量交換與有機體保持其必需的共存機能活動密切相關。但是，這些結構是活動結構，活動產生了有機體的特定經驗。這個經驗轉而又影響到特定機能活動涉及的一體化傾向的後繼表現，進而引進了通常以期望來說明的因素。這些因素幾乎不能被稱為生理結構的細節，然而它們肯定是現實有機體生存的重要細節。**當涉及的有機體是人時，我們把這些因素稱之為人格的細節。從目前的特定意義來說，人格是重複人際情境的相對持久的模型，而重複的人際情境是人類生活的特徵。**

人際情境是滿足需要活動所必需的。例如，乳頭—口唇是由嬰兒對水和食物的需要，和母親在這個聯結中給予體貼的需要加以一體化和保持的結果。在一般意義上，嬰兒的口部相互作用圈，和母親的乳房相互作用圈，就是兩個人格的細節，這主要關係到乳頭—口唇情境的一體化。嬰兒相應於口唇行為的經驗和母親的給嬰兒餵奶的經驗，是任一特定餵養情境的一部分。

人際合作對嬰兒的生存是必需的，它要求嬰兒的文化社會化。在嬰兒期結束前，嬰兒要面臨獎賞、焦慮和實際消除突發的嚴重焦慮。於是，對現在的「我」（me）是什麼，便有了三個方面的最初人格化。這總是與對「我的身體」（my body）的感受力相聯結。身體作為經驗組織，已透過其自我感受力的特性，而開始與其他任何東西區分開了。嬰兒很早就有關於實際撫養者的雙重人格化。嬰兒中期開始的關於我的人格化是好我（good me）、壞我（bad me）和非我（not me）。

對好我的基本滿意，來自於焦慮的輕度增長，即快意的輕度減低。隨著警告能力的不斷提高，在日益重要的他人的情境中，便開始有了極為重要的繼發性動能，這是出自焦慮的人際經驗的產物，而焦慮則來自追求一般需要和交互作用圈需要的滿足中。沙利文把這個繼發性動能稱之為自我系統。作為動能，它之所以是繼發的，是因為在它背後沒有任何特定的交互作用圈，沒有任何特定的生理構成。但是，它確確實實運用了所有的交互作用圈和所有的生理構成，從人際觀點來看，這有助於一體化，是有意義的。

自我系統是解釋性的概念，它不是一個物體、一個區域，也不是超我、自我、本我等等。在這個概念解釋的事情中，有些事能被描述為自我的人格化。自我的人格化就是當你把自己稱作「我」時所談到的，就是當你說到「我」和「我的」時，你總是或經常是有所指的。但是，人格化與被人格化的關係總是複雜多樣的，人格化並不是被人格化的適當描述。

精神失調的表現

在這一部分內容裏，沙利文用較少篇幅講述了精神失調的早期表現和晚期表現。

精神失調的早期表現，即有關精神分裂症及精神分裂症患者的問題，其中涉及到，睡眠是從安全活動中得到放鬆，而夢則滿足了許多壓抑的需要。精神失調的晚期表現，即妄想症的出現及妄想症患者的特徵。無論早期表現還是晚期表現，精神失調問題的核心在於，患者人際場中的不充分、不適宜人際交往，以及在交往過程中受焦慮的嚴重干擾。

人的精神病學

在這一部分內容裏，沙利文談到了作為人際關係理論的精神病學在治療上的要點。**沙利文強調，精神病學是以醫院、診所為媒介，以精神病症、精神輔導為內容發展、壯大的一門科學。科學意義上的精神病學，應該定義為關於人際關係理論的研究，它所廣泛使用的概念是人際場理論。**從這個意義上出發，人格應該被看作是假設性的，它應該在以人際互動為特徵的交往模式中進行研究。

綜上所述，沙利文把精神病學與社會科學，如文化人類學、語言學、社會心理學以及自然哲學、心理生物學聯繫起來，把傳統精神病學改造成人際關係理論。重視從發展的角度探討人心理的形成過程，把兒童心理成長放在人際關係中去考察，揭示了語言的形成，特別是詳細探討了自我動能、自我系統的形式、特點和作用，以及相關的焦慮概念。

《愛欲與文明》

赫伯特・馬爾庫塞：新左派哲學家

個體及其權利和自由是某種還有待創造，而且只有透過發展性質全異的社會關係和社會機構，才能被創造的東西。

——馬爾庫塞

赫伯特・馬爾庫塞（Herbert Marcuse，一八九八—一九七九），美國著名心理學家、哲學家和社會思想家，法蘭克福學派的主要代表之一，被西方譽為「新左派哲學家」。

一八九八年，馬爾庫塞出生在德國柏林一個猶太資產階級家庭。一九一七年，參加德國社會民主黨左翼，後因對該黨叛變革命、實施暴力的行徑不滿而退出。隨後來到弗萊堡大學，先後求教於現象學大師胡塞爾和存在主義創始人海德格爾，並在海德格爾的指導下，於一九二二年獲得弗萊堡大學哲學博士學位。一九二九年，在從事了六年的書籍出版、發行工作之後，重返弗萊堡進行哲學研究。一九三二年，因與海德格爾產生了政治上的分歧而離開弗萊堡，加入法蘭克福社會研究所。一九三三年希特勒執政時，他在法蘭克福社會研究所設於日內瓦的辦事處任職。一九四〇年，定居美國，並在法蘭克福遷往哥倫比亞大學的社會研究所主持工作。第二次世界大戰期間，他曾在美國國務院情報研究所任職，戰後任東歐組組長。後來，他又重返教壇，先後執教於哥倫比亞大學、哈佛大學、勃蘭第斯大學、加利福尼亞大學聖地牙哥分校。但不論身處何時何地，他都不自囚於書齋，而是積極地干預現實。對二十世紀六〇年代末在西歐、北美出現的那場既不滿意資本主義社會，又反對十月革命道路的學生造反運動，馬爾庫塞傾注了極大的熱情。他被公認為這場運動的「精神領袖」、「青年造反之父」的頭銜。一九七九年七月二十九日，他應馬克思—普朗克研究所之邀，赴西德訪問和講學的途中，逝世於施塔貝恩克，享年八十一歲。

馬爾庫塞曾試圖將自己的哲學思想與馬克思，特別是早期馬克思的思想相融合，為治療當時發達工業社會的弊病提供藥方，為未來社會設計宏偉藍圖。因此，他又被稱為「開發工業社會最重要的馬克思主義理論家」，他的主要思想均表現在他大量的著作中。

馬爾庫塞的著作主要有：《愛欲與文明》、《歷史唯物主義現象概要》、《論具體的哲學》、《歷史唯物主義基礎的新材料》、《哲學與批判理論》、《享樂主義》、《理性與革命》等。

《愛欲與文明》一書是馬爾庫塞思想轉折的一個重大里程碑。這本書原是馬爾庫塞在華盛頓精神病學院的講稿，出版時所用的副標題是「對佛洛伊德理論的哲學探討」。在這本書中，馬爾庫塞對佛洛伊德理論中批判的政治理論和哲學理論進行引申和闡述，並與馬克思的學說相結合，提出了一種批判的文明理論。

現實原則支配下的愛欲與文明

在佛洛伊德看來，文化不僅壓抑了人的社會生存，還壓制了人的生物生存，直至人的本能結構。然而這種壓抑又是文明進步的前提。文明是以徹底拋棄本能的純粹自在的滿足為出發點的。由於本能受到社會、歷史世界的影響，其需要和滿足的目標必然發生變遷，佛洛伊德把這種轉變稱為「快樂原則向現實原則」的轉變。

佛洛伊德指出，由快樂原則統治的無意識，構成了「較古老的主要過程」，無意識過程追求的是快樂的獲得，而這一獲得將與外部環境發生衝突。經歷了無數次不能完全的、無痛苦的滿足需要的失望之後，個體心理逐漸接受了一個新的原則——現實原則。

現實原則教會人們去獲取受到限制並延遲，但更安全保險的快樂。於是，現實原則修正了快樂的原則，同時也改變了快樂的實質。儘管快樂原則受到外部現實的挫折，但它仍保存在無意識中，並不斷影響著現實本身，文明的禁忌史和隱蔽史，是對被壓抑物回歸的有力證實。

隱藏在無意識中的滿足與幸福總是縈繞於心頭，它仍記憶著個體過去的、實現完全滿足的那個階段，而且不斷地對未來提出要求。精神分析解放了這一記憶，進而否定了個體受壓抑的合理性。

佛洛伊德從個體發生史和屬系發生史兩個方面，分析了壓抑性心理機制的發展。

從個體發生史來看，作為心理結構三大層次之一的本我，是無意識與本能的主要領域，它不受時間影響，沒有任何道德，只追求本能需求的完全滿足。在外部環境影響下，一部分的本我逐漸發展成了自我，自我作為使本我免受滅頂之災的保護人，不斷地協調、改變、控制本我的本能衝動，並使之與現實相一致。

在嬰兒對父母的長期依賴中，超我產生了。它來自於父母及其他社會機構強加於個體的外在約束力並內投於自我，最終使壓抑成為了無意識的、自然的東西。自我、超我的形成，使現實原則成為合理，它要求個體在缺乏這一基本事實面前學會限制，學會以工作去獲得滿足。這樣一來，快樂受阻礙，痛苦理所當然地盛行，本能被迫受到壓抑，個體不斷地習慣於異化的勞動和有限制的快樂。

從屬系發生史來看，最早的人類群體是由父親對所有人的統治而建立並維持的。他獨佔快樂，並剝奪兒子們的快樂，使他們將本能能量引向不快樂但又是必要的勞動上去。因此，父親對他們的約束也是其統治繼續履行功能的前提。

父親對快樂的獨佔顯示了他的成功，尤其是他創造了集體賴以生存的「秩序」，因而他的統治又是合理的。這使得後來兒子們弒父後，在分享父親的快樂與權力中帶有「負罪感」，弒父成了最大的罪孽。新的父親為確保其統治也必須壓抑快樂，並使被壓抑的部分本能能量開始在「工作」中得到昇華。

由於「在無意識的記憶痕跡中存在著一種對過去的印象」，原始狀態在文明史上的回歸得以實現。

快樂原則被現實原則取代，父親的專制壟斷轉變為有限的教育和經濟權威，原有鬥爭目標即母親也被改變。統治已遠遠超出了個人關係的範圍，它創造了一個更大規模的、有秩序的滿足人類需要的機構。

佛洛伊德指出，為了對日益擴大的攻擊進行卓有成效的防禦，必須加強性本能，因為只有強大的愛欲才能束縛破壞本能。然而文明的存在又要求對愛欲進行管制，因而文明無法突破對本能目標的抑制與轉移。

文明，首先是工作的進步。儘管有一些工作（如藝術工作），可提供力比多的滿足，但大部分仍是痛苦的異化勞動。它不能滿足個體的需要，因此文明昇華的要求就必然削弱與愛欲的關係。

另外，在活動中得到昇華的破壞性從自我轉向外部世界，可以確保文明的發展，但破壞性衝動的目標是生命本身，而不是其他外在目標，因而它仍可能毀滅生命。後期工業文明對生命的破壞使破壞性得以延續下去，增長的財富與知識也提供了破壞的手段。於是本能壓抑的需要被加強。在這一壓抑過程中，成熟文明權力制度的統治越發客觀化、普遍化、合理化，最終使壓抑也變得非人為化，成了勞動的合理功能。

與此同時，文明的進步又會使這種合理性變得荒謬。**工業文明創造了巨大財富，勞動的合理化和機械化減少了異化勞動中本能能量的消耗，進而使解放出來的能量能為個體的自由消遣服務，但也使維持壓抑的合理性同步增大。**

在現實原則統治下，超我的形成越過了個體化階段，自我透過現代化的交際工具與手段過早地社會化了。權力機構取代了父親權力擁有者的地位，於是，超我的形象隨之非人格化。加上勞動的完全異化，個體與文明現存聯繫鬆弛了，個體不再是自我生命的代言人，因此現實原則就失去了作用。

佛洛伊德的文明理論一再強調「逆流」，雖然此逆流在既存文化看來是破壞性的，但它是破壞壓抑，超越現實原則，達到另一種存在。在這一點上，佛洛伊德與西方哲學的主流匯合了。

自亞里斯多德將邏各斯（邏各斯logos希臘哲學、神學用語，指蘊藏在於宇宙之中、支配宇宙並使宇宙具有形式和意義的絕對的神聖之理。）定為一尊以來，邏各斯與理性的區別甚微。這一理性觀與那些從屬於快樂原則的機能與態度則處於激烈的對抗之中。兩者之中，理性似乎更有利於確保人類的生存，於是邏各斯逐漸成為統治的邏輯。

亞里斯多德認為，神的努斯（奴斯nous古希臘哲學家的哲學術語。一般譯為「理性」、「心靈」。最初是指感知、認識、理解事物的東西。）是存在的最高峰，它在任何狀態下都只是其自身，不受外在東西的限制。黑格爾作了最大的努力來證實這一思想支配世界的原則的有效性，不過仍求助於神的努斯，其實現也只能由絕對知識和絕對觀念來完成。

可見，這是一個循環過程。西方哲學的主流隨著邏各斯體系的建立而終止。以後，統治的邏輯不斷受到挑戰，其中最激烈的是尼采。尼采認為，西方哲學中關於人的軟弱、悲觀，對反抗的壓制，對滿足的壓抑等等都是謬論。他拋棄了理性的傳統形式，打破了循環，且如實看待有限物的具體的永恆回歸，即對存在採取愛欲態度的意志和命令。

佛洛伊德文明理論也發展成為這種哲學原動力的組成部分。他認為，存在的本質就是愛欲，這與傳統意義上視邏各斯為存在本質的觀點相異。他恢復了早期柏拉圖哲學所持的觀點，即文化不是壓抑性的昇華，而是愛欲的自由的自我發展。

超越現實原則中的愛欲與文明

佛洛伊德認為，快樂原則與現實原則之間不可避免地發生衝突，但從其論述中又可以得出一個相反的結論。**佛洛伊德指出，文明的衝突是普通的缺乏和生存鬥爭引起的，也就是說，生存鬥爭中壓抑性的本能組織源於外部因素，並非本能的「本性」所固有，而是特定歷史條件的結果，並且阻礙非壓抑性文明假設的死亡本能也是由外部因素構成的。而在現階段，社會富庶使得這一外部因素減弱，也使這一鬥爭不再激烈。**

既然現存的現實原則存在這種局限，是否可以設想在文明成熟條件下，力比多可得到非壓抑性的發展呢？佛洛伊德十分重視「幻想」，作為一種甚至在發達的意識領域中仍能擺脫現實原則束縛的心理活動的作用。幻想保存了被壓抑的集體記憶，和個體記憶的觀念，保存了被禁忌的自由形象。

現實原則的確立導致了心靈的破損，心理機制的主流被導入現實原則，而另一部分（即幻想）則不受其支配。因為它的軟弱、虛無，而使之繼續為快樂原則服務。在這裏，個體與整體、幸福與理性得以調和。儘管現存原則視之為烏托邦，但幻想仍堅信這一和諧的實現。幻想的這一真理價值，使得沒有壓抑、沒有憂慮的生命形象可能產生。

於是，在成熟文明下真實自由有了可能性：缺乏為壓抑性現實原則提供了基礎，而文明的進步損害了這一基礎。但不論富庶與否，人類需要得到滿足的同時，額外壓抑（即與基本壓抑相區別，為統治所不可少的約束）可以消除。

在最適當的條件下，成熟文明的物質與精神財富，使人無痛苦地滿足需要，這樣壓制被瓦解了，快樂原則與現實原則的對抗，也朝著快樂原則方向變化。愛欲得到前所未有的解放。非壓抑性的現實原則解除的是額外壓抑，它的出現只會改變而不破壞勞動的社會組織，因為愛欲的解放可以創造新的、持久的工作關係。

在被幻想保存在民間傳說、神話故事和文學藝術中的陌生的真理面前，操作原則的文化退卻了。作為非壓抑性文明中人類生存的原型——俄耳浦斯和那喀索斯（希臘神話人物），代替了作為操作原則的英雄原型普羅米修士。俄耳浦斯和那喀索斯都拒絕了正常的愛欲，這並不是為了禁欲，而是為了某種更完整的愛欲。他們的形象調和了愛欲與死欲的關係，他們對世界的經驗，否定了維繫著操作原則世界的東西。

人和自然，主體與客體之間的對立被克服了。存在被看作是滿足，它把人和自然統一起來。俄耳浦斯和那喀索斯的形象是快樂和實現的，是對基於苦役、統治和克制的文化的反抗，俄耳浦斯的愛欲改變了存在，他透過解放控制了殘酷和死亡。他的語言是歌聲，他的工作是消遣。那喀索斯的生命是美，他的存在是沉思。這些形象涉及到審美方面，因此它們的現實原則必須在審美領域去尋求和證實。

作為感性科學的美學，它始終抵抗著理性的壓抑性統治，它確立了與理性秩序相反的感性秩序，在這裏，快樂與自由、本能與道德相和解。從康德、鮑姆加登、席勒的哲學中可見，審美方面佔據了感性和理性這兩個人類生存的極點之間的核心地位。

審美方面的基本經驗是感性的，審美知覺伴有快樂，這種快樂來自對對象純形式的知覺，表象乃是它本身。這樣，「給予」對象的經驗與日常經驗截然不同，它是想像的自由消遣的產物，它解放了對象，使之成為自由的存在。

美的秩序產生於支配想像消遣的秩序。這個雙重的秩序是合乎規律的，因為規律本身是自由的，這種審美的「合乎規律性」把自然與自由，快樂與道德結合起來。在康德看來，審美方面是感覺和理智會合的仲介。當審美功能成為文化哲學的核心時，在非壓抑性文明中，理性與感性的衝突消除了。藉助審美功能的解放力量重建文明，這一文明將包含新的現實原則。

強調審美功能的衝動性和本能性，即審美功能透過某一基本衝動而發生作用，將「消除強制，使人獲得身心自由」。它將使感覺、情感與理智的觀念和諧一致，消除理性的道德強制性。康德等人認為，對現存文明中的兩極對抗的調節需要由消遣衝動完成，因為它的目標是美，是自由，使人類生存成為消遣，人將在表演中而不在需要中生活。

總之，在審美方面，以非壓抑性文化為目標的因素主要表現為：苦役（勞動）變為消遣，壓抑性生產變為表演；感性的自我昇華為理性的貶值，調和了這兩種基本的、對抗的衝動；征服有礙於持久時間的滿足。這些因素與調和快樂原則和現實原則的因素無異。

非壓抑性秩序可能存在的惟一條件是，性本能藉助自身的原動力，在成熟個體之間形成持久的愛欲關係。那麼在消除了額外壓抑後，性本能是否能發展出「力比多的合理性」，並且可以促進文明的更高發展呢？

佛洛伊德認為，在操作原則下，為了維持大量的能量和時間用於非滿足性勞動，必須實行壓制，反對把肉體純粹作為快樂的對象、手段。而在非壓抑性現實原則下，隨著額外壓抑消除，以肉欲化的禁忌將相應地放鬆。肉體重新獲得了性慾。

由力比多的擴展導致的倒退，首先表現為所有性慾區的復活，因而也表現為前生殖器多形態性慾的甦醒和性器至高無上性的消弱。整個身體成了享樂的東西，成了快樂的工具。當然本能解放不只是力比多的釋放，還有對它的改造，即把它從限於生殖器上的性慾改造成為對整個人格的愛欲化。

被改造的力比多，把純粹性慾的各種表現結合進一個包括工作秩序在內的更大的秩序中，這時性慾趨向於自我昇華。整個有機體都成了性慾的基礎，同時本能的目標也不再完全表現在某種特殊的功能上，本能的領域和目標由於得到擴大，也就成了有機體本身的生命。於是性慾轉變成了愛欲。

愛欲的目標是維持快樂的身體，並帶有工作的傾向。在這裏工作與消遣同化了。異化勞動雖然也有「快樂」，但這些快樂與本能的滿足無緣。而力比多工作關係中，快樂確實就在工作之中，而非游離於工作之外。這種快樂必定來自活動著的肉體器官和肉體本身，它使愛欲區活躍起來，或者說使整個肉體愛欲化，即力比多的快樂。

隨著性慾轉變為愛欲，生命本能也發展了自己的感性秩序。而理性就其為保護和豐富生命本能而理解和組織而言，也變得感性化了。在操作原則之外，對持久滿足的追求，有助於建立擴大了的力比多關係的秩序。

愛欲對理性作了重新規定，凡維護滿足秩序的便是合理的。生存鬥爭成為一種合作努力，以求爭取個體需要的自由發展，壓抑性理性讓位於新的滿足的合理性，於是理性與幸福彙聚了。

另外，在本能自身中存在著衝突。對本能滿足的限制，並不完全是壓抑性現實原則從外部強加的，同時也是由本能自身確立的、接受的，因為這些限制有內在的力比多價值，即力比多道德。

本能拒絕窮盡畢生精力來追求直接的滿足，本能能夠建立和運用障礙來獲得滿足。但佛洛伊德認為，這種本能的限制不但不會否定快樂，還會有助於形成快樂。阻止非壓抑性發展的最大內在障礙是愛欲與死亡本能的紐帶。因為死亡是對時間的最終否定，而快樂希望永恆。單單是對在任何時候都可能出現的生命終結的預感，就已經在所有力比多關係中引入了壓抑性成份，並使快樂變成痛苦。可見，想在時間中保存時間，征服死亡，似乎是不合理的。

但從另一方面來看，死亡本能根據涅槃原則產生作用，它將趨向於得到一種無欲望的持久滿足。這就意味著，隨著死亡本能接近這樣一種狀態，它的破壞性也將降到最低。如果死亡本能的基本目標不是終止生命而是終止痛苦，那麼生死衝突就會緩和。

這樣，快樂原則與涅槃原則便彙聚了。同時，愛欲同化了死亡本能的目標，死亡的本能價值也改變，死亡可以成為自由的一個標誌。死亡的必然性並不排斥最終解放的可能性。死亡與其他必然性一樣，也可以變得很合理。

在《愛欲與文明》這本書中，馬爾庫塞把佛洛伊德的愛欲本質論與馬克思的人類解放論相結合，提出了一種愛欲解放論。馬爾庫塞指出，馬克思所說的人類的解放，實際上也就是愛欲的解放。但他明確指出，愛欲的解放絕不等同於性慾的放縱。馬爾庫塞認為，解放愛欲的關鍵就是解放勞動，換句話說，就是要使愛欲進入勞動領域，使人擺脫異化勞動的痛苦，在勞動中獲得快樂。這是因為，勞動是人類所有活動中最基本的活動。馬爾庫塞把佛洛伊德關於現代文明中愛欲受壓抑的觀點，與馬克思關於勞動被異化的觀點相結合，發起了對現代資本主義社會的總批判。**馬爾庫塞認為，現代資本主義社會是壓抑愛欲的社會，這種壓抑主要表現為勞動的異化。不僅如此，現代資本主義社會還壓抑著作為人的本質的愛欲，而且還把不屬於人的本質的東西強加於人，把人的欲望和需要納入資本主義秩序，使人們陷入深深的異化狀態而麻木不仁。因此，現代資本主義社會是愛欲受壓抑的頂點。**

馬爾庫塞把佛洛伊德對愛欲受壓抑的社會根源的分析，與馬克思對人類苦難的社會根源的分析結合起來，論證了解放愛欲、建立一種非壓抑性文明的可能性。馬爾庫塞認為，在以往的文明發展階段，由於愛欲受到雙重的壓抑，因此文明不遭受滅頂之災，壓抑就不能消除，愛欲就得不到解放。而現階段，文明不再與愛欲發生衝突，還為消除壓抑創造了條件。然而，在現代發達的工業社會裏，人類的愛欲所受的壓抑不僅沒有消失和減輕，反而變本加厲。很顯然，這是這個社會的操作原則，為維持這個特定社會的生存，而對愛欲所作的額外限制。既如此，消除這種壓抑，徹底解放愛欲，就不會顛覆文明本身，而只會推翻現行社會的統治秩序。在此之後，一種沒有壓抑的文明就可能誕生出來。

《拓撲心理學原理》

庫爾特·勒溫：拓撲心理學的創始人

個體的心理活動是在一種心理場或「生活空間」發生的，這個生活空間就是個體的心理空間。它包括在某一時空內可能影響或決定個體行為的一切環境因素和心理事件。

——勒溫

庫爾特・勒溫（Kurt Lewin，一八九〇—一九四七），德國心理學家，場論創始人，社會心理學的先驅。

勒溫出生在德國普魯士莫吉諾（今屬波蘭）的一個猶太人家庭。一九〇八—一九〇九年，勒溫先後在弗萊堡大學和慕尼黑大學學習。一九一四年，勒溫在著名心理學家斯頓夫的指導下，獲柏林大學哲學博士學位。一九一七年，勒溫寫了《戰場之觀》一文，文中已含有他心理場論的思想雛形。勒溫曾說，「我的學術生涯是從一九一七年開始的」，可見這一經歷對他影響之大。一九二六年，勒溫擔任柏林大學教授，其間，他結識了格式塔心理學的創始人韋特海默和苛勒，成為格式塔團體中一位多產而富於創造性的成員。同時，他完成了許多關於聯想和動機的重要研究，並開始創建他的場論。一九三二年，勒溫為了擺脫納粹的威脅，移居美國，擔任康乃爾大學教授。一九三五年，勒溫轉任依阿華大學兒童心理學教授，指導了一連串兒童試驗社會心理學研究。一九四五年，勒溫轉赴麻省理工學院主持「團體動力學」研究所的工作，同時兼任加州大學伯克萊分校及哈佛大學的訪問教授。一九四七年去世。

勒溫的心理學吸收了格式塔心理學的整體觀，又創造性地運用了物理學中「場論」的概念，它實際上是格式塔心理學的一個變種和分支。因而，他也被看作是格式塔心理學派後來的一位重要成員。雖然，勒溫的理論體系傾向於格式塔心理學，但他從不局限於格式塔心理學的研究內容，他側重在整個物理和社會的關係中研究人類行為，並把拓撲學的概念和方法運用到心理學中，進而建立了自己的體系，故而他的心理學也叫「拓撲心理學」。

勒溫的主要著作有：《拓撲心理學原理》、《個性的動機理論》、《心理學的陳述和測量》、《解決社會衝突》、《社會科學中的場論》等。

《拓撲心理學原理》一書，是勒溫利用拓撲學概念，系統性研究人格等心理學問題的結果。該書表現了勒溫的整體性、完形性和場論等思想，奠定了勒溫心理學體系的基礎，使勒溫成為拓撲心理學的創始人，因此該書是瞭解和研究勒溫學術思想的重要著作之一。

心理學問題與拓撲心理學基礎

在心理學的發展過程中，出現了許多分支學派，它們需要一種富有彈性的概念體系來加以綜合。除非有一種關於意志、需求和個人健全的心理學，否則，心理學的各個分支便沒有綜合的希望。

現在心理學所需的實驗的概念，必須能滿足以下要求：

第一，概念的體系必須包羅甚廣，既可用以解釋最原始的行為，也可用以解釋情緒、思想過程、價值及社會關係等；

第二，它還必須能陳述上述這些過程，使其不是單獨而孤立的事實，而是某一個人在某一具體情境之內的、顯示其相互關係的行為；

第三，也是最重要的一點，這些概念應該能綜合，而不至於過於簡單，應該能包括人、環境、定律和個案。

因此，可以把拓撲心理學的特徵歸納如下：

首先，它是為建構性地陳述心理過程創立一個框架，這個框架既要有邏輯的一致性，又要能適於描述「心理生活空間」的特殊性質；

其次，它要包括環境和人的特質；

再次，不作不必要的假設；

最後，採取連續的漸進方法。

勒溫指出，科學的發展可分為思辨期、描述期與建構期。從科學理論的觀點看，近來心理學的發展，在規模、範圍及性質上，都和物理學從中世紀亞里斯多德的概念演化到近代伽利略的概念的發展，有類似之處。

就內容來說，由亞里斯多德的概念發展到伽利略的概念，就是要求我們不要再孤立地，而要從事物及其環境的全面關係中尋求事件的原因；不要再以為環境的功用只是對於個體性質中，已具備的趨勢加以誘導或阻止。

心理學所描述的整個情境，可先區分為人和環境。人的每一心理事件都取決於該人所處的心理狀態與環境。凡屬科學的心理學，都須討論人和環境的狀態。這就是說，必須設法以共同的術語，將人和環境描述為同一情境的部分。

但是，過去的心理學術語中，沒有能包容這兩者的術語，因為「情境」一詞常指環境，於是，勒溫便提出了「心理生活空間」一詞。若想從一個人的心理生活空間去推測他的行為，就不得不以這個空間去涵蓋所有可能的事件。

關於人和環境的陳述，可以概括為以下幾點。

第一，陳述情境所用的概念，務求可據以推測哪種事件是可能的，哪種事件是不可能的，故而不用分類的概念，而用建構的概念，因為後者和定律有直接的關係。

第二，這種陳述應盡可能追求據以可推測一切真實發生的行為的目標。這種推測不僅可適用於個人在情境內的行為，而且也可適用於人或情境可能有的變化。

第三，只有從整個心理生活空間出發，才可進行這種由可能事件的全體所做的推測。

第四，研究興趣的中心，由客體移至過程，由狀態移至狀態的變化。如果心理生活空間是所有可能事件的全體，那麼所有加入情境之內的「實物」，尤其是人本身和心理的「客體」，都應以其與可能事件的關係來加以規定。

勒溫指出，在界定心理生活空間的內容時，要把現象界的性質從客體和事件的條件發生性質中區別開來，或從決定其因果關係的性質中區別開來。根據動力觀，必須把整個的情境看作是對於有關個體發生影響的因素的整體。

如果利用「實在的為有影響的」標準，來決定一個事實是否是心理生活空間的一部分，那麼，心理生活空間的內容就包括三種：準物理事實、準社會事實、準概念事實。

提出準物理事實的概念，並不是說要將物理學所稱的整個物理世界及其「客觀」特點都包容在心理生活空間之中。陳述心理生活空間時，若包括這些事實，也僅以對於個體當時狀態發生影響者為限。

之所以提出準物理事實的概念，是因為社會學所稱的客觀社會事實和陳述一種心理生活空間需處理的社會心理事實，也有一種類似於物理學所講的物理事實和準物理事實之間的關係。

除了準物理事實和準社會事實外，準概念事實也是心理生活空間的重要組成部分。

勒溫特別強調，準物理的、準社會的與準概念的事實之間，並沒有嚴格的區別，我們所要討論的實際上是一個統一的心理生活空間，而這個空間之內的這三種事實，僅可代表大致可區別的三類事實。而且，心理生活空間中的所有準物理和準社會的事實，不必完全代表與其相應的客觀物理事實和社會事實。但是，一個人心理生活空間之內準物理事實的改變，常常是物理環境客觀變化的結果。

在陳述一個人的心理生活空間時，要注意以下問題：**第一，須指出某些區域內所有人及物體的位置；第二，要說明準物理準社會和準概念的移動；第三，要指明各區域的相鄰關係；第四，分清各區域的疆界及疆界的擴大和縮小；第五，是否有某種方向的運動和勢力。**

不管心理生活空間是什麼，不管其中的心理事實是什麼，也不管人和環境所包含的區域是什麼，心理生活空間的各部分無疑地有一種最重要的關係，就是它們是並列而存在的。

要解決心理的事實或產生心理影響的事實是否顯露空間的關係，須先討論數學的空間概念。對現代數學而言，數學空間中物的性質是什麼並不重要，重要的只有某種關係及某種活動的可能性。所以就數學而言，可以用數學的空間概念來描述心理的事實。

勒溫強調，拓撲學的概念在陳述心理生活空間時可應用的範圍，應隨所研究個案的性質而定。心理生活空間有一個最重要的特點，就是它的組織性不是無限制的，而是僅能達到某種程度。在分析時，我們絕不能假定其附屬部分比實際所存在者要小。對心理生活空間的拓撲學研究需有此限制，這不管從動力學的觀點，還是從數學的觀點來看，都有重要的意義。

在心理學中運用數學的空間概念，必須自開始起就以心理動力理論為這些概念的根據。既然心理生活空間之空間的組織依賴於心理動力理論，那麼，動力概念的重要就不言而喻了。關於陳述某一科學的動力理論，究竟應採用何種概念或概念的選擇應依據怎樣的標準等問題，勒溫提出了自已的觀點。

第一，用概念來推測實際的心理事件，不僅僅需陳述空間的關係，而且需以數學的方法陳述動力的關係。

第二，絕不能因此而假定一切經驗的科學都須用相同的基本概念陳述動力，也不能假定心理學須和物理學採用相同的動力概念。只有心理動力本身的研究才可決定我們應採用何種概念。

第三，就目前而言，心理學所須採用的動力概念，雖不和物理學的概念相同，但也在某些方面和物理學的概念相似。同時，勒溫指出，利用相同的概念，並不意味著能從物理的概念中抽繹出心理的概念，這些動力概念的內容，只能根據它們配合實在的心理過程，或實在的物理過程而定。如果我們以這些概念配合不同的實在過程，如心理的和物理的，那麼我們根據科學理論的觀點，這些概念便會有不同的分野。

第四，完全相同雖不可能，但是我們也常用物理學所用的概念以指稱心理學的動力概念。這兩種概念採用相同的名稱，是想說明物理學和心理學的動力概念的功用是相等的，而不是說它們的數學意義完全一致。然而，除非概念至少在形式上相類似，否則我們不會採用相同的名詞。

儘管「心理的事實，如夢想和願望，在物理空間內沒有地位」之說，物理學者早已認為是不證自明的；並且，此說在心理學內也頗流行。而心理事實非空間性的假設，也以此為重要的理由。但根據動力學的觀點，每一個體的心理生活空間是一個整體，和物理世界的整體相似。

不同的是，物理學認為它的空間在動力上，是一個關閉的因果系統，其意義是：凡是物理的變化都是由於同一物理空間之內的條件或變化的結果；物理空間絕沒有外來的影響。而心理學認為它的空間在動力上是一個開放的系統；因此，我們必須承認心理生活空間有外來的影響。

換句話說，我們即使在心理學內承認嚴格的決定論，而且對於其以往的情境及一切心理的定律有充分的認識，也不能根據心理生活空間的動力關係推測其將來的變化。這些變化只能視為「心理域外」對於心理生活空間的影響。

我們還要特別注意認知和外來因素的關係。認知對於內在心理的動力關係沒有顯著的重要，但人們常認為認知是心理生活的一個特點。這也許是由於心理世界是開放的，知覺和認知常影響了心理生活空間，而使其某部分的組織和所見物的客觀組織有高度的相關。

勒溫指出，我們不能根據心理空間的開放性，就斷定無須談心理的或心理生活的因果關係。此外，還要參照邊界點上所有一切對於該人發生影響，而其存在則一半是由於外來因素的事實。

拓撲心理學的基本內容

勒溫指出，陳述心理情境的基本概念有兩類，它們彼此密切聯繫，構成了整個體系的框架：第一，心理內容的概念，如疆界的穩定性、客體的流動性和心理勢力的強度；第二，形式的數學概念，如疆界、區域、聯繫和向量，只有能將這些概念和由可觀察的過程為定義標準的心理內容，作以正確的配合，才能在心理學內運用這些概念。

一切心理學研究的基本工作在於決定拓撲關係。聯繫的變化是心理環境和自我結構中最重要的變化；同時，拓撲關係對我們研究中的數學問題也是至關重要的。

拓撲學是關於空間關係的一般科學，它以「部分」和「整體」的關係或「包容」的概念為基礎，和這些概念密切相關的還有「點」的「周圍」的概念。

心理區域的移動與交通

勒溫認為，一條路線，用數學的方法可配合於每一心理的移動。一個動作可在心理學上陳述為區域，並且是心理環境的區域而不是其人的區域，但他不主張常把動作稱為區域。勒溫常把動作稱為某一事件，某一時間的過程。這個過程可以有準物理的、準社會的及準概念的移動的意味，所以可陳述為路線。

一個移動，常可配以一條路線，或兩點之間的聯結。在心理學上，可以說一種移動就是從一起點到一終點的過程。這個終點常是一個人全力以赴的目的。儘管可以把一個目的陳述為一點，但事實上如果細加考察，便可知一個心理的目的常是一個區域。

在勒溫看來，要看心理區域的個數，可依據下列事實之一。

一、我們可據其性質規定一個區域，看哪些區域包容於他種區域之內，或它們如何相交切，或哪些區域有公共的疆界，而哪些區域沒有，然後求出其位置的關係；

二、我們也可依據那些聯結心理生活空間的不同點的心理過程，例如移動，移動可跨越或不能跨越某種疆界或其他區域。這個特點使我們可能根據移動和路線的配合，而在點（部分區域）所隸屬的區域作拓撲的說明。

心理區域的疆界

勒溫認為，生活空間的每一部分都可配以一個區域。因此，區域既可以指較大部分的整體，也可以指生活空間的一個客體，例如人，所存在之處，所運動之處或移動所透過之處。

在這個意義上，人本身也須被陳述為生活空間中的一個區域，並且，整個的心理生活空間就是一個心理區域。

一個區域內的各點，如果其周圍不完全位於這個區域之內，便可定義為一個心理區域的疆界。根據所要研究事物的性質，可用不同方法，來決定心理生活空間之間某一個疆界的存在和位置。

一個疆界的性質常可隨事件的進行而發生變化。而一個區域若有連接其他兩個區域的路線在其內透過，則可取得一種疆界地帶的資格。因為不明確的疆界可看作疆界地帶，而這個地帶的廣度便相當於不明確的程度。

疆界的明確程度對於一個社團的內部組織，尤其是它的同一性及其內在的過程，有著極為重要的關係。以美國和德國社會生活的差異為例。美國社會組織最重要的特點就是，其許多關於社會的區域比德國有更明確的界限。一個兒童生活空間中的遊戲、飲食、睡眠、活動等區域有無明確的分界，在教育上也極重要。區域的不明確以及過渡到不明確的地帶，常會引起緊張和衝突。

心理疆界具有動力性特徵，可以以障礙為代表，由於抵抗的程度不同，障礙有不同的強度。而就障礙的某種堅實性或摩擦性而言，認知因素也非常重要，因為關於疆界地帶的知識或其認知的組織若有變化，疆界地帶便也可發生若干變化。

兩個心理區域相對位置的組織變化

一個原本統一的區域，可劃分成許多部分區域，這種分化是最常見也是最重要的心理過程，幾乎沒有一個問題不因這樣或那樣的原因而和分化發生關係。

這些分化和認知過程關係密切。分化也可有其他心理原因。心理生活空間自幼年到成年期的發展，大部分可看作分化的過程。但是，周圍的疆界還有一些變化不能看作分化或整合。其部分區域的總數也許無所增減，但其相對位置已有變動，這種情形可叫做改組。分化的程度也常隨改組而有所增減。

一個區域的組織變化常和移動的變化不同，但這兩種過程關係密切。在拓撲學上，一個人由A區域到B區域的移動，常含有整個疆域改組的意味；移動的結果使該人變成另一區域的部分。心理生活空間內他人或事物的移動也有同樣的結果，位置的變化，也就是環境組織重要的變化。

一個情境可以有不同程度的流動性。當其他條件都相同時，情境流動越頻繁，在這個情境中產生特殊變化所需要的勢力越小。一個越富有流動性的情境，容易受各種勢力的影響。這種流動性對於緊張系統的解除及拓撲學的組織變化，都有一定的影響。

一般來說，情境的流動性隨影響的不同而不同。所以，可以把移動的反抗，看作一種特殊的流動性。一個情境流動性的程度，在一切過程中都占重要的地位，這是一種基本的動力特徵。虛構性程度較大的區域，比實在性程度較大的區域更富於流動性。環境的流動性和人的狀態也有密切關係，疲勞似乎足以使人和其心理環境都產生不穩定性。

勒溫指出，一個已經改變的情境具有恢復原來狀態的趨勢，這就是彈性。流動性相等的區域可有不同程度的彈性。

彈性和流動性都和「可塑性」有關。一個區域的組織，如果易於做比較永久或穩定的變化，便叫做有可塑性。程度太低或太高的流動性都不宜於可塑性。

人格拓撲理論

對於人和環境的陳述，勒溫所用的數學概念是一樣的，只是人的組織的決定和環境組織的決定有著不同的性質。因為決定人的組織，不能用移動作為一種基本的動力方式。要決定人的心理生活空間的部分區域之間的疆界和聯結，就要討論一般的動力方面的關係，或這個區域和那個區域的「動力依存程度」。

因為人的內部組織的陳述，是以動的關係為根據的，所以用相當於最高程度的動的統一性的區域作為推論的元素。這些區域的部分密切相關，其中每一部分的變化都可引起其他一部分的變化。所以，這些區域乃是動的單元或格式塔。

人的心理生活空間中的疆界和環境中的疆界相似，既依賴於相鄰區域之間質的差異，又依賴於疆界及疆界地帶本身的性質。但人格內部區域拓撲學和動力學的決定因素，比環境組織的決定因素更為間接而抽象；這或許是因為人的拓撲學的決定不以移動，而以動力的交互依存程度為要點。勒溫指出，緊張是區域的一種狀態，嚴格地講，我們只能決定緊張的差異；緊張的一種差異可產生變化而趨向於緊張的平衡，因而緊張是一個區域和另一個區域相比較的一種狀態，與區域疆界上的某種勢力有關。

研究證明，環境的某種性質，尤其是一種目的或移動的趨勢，和人的緊張狀態有關，實行了一種移動，或達到了一種目的，便可解除緊張。並且，這種變化雖在某種範圍內涉及整個人，但不同的需求能否滿足，各有其或多或少的獨立性。所以，可以用人的不同部分區域的狀態配合這些需求。

人格內部區域可分為較中心的階層和較邊緣的階層。一個心理過程究竟屬於較中心的階層，還是屬於較邊緣的階層，是很重要的。滕博（T. Dembo）對忿怒的實驗已證明這個因素是情緒的要素。假使一個人只有較邊緣的階層受到了指責，雖然產生忿怒，但忿怒的程度較小；假使牽連較中心的階層，則很可能會公開表示忿怒。

中心階層和環境之間的疆界地帶，比邊緣階層和環境之間的疆界地帶強；並且，中心階層還有一特殊機能的牆壁圍繞其外，使其與運動區域較少有直接的接觸。而邊緣階層和運動區域較近，較易發生聯結，所以關於較邊緣階層的事件，往往較有表示的機會，至於個人的心事，只是在特殊情境之下，才會吐露。然而，人格內部區域的邊緣層或中央層，和它的可以接觸程度以及表示難易，也沒有完全固定的關係。這個關係隨人們當時狀態和情境性質而定。

托爾曼預言：「在未來的心理學史上，有兩個人必將超越與眾人之上——佛洛伊德和勒溫。」可見，認識和理解勒溫的心理學思想對理解當代心理學發展史，理解社會心理學的發展，有著重要意義。批判地吸收勒溫的心理學思想，將有助於我們自己心理學理論的建設。

《逃避自由》

艾利赫・佛洛姆：新佛洛伊德派的主要代表人物之一

傳統社會安全而不自由，現代社會自由而不安全。正是這種不安全的自由使人產生種種逃避傾向。

——佛洛姆

艾利赫・佛洛姆（Erich Fromm，一九〇〇—一九八〇），二十世紀著名的心理學家、社會學家和哲學家，法蘭克福學派的重要代表人物，新佛洛伊德派的主要代表人物之一。

佛洛姆出生在德國法蘭克福一個猶太商人家庭，雙親性格怪異，其父喜怒無常，其母患間歇性抑鬱症。不愉快的童年生活促使他研習哲學、社會學、心理學以探討人性，進而達到改善現代人處境和精神狀態的目的。

一九二二年，二十二歲的佛洛姆獲海德堡大學哲學博士學位。之後，分別在慕尼黑精神分析研究所和柏林精神分析研究所，接受精神分析治療的正規訓練。一九二五年，加入國際精神分析協會。一九三四年，隨法蘭克福大學社會研究所一起離開納粹德國，遷往紐約並加入美國國籍。在美國，他從事了廣泛的教學、理論研究和精神分析治療活動。他先後在哥倫比亞、耶魯等大學任教，擔任過著名的懷特精神醫學研究所主任。一九五一年，擔任墨西哥國立大學醫學院精神分析學系教授。一九五七年回美國，先後任密西根州立大學、紐約大學教授。一九七四年，遷居瑞士。一九八〇年，在他八十壽辰前夕，因心臟病發作而去世，享年八十歲。

在精神分析學派中，佛洛姆獨樹一幟，自成一家。他的著作甚豐，而且幾乎每本都是名著。他的主要著作有：《逃避自由》、《健全的社會》、《為自己的人》、《愛的藝術》、《馬克思關於人的概念》、《佛洛伊德的使命》、《超越幻想的鎖鏈》、《人之心》、《對人的破壞性的剖析》《佔有還是存在》、《佛洛伊德思想的偉大與局限》等。

佛洛姆是一個社會責任感十分強烈的學者，同時，作為猶太人的他又遭受納粹的威脅，被迫流亡美國。法西斯主義對現代文明、對個人生命和尊嚴的威脅，促使他去探討與當時的社會危機直接有關的問題。一九四一年，《逃避自由》一書出版，它被譽為運用精神分析社會學的傑作，使佛洛姆一舉成名。

《逃避自由》

在這本書中，佛洛姆指出，正如不瞭解一定的社會和文化背景，就不能理解相應的心理現象一樣，忽略了心理因素在社會演變過程中作為一種積極的力量所產生的作用，也不能理解社會現象。法西斯主義的興起有其心理基礎，這一心理基礎就是現代人的性格結構，而現代人的性格結構又是現代人所處的特有困境造成的。**佛洛姆進一步強調，現代人的特有困境就在於資本主義的自由，這種自由具有兩面性：一方面，它解除了傳統社會強加在個人身上的種種束縛，使個人獲得了自由；另一方面，這種自由又使人感到不安全，感到孤獨和恐懼。人在孤獨恐懼的困境中，會不由自主地屈從於一個權威，甚至在權威的感召下，去虐待、侵略和破壞。**這正是法西斯主義崛起的心理根源。

歷史的分析

要弄清現代人為什麼要逃避自由，就要分析有關的生物進化史、個體發展史和社會發展史，以及它們之間的相互關係。

佛洛姆認為，動物的行為模式是由本能和遺傳的身體結構決定的，是強制性的，也就是說個體缺乏選擇的自由。越是高等動物，行為模式的可塑性越大。當行為模式不再固定地由遺傳的先天機制所決定時，人類就誕生了。因此，人類一開始就面臨著行為方式的選擇問題。

人滿足需要的方式是多樣的，他必須透過思考來加以選擇。就行為擺脫本能的強制性而言，人是自由的。但這種自由同時意味著，人必須忍受由於缺乏動物那樣的由本能所自動調節的裝備所帶來的危險和恐懼。因而它對環境的適應往往是迅速而有效的。可是對人而言，行為反應大多不是由本能決定的，而是後天習得的。在所有動物中，剛生下時，人是最無能的。人對父母依賴的時間，比任何動物都長。人類為了克服生物學意義上的軟弱性，創造了文明，文明代替本能成為人的行為模式，然而文明又使人遠離自然。人本來是自然的一部分，卻越來越疏遠自然。人遠離了自然這一天然的家園，也會感到茫然、恐懼和不安全。

透過以上分析，生物的進化使人擺脫了本能的強制性的束縛，獲得了自由，但這種自由又使人感到茫然、恐懼和不安全。一方面是人的積極性、主動性、創造性的發展，另一方面是不安、焦慮、孤獨、恐懼等消極情緒的增強。這是佛洛姆考察人的處境問題的基本思路。

隨著兒童年齡的增長，他們活動範圍逐步擴大，與外部世界發生的衝突也越來越多，他們開始經受挫折的打擊。所以個體的發展過程具有兩面性：一方面，兒童在身體和精神上日益強大，他感到自我力量的增長；另一方面，他日益感到自己與他人的分離，感到世界的強大與自我的渺小。他孑然一身，而對著這個強大而具有威脅性的世界。

人類社會是從自然界中脫離出來的，但隨著文明的發展，特別是工業文明的發展，人主要生活在高層樓房或機器廠房中，要回到自然界中還需特別的安排，如節假日等。摩天大廈和咆哮的機器成為與自然相對立的怪物，更不用說人對自然的破壞和污染。

在古代，個人與社會的關係是確定的。人一開始就是一個部落、一個家族、一個宗教團體的一員，他很少遠離家鄉，他隸屬於一個整體，這個整體限制了他的發展，但使他感到安全。

在中世紀，人一生下來就有一個確定的位置，他在社會中的角色是規定好的，是一個農民、一個工匠或一個貴族，基本上不可能從一個階級跨越到另一個階級。這種確定的經濟地位帶給個人安全感和歸屬感。痛苦雖然是深重的，但痛苦是由亞當及每個人的罪孽造成的，只要虔誠，就能得到上帝的寬恕和厚愛。所以，在佛洛姆看來，中世紀社會雖然束縛著個人，但個人感到這是一種「美妙的束縛」。

中世紀後期，社會結構和人的處境在發生了變化。這種變化最先發生在義大利，在那裏出現了一個強大的有產階級，這個階級的成員具有首創精神，同時也利慾薰心、野心勃勃。在那裏，貴族與平民同住在一座城牆之內，社交活動開始不重視階級的區別，出身與門第不及財富那麼重要了。由封建等級制度所維持的社會結構開始動搖了。

中世紀社會結構的瓦解，對不同的階級產生了不同的影響。對城市平民、工人和學徒來說，這種發展給他們帶來的是日益遭受剝削和貧困；對農民來說，這種發展則意味著加重了他們經濟與人身的壓力；而對地位較低的貴族來說，這種發展則使他們面臨沒落，儘管沒落的道路與前幾種人的不同；即使對於富裕而有權力的上層階級，他們從經濟活動和擁有財富中享受生活，但隨著資本、市場競爭的作用越來越增強，他們彼此間的相互爭鬥也越來越激烈，還要設法去統治廣大群眾，所以也不能從根本上消除焦慮和不安全感。

佛洛姆特別重視城市中產階級的遭遇。因為根據馬克思・韋伯的理論，城市中產階級是現代資本主義發展的中堅。他們的經濟、政治和心理狀況，對整個資本主義社會的進程都有著特別重大的影響。所謂中產階級，主要是指手工業者和商人。他們在中世紀的地位和生活比較穩定。中世紀的經濟制度禁止競爭，事實上的競爭也不激烈。但到十六世紀前後，行會內部出現了分化，一些行會會員比他的同行擁有更多的資本，於是，他雇傭更多的工匠，他的資本就越來越雄厚。一些商業公司也發展起來，它擁有比小商人大得多的資本。這就威脅到大多數的手工業者和小商人的生存，面對擁有較多資本的競爭者，面對漫無邊際的市場和變幻莫測的經濟規律，他們感到惶惶不可終日。即使那些春風得意的中產階級的幸運者，也面臨市場競爭和經濟規律的威脅。

在佛洛姆看來，資本主義的一切經濟活動就是為了賺錢，為了獲利，但獲利主要不是供自己花費，而是將其轉化為新的資本，如此循環往復。這樣，他就成了資本的奴隸，他不能不如此，否則，就會破產。除了拼命賺錢，他別無選擇。然而，賺的錢越多，資本越是龐大，他的自我也就越渺小。他的自我被財產支撐著，他的衣服和房子是他的自我的組成部分，正如他的肉體是他的組成部分一樣。一旦失去了財產，他就不是他自己了。至於那些靠出賣勞動力為生，無資可投的人，情況更糟。他們的命運操縱在雇主和市場規律的手裏，隨時面臨被解雇或失業的威脅。即使他不失業，也是機器的奴隸。在生產線上，他的工作完全是機械的，他好像是機器一部分，或者說只是機器的一顆螺絲釘。

市場規律也支配著所有的社會關係，人與人之間都是相互敵視而又相互利用的，競爭者之間、雇主與雇員之間、商人與顧客之間，都是如此。一個人只能依靠自己的力量才能生活下去，而個人又是那麼微不足道。在壟斷資本主義時期，在龐大的壟斷資本面前，中產階級的成員們感到更加渺小和孤立無援。那些新的中產階級——白領工人，也不過是大機器上的零件，他的工作雖有一定創造性，但總體來講，沒有安全感和獨立性。在一個現代化的大企業中，一個工人就更微不足道了，他可能根本就見不到老闆，老闆更不大可能知道他。

作為一名顧客，到現代化的百貨商場買東西，他會被氣派十足的大樓、琳琅滿目的商品、多不勝數的營業員弄得暈頭轉向，面對這一切他馬上會自慚形穢，一種自我渺小感油然而生。

在政治生活中也是如此。龐大的官僚機構、繁瑣的投票手續、喋喋不休的政治宣傳、錯綜複雜的政治內幕，都使人感到自我的微不足道。

除了以上的經濟因素和政治因素之外，經濟危機和戰爭也威脅著人的生存。

當社會的經濟、政治和日常生活不能滿足人與世界、與他人建立和諧關係以克服孤獨感的願望時，人就陷入了嚴重的困境之中。人需要自由，也需要安全。然而迄今為止，還沒有一種社會能同時滿足人的這兩種基本需要。隨著生物的進化、個體的成長，特別是文明的發展，個人日漸從其原始狀態中脫離出來，佛洛姆把這個過程稱為「個體化」。這個過程具有兩面性：一方面，個人的獨立和自由日益增多；另一方面，個人的孤獨和不安全感也日益增強。

逃避的途徑

佛洛姆認為，人的基本需要在現實世界中得不到健康的滿足，就會尋求不健康的滿足方式。**健康的性格是富於自發性的，人在逃避孤獨或不安全感的過程中，形成了四種不健康的性格傾向：施虐傾向、受虐傾向、破壞傾向和迎合傾向。**

受虐傾向

受虐傾向主要有兩種外在表現形式。

一、輕視自己、貶損自己，深深地感到自卑、軟弱無力和把自己看得無足輕重。有的人甚至自我傷害、自我折磨，不斷地譴責自己。貶低自己是為了克服孤獨和不安全感：我本來渺小無能、經常犯錯誤，除非依靠外力的幫助，否則我是支撐不下去的。

二、力圖使自己成為自身以外的某個有力整體的一部分，躋身、參與到這個整體之中。這種外在的勢力也許是一個人、一種機構、上帝、國家、良心及某種心理強迫力。具有此種傾向的人認為，這種外在勢力強大無比、富有魔力，可以永世長存。既然他已經被這種外在勢力接納，也分享了它的力量和榮耀，於是，他放棄了個人的自我，把自己交給了這個外在勢力，只為在這種外在勢力的庇護下，得到新的安全和尊嚴。

受虐傾向本身是非理性的，但常常以合理的形式出現。具有此種傾向的人把受虐式的依賴說成是愛和忠誠，把自卑感說成是恰到好處地認識到了自己的缺點，把種種不幸說成是由不可改變的環境所造成的。儘管如此，受虐傾向還是不能使人從困境中解脫出來，這種人實際上仍然無能為力、微不足道，他的自我仍然被淹沒著。只不過透過依附於某種外力，可以暫時虛幻地感受到一種強大或榮耀。

施虐傾向

施虐傾向包括三種類型，它們之間存在著一定的內在聯繫。

別人依賴他，對他人擁有絕對的統治權，將別人當工具使用。

統治別人，剝削、利用、蠶食別人，敲骨吸髓，不僅榨取別人的物質，還要搶奪別人的精神，包括情感和智慧。

> 將自己的幸福建立在別人的痛苦之上，幸災樂禍，一心一意想看別人的狼狽相。

施虐者的目的是為了克服孤獨和不安全感，他透過控制他人、使他人遭受痛苦來顯示自我的力量，透過別人對他的依賴來得到安全感。施虐傾向也不能真正消除人的孤獨和不安全感，因為施虐者也強烈地依賴著受虐者。這種強者對弱者的依賴似乎很難理解，佛洛姆舉了一個常見的例子來說明這個問題。

一個丈夫，經常虐待他的妻子，還常對妻子說：「你可以隨時離開這個家，這樣我會更快樂些。」可是一旦妻子忍無可忍，真的要離開時，他馬上軟了下來，像一個洩了氣的皮球，苦苦哀求她不要離開，還會說，沒有她，他就活不下去，他是如何如何地愛她等等。如果妻子聽信了他的話，留下不走了，整個情形又會從頭開始，並如此循環往復。

這個例子說明，施虐者的「強大」依賴於受虐者，一旦失去了受虐者的支撐，他就「強大」不起來了。施虐傾向也常常以合理的形式出現。正如受虐傾向常常表現出敬愛一樣，施虐傾向常常表現出慈愛。如表現出對他人的異乎尋常的關心和愛護。他好像太愛別人了，所以要去管別人的事。他會說：「我是為你好！」實際上只因他統治了別人，才「愛」別人。他可以提供一切，除了自由和獨立的權力。

可見，施虐和受虐雖是相互對立的，但實際上都是為了逃避孤獨而不惜放棄自我，進而依賴外在的力量。佛洛姆把這種相互對立而又相互依存的心理現象稱作「共生」。

這就不難理解施虐和受虐兩種傾向，同時存在一個人身上的情形。這種人，欺軟怕硬。見到強者就退縮，見到弱者就欺負；在有權有勢的人面前情不自禁地諂媚，在地位低下的人面前就不由自主地逞強。這種性格叫做施虐—受虐性格。同時，由於這種性格集中表現出對權力的依賴，所以又可叫做極權主義性格。其實，每個人都不同程度地具有施虐和受虐的特性，只有當一個人的整個性格都被這些特性所控制時，我們才能說他具有施虐—受虐性格或極權主義性格。

破壞傾向

破壞傾向不同於施虐—受虐傾向，它不尋求與對象共生，而是旨在消滅對象。但施虐傾向，往往與破壞傾向相聯結，前者是要使對象受苦，後者是要摧毀對象。這裏說的破壞不是為保護自己的生命和尊嚴不受侵犯的反擊性的合理的破壞，而是一種深藏在人心中，時時等待發洩的癖性，是一種被壓抑了的生命能量。

破壞傾向是這樣產生的：人的生命遭受挫折導致焦慮的累積，使人感到孤立無助和微不足道，一種強烈的憤懣之感淤積心頭，迫使人以破壞作為發洩的途徑。不能為善，就去作惡；不能創造，就去毀滅。人在走投無路的時候，最容易透過破壞來發洩不滿，如砸爛自己的東西，甚至自殺。

以上機制，當事人並不一定意識到，而實際的破壞傾向常常以合理化的形式出現，如愛、責任、良心、愛國主義等。納粹意識形態就是下層中產階級破壞傾向的合理化表現，它就是以民族、祖國、無私奉獻等冠冕堂皇的口號，煽動大眾去理直氣壯地破壞和毀滅，包括「悲壯地」犧牲自己的生命。

顯然，破壞並不能解除人的困境。外部世界都被摧毀了，個人會感到更加孤立和不安全。

迎合傾向

以上三種性格傾向常見於法西斯主義國家，而在民主國家，更常見的是迎合傾向。個人完全放棄自我，按照社會的要求塑造自己，使自己成為由社會大量生產的無數機器人的一份子。可悲的是，我們的感覺、思想、願望實際上是習俗、權威、輿論等強加的，但主觀上卻以為它們是我們自己的。我們不由自主地接受了這一切，不由自主地去迎合時尚。因為社會在我們小時候就開始壓抑我們的批判能力，我們從小就知道獨立思考會帶來麻煩和痛苦。

這樣，虛假的自我代替了真正的自我，只有在夢中，在幻覺中，在喝得酩酊大醉時，某些真正的自我才可能流露出來。

迎合他人，迎合社會也是為了避免孤獨和不安全感。一個人如果與別人不同，就會受到排斥，就不能被接納，就無所歸屬。但迎合並不能給人帶來真正的安全感，因為一個失去自我的人，會感到更加惶惑和無所歸依。就像伍爾夫在一篇小說中寫的一個人，他時常有意無意地掏出自己的名片，好像不這樣，他就不知道自己是誰。

可見，以上四種性格都不能克服孤獨和不安全感，都是消極的自由狀態，而積極的自由在於全面的人格的自發性活動，也就是積極地表現人的情感的和理性的潛能。透過這種活動，個人既能保持自我的獨立和完整性，又能與世界和他人融為一體。這種活動主要有兩種：愛和創造性的工作。積極自由的實現，離不開對經濟和社會的變革。

逃避自由與納粹主義

希特勒的性格特點

希特勒本來是一個沒有機會，沒有未來的小人物，他在年輕時曾強烈地感到自己將成為一個被遺棄的角色。於是他開始了「我的奮鬥」，而奮鬥就是追求權力。

對德國群眾，他以施虐狂的方式予以蔑視。儘管他聲稱「熱愛人民」，但這僅僅是為了得到群眾的擁護，以便更順利地支配他們。他宣稱個人無足輕重，不值一提，個人應無私地為國家犧牲自己。而他本人則代表國家。這正是有施虐傾向的「領袖」的慣用的伎倆。

猶如一個女子，寧願委身於強悍的男子，也不願支配懦弱者。同樣的，群眾熱愛支配者而不是哀求者。希特勒對政敵，則表現出施虐狂和破壞性相結合的殘酷的迫害。

希特勒這樣為自己的行徑辯護——他宣稱他是為了德國人民的福祉，也是為了世界和平，這種和平將由最優秀的種族來維持。希特勒認為他的追求是符合自然法則的，既然物競天擇，適者生存，那麼這個世界也必然由最優秀最強大者來支配。希特勒把達爾文學說庸俗化，用來表達自己的施虐—受虐欲望。希特勒為自己找的最後一個理由是，為了防衛敵人的進攻，德國人民必須先發制人。而實際上，他譴責敵人做的事，正是他自己想做的事。

除了統治、侵略，希特勒還有一種受虐的渴望，他表明他要服從上帝、命運、必然性和歷史，他認為他所做的一切正是這種服從的表現，實際上這些名詞僅僅是強權的象徵。

所以，希特勒是一個集極權主義性格、破壞性等性格傾向於一身的，可能患有嚴重心理疾病的人。荒謬的是，可能正是他身上的這些心理疾病因素使他一度「成功」。他迫切要把大眾都引向心理疾病，以避免人們將其視為心理疾病患者，以避免他個人疾病的發作。

一個天才的心理疾病患者，可能具有超人的魅力，並成為人們狂熱崇拜的偶像，最後給世界造成毀滅性的災難。這正是我們應從希特勒的崛起和滅亡中得到的歷史教訓。

納粹主義崛起的社會心理基礎

納粹主義是一種複雜的社會現象，可以從不同學科進行研究。而佛洛姆認為，儘管社會經濟和政治根源是納粹主義崛起的根本原因，但納粹意識形態得到大眾的狂熱擁護並占統治地位，必須從心理學上解釋。

佛洛姆認為，社會經濟、人的心理和意識形態在歷史進程中是相互依賴的，但它們各自都有某種獨立性，特別是經濟的發展，有其自身的規律性。但不能因此忽視心理和思想文化的力量。這裏所說的心理的力量主要是指社會性格，即在一個社會的共同生活方式和基本實踐活動中，形成的一個群體的大多數成員，共同具有的性格結構和性格特徵。

佛洛姆指出，經濟的力量是強而有力的，但我們不應把它作為一種心理動機，而應作為一種客觀的條件來加以理解；心理的力量是強而有力的，但我們必須看到它是受歷史限制的；思想的力量是強有力的，但它是根植於一個社會群體成員的性格結構的整體之中。

這三者之間的關係是這樣的：意識形態和文化通常植根於社會性格之中，而社會性格又是由某個特定社會的存在方式所決定的；主要的性格特徵又反過來成了決定社會過程的創造性力量。在佛洛姆看來，社會性格是經濟基礎決定上層階級的仲介，又是上層階級反作用於經濟基礎的仲介，而這種仲介本身又是一種能動的力量。

佛洛姆正是用這種社會哲學來解釋納粹主義崛起的。由於德國戰敗，一九一八年凡爾賽條約對德國的處置使德國大眾感到不公平，這種怨恨逐步轉變成民族主義情緒。加上壟斷力量的強大和戰後的通貨膨脹，使各階級都產生了不同程度的孤立無援和不安全感，進而形成了施虐—受虐傾向、破壞傾向等社會性格特徵。

希特勒是集中了這些性格特徵的一個典型，他創建納粹意識形態和納粹黨，那些具有相同社會性格的大眾，特別是下層中產階級，狂熱地擁護納粹意識形態和納粹黨，進而納粹意識形態就加強了大眾的這些性格傾向，使這些性格傾向成為支持德國帝國主義擴張的社會心理力量。

德國在第一次世界大戰中戰敗後，失敗情緒的蔓延、經濟上中產階級的衰敗和壟斷資本的興起、德國工人階級在一九一八年革命初次勝利以後接二連三地遭到失敗，多種原因促使人們渴望一個強有力的政府。

對千百萬民眾來說，希特勒政府就是德意志。一旦希特勒掌權，反對希特勒就意味著自絕於德國人共同體。對普通百姓來說最難以承受的事情，莫過於感到不被一個大的集團所認可。一個德國公民無論怎樣反對納粹主義原則，如果他不得不在行將孤立和從屬於德意志的感情這兩者之間選擇的話，多數人將選擇後者。在許多例子中可以看到，那些不是納粹的人們也在捍衛納粹主義，反對外國人的批評，因為他們覺得對納粹主義的攻擊就是對德國的攻擊。對孤立的恐懼和道德原則上的相對軟弱，有助於任何黨派贏得大多數人的忠誠，只要那個政黨攫取了國家權力。

納粹主義之所以受到下層中產階級的狂熱擁護，答案在於他們的階級特徵。隨著壟斷勢力的興起，他們的經濟地位逐漸下降，但他們與壟斷勢力在經濟利益上又有密切關係。他們由於依靠和屈從壟斷勢力，而得到一種安全感和自我陶醉的驕傲，並從對現存當局的服從和忠誠中得到保護和滿足。

但一九二三年達到頂點的通貨膨脹，一九二九年的經濟大蕭條，嚴重地打擊了下層中產階級，使他們被擠在工人和上層階級之間，成為最無助的集團。他們犧牲了多年的生活樂趣，一點一點積攢起來的錢，一夜之間幾乎成了廢紙。這種打擊，促使中產階級增強了對權力的追求和欲望，期望出現一個強而有力的權威，代表他們的利益。而他們寧願屈從於這個權威去侵略、摧毀其他國家，去虐待、屠殺其他民族的人們，進而使自己從失敗中恢復過來。

儘管納粹主義的主要基礎是下層中產階級，但由於其政治上的機會主義策略，它還贏得了其他各階級的支持，他們都希望從納粹主義的崛起中得到好處。而德國的工人運動，政治上也處於退卻的局面，這使工人階級感到失望。無力阻止納粹主義的興起，他們也在一定程度上感到對自己的命運無能為力，在一定程度上希望透過民族和國家的強大來得到一定的滿足。

這樣，納粹主義就調動了各個階級，甚至全民族的大多數人的情感能量，使之成為一種強大的力量，去爭取德意志帝國的經濟目標和政治目標。在這種局勢下，反對的聲音顯得十分微弱，只好逃離這個國家以求生存。

所以，**佛洛姆認為，人類的出路在於，以人的理性和愛的潛能的自由發展為目標和準則，對社會的整體結構進行改革。**

《成為一個人》

卡爾・羅傑斯：非指導式諮詢的創始人

美好的生活是一個過程，而不是一種存在的狀態。它是一個方向，而不是一個終點。

——羅傑斯

卡爾・羅傑斯（Carl Ransom Rogers，一九〇二—一九八七），人本主義心理學家，美國應用心理學會的創始人之一，非指導式諮詢的創始人。

羅傑斯於一九〇二年出生在美國伊利諾州的奧克派克，一九一九年，進入威斯康辛大學學習農業，第二年放棄原專業主攻歷史。一九二四年，獲威斯康辛大學文學學士學位。一九二六年，到哥倫比亞大學攻讀臨床心理學和教育心理學。一九二八年，獲文學碩士學位。一九三一年，獲哲學博士學位。一九三九—一九四〇年，出任羅切斯特兒童指導中心主任。一九四〇年，成為俄亥俄州立大學心理學教授。一九四四年，當選美國應用心理學會主席。一九四五—一九五七年，供職於芝加哥大學，主要擔任諮詢中心的工作，並提出「受輔者中心治療法」。一九四六年，當選為美國心理學會主席。一九五六年，獲美國心理學會頒發的傑出科學貢獻獎。一九五七年，任威斯康辛大學心理學教授。一九六四年，退休後繼續從事心理研究工作。一九七四年，將其心理治療的名稱改為「當事人中心治療法」。

羅傑斯一生著作頗豐，主要代表作有：《成為一個人》、《諮詢與心理治療》、《當事人中心療法》、《自由學習》、《卡爾・羅傑斯論交朋友小組》、《卡爾・羅傑斯論個人權力》和《一種存在的方式》等。

《成為一個人》這本書，是羅傑斯從一九五一—一九六一年間所寫的書及文章中選編出來的，是他三十餘年心理諮詢工作的經驗總結。

成為一個人的過程和意義

自我介紹

在這本書的開始，羅傑斯以自己的成長經歷為素材，來了個現身說法。

卡爾・羅傑斯，一九〇二年九月四日出生在一個原教旨主義家庭，在六個孩子中排行第四，父母很愛孩子，但從不溺愛，對他們管教很嚴，從不讓他們看電影、跳舞，更不用說喝酒和打牌了。他的整個青少年時代幾乎沒有參加社交活動，沒有朋友，整日以書為伴，十分孤獨。

大學期間，羅傑斯被選為學生代表參加在中國北京舉行的世界學生基督教同盟代表大會，這次前後達六個月的旅行對他產生了巨大的影響，使他認識到不同宗教信仰的人們可以真誠地和睦相處，進而擺脫了父母保守的宗教思想，使他「能夠思考我自己的思想，得出我自己的結論，並採取我自己的立場」，成為一個獨立的人。

一九二四年，羅傑斯大學畢業後，考入紐約聯合神學院讀研究生，準備從事宗教工作，但他對拯救人的最好途徑要從宗教教義中尋找的看法表示懷疑。在哥倫比亞大學學習期間，曾受聘於紐約「羅切斯特禁止虐待兒童協會」。一九三九年出版第一部著作《問題兒童的臨床治療》，對傳統的指導療法提出懷疑。一九四〇年出版了《心理諮詢和治療》，提出了一套不同於占主流的精神分析療法的一些理念，其中最主要的是「只有當事人才能充分深刻地認識自己，要取得較好的療效，就要依靠當事人來指導治療過程」，他稱自己的體系為「非指導性治療」。在以後的二十年中，羅傑斯又在俄亥俄、芝加哥大學和威斯康辛大學工作和研究。

羅傑斯總結自己三十多年的諮詢經驗，把它分為兩個方面。

第一，在與人的關係方面。羅傑斯認為，外部表現與真實的自己不一致，從長期來看，不會有助人效果；當諮詢者能接受自己、成為自己時，他就變得有力；允許自己理解別人，接受別人有重大意義；越對自己及別人開放，就越不想成為某種固定狀態。

第二，在個人價值及行為方面。羅傑斯認為，人喜歡自己的經驗，相信自己的經驗是最高的權威，別人的價值判斷對自己沒有指導作用；人基本上是積極取向的。總之，生命在最佳狀態下，是一個流動的變化的過程，沒有什麼東西是凝固的。

幫助自己成長

這一部分的內容，主要是一九五四—一九六〇年間，羅傑斯在全國許多地方演講的講稿。

一、個人成長的假設

關於治療關係的假設。羅傑斯指出，人格改變發生於諮詢關係中，這種關係具有以下特徵。

第一，真誠一致。在治療關係中，越真誠就越有幫助，要做到真誠，首先要明瞭自己的感受，在可能的情況下保持深層意識與外部表現一致；其次，願意並在語言和行動中表達自己內心複雜的感受。

第二，接受。治療者越能接受和喜愛來訪者，就越能創造出這種關係。不論其個人條件如何都承認他作為人的價值，使他感到溫暖和安全。

第三，理解。只有接受沒有理解並無意義，諮詢者要能自由地出入來訪者的內心世界，可以像他們感受自己一樣來感受他們。

具備了以上這三個條件，人格改變就是必然的。

關於動機的假設。羅傑斯認為，個體內部有一種趨向成熟的傾向和能力，個體有能力理解自己的痛苦，有能力探查深層的經驗，雖然這種能力被防禦機制層層包圍，但它存在於每個人的心中。在合適的心理氣氛下，就會顯露出來，變成實際的行動。在這種關係中，來訪者不僅能在意識層面上，而且還能在較深的人格層面上認識自己，以一種令自己滿意的方式積極明智地生活。在諮詢關係中如此，在其他人際關係中也如此。

最後，羅傑斯對上述問題作了總結。他認為，**在諮詢關係中，如果諮詢者自身的感受是真實的、透明的，把別人看作獨立的個體，給予接納和鼓勵，表現出同感，那麼來訪者就會體驗到被拒絕的一部分**

自己，發現自己成為一個整體。只有這樣，來訪者才能更有效地行動，努力使自己成為自己喜歡的那種人，進而能理解接受別人，能更自如地解決生活中的難題。

二、助人關係的性質

羅傑斯引用了不同理論派別的研究來說明這一問題。

羅傑斯引用人本主義者豪肯德斯（Halkides）對諮詢者四個變數的研究：一、對來訪者持有同感；二、對來訪者無條件地積極關注；三、諮詢者的真誠性；四、諮詢者的反映與當事人情緒表達強度的一致性。結果顯示，前三種態度與良好的治療效果相關十分顯著，第四個不顯著。

羅傑斯還引用了行為主義者林德斯里（Lindsley）用機器強化精神分裂病人的研究，顯示出即使是面對機器，可信賴性對於建立幫助關係也是重要的。

在總結了這些研究之後，羅傑斯指出，治療關係有效與否取決於兩個方面：首先，諮詢者對來訪者的態度；其次，來訪者的感受和態度，而理論傾向、程序和技術相對而言是不重要的。

羅傑斯認為，創造一個有幫助功能的關係，要滿足以下十點要求：一、諮詢者要準確地表達自己的經驗和感受；二、諮詢者要守信用，保守秘密，讓來訪者感到諮詢者是可信賴的；三、用溫暖、關心、喜愛和尊重的態度對待來訪者，而不是用職業的眼光，遠遠地審視他們；四、做一個有較強獨立能力的人，才能深入地理解和接受來訪者而又不失去自己；五、允許來訪者保持獨立，成熟的諮詢者透過談話與來訪者相互作用，而不干預他獨立地發展人格；六、放棄自己的價值標準，自由出入來訪者的內心世界，不僅能感受他所能感受到的一切，而且還能探查他自己感到模糊和矛盾的東西；七、無條件地接受來訪者整個人；八、盡可能解除對來訪者的外部威脅，只有這樣他才能認識到以前被壓抑的感覺，才能處理內部的感受和衝突；九、不作評價，即使是積極的評價，讓來訪者自己的經驗成為意義和價值的評判者；十、把來訪者看成一個連續成長的過程，是一個能發展的活生生的人。

三、對心理諮詢的瞭解

羅傑斯對心理諮詢的瞭解，兼顧主客觀兩個方面。他認為，個人的主觀關係是治療中改變的基礎，它與科學研究同樣重要。研究顯示，當諮詢關係中具備真誠一致、無條件地積極關注、同感這三個要素時，來訪者人格改變就易於發生。

在最初的諮詢過程中，來訪者感到自己需要幫助，但對諮詢者又不信任，害怕他會看到自己內心的恐懼及壞的東西。隨著諮詢的進展，看到諮詢者並不對他進行好壞評判，就有些放心，但仍不願把真正的問題告訴他。

在他講述一些與之有關的過去時，如果諮詢者能瞭解這些，他就會說的更多些。把自己的所有的壞的方面都說出來後，會覺得被瞧不起，但他發現這時諮詢者好像是他的同伴，好像真的瞭解他，又找不到什麼被人看不起的證據，就認為，也許不必為這些感到羞恥。這時就能更多地檢查自己，表達自己。

講了自己壞的方面之後，他又害怕了，發現了以前沒有意識到的東西，它們是如此「邪惡」，從不敢讓它有絲毫流露，但現在自己知道了諮詢者也知道了，感到十分虛弱。這時他就更熱切地看著諮詢者，希望獲得更多的安全感。

現在他也不知道自己是誰，只是感到自身的矛盾，感到所做的與所想的不同，覺得十分不安。但同時，他又想看看自己到底是誰。這樣他就會用更多的時間與諮詢者在一起，共同探查自己的內心世界。

成為一個人的過程

羅傑斯指出了治療的方向，提出治療過程有以下階段：

一、對潛在自我的經驗

在治療過程中，一個明顯的方面是對經驗的瞭解，在當事人中心療法提供的安全關係中，當事人會讓自己檢查實際的經驗，不受已有經驗的束縛。治療採取的一個基本方向是自由地經驗機體的感覺和內部反應，沒有太多地把這些經驗與自我相聯繫，治療過程的終點是來訪者發現「他能成為自己的經驗」，而不是把自我的框架強加於經驗，否認那些不符合自我的因素。

二、對親密關係的充分體驗

治療中的一個要素，是使當事人完全自由地接受別人對他的積極情感。讓他感覺到能讓別人來關心自己，能從內心充分接受那種關心，進而意識到自己也能關心別人。

三、喜歡自己

當事人中心療法強調，接受自我是治療的一個方向和結果，不僅如此，他實際上變得喜歡自己，這不是自誇或固執己見，而是因成為他自己而高興。

四、發現人性的核心是積極的

諮詢經驗中一個革命性的概念，是逐漸認識到人性的最核心的性質、人格的最深層次、動物性的基礎在性質上是積極的，基本上是社會化的、向前發展的、理性的和現實的。諮詢過程中揭示出來的敵對及反社會情緒既不是最深層的，也不是最強烈的，人性的核心是機體自己，他是自我保護和社會化的。

五、成為機體的自己，成為經驗的自己

治療好像是使當事人重新獲得基本感覺和內部經驗。在治療之前，當事人常不由自主地問自己「別人認為我該怎麼辦？」、「父母和社會要求我做什麼？」、「我應該怎麼做？」。在治療過程中，他把自己是否滿意作為行為的依據，他會問自己「我如何看待這件事？」、「它對我有什麼意義？」。

當一個人完全成為機體的自己時，他就明瞭自己的經驗，完全的開放，就是一個可信的人，他的行為是具有建設性的。

成為一個人的意義

在自己的諮詢經驗中，羅傑斯發現，儘管人們的問題多種多樣，而且在諮詢進程中還會不斷改變，但這些差異的背後，有一個人們共同探求的問題「我到底是什麼人？我如何才能成為我自己？」

對於這一問題，羅傑斯的做法是，先努力為來訪者營造一種安全氛圍，讓來訪者在這種安全氛圍中，考察自己經驗的各個側面，正視矛盾，使他懂得，在許多時候，他不是按照「我想」而是按照「我應該」來生活，進而喪失了自我。

透過治療，當一個人能體驗到自己的情感時，他就成為他自己了。真正的自我應該在一個人自己的經驗中得到，這是一個拋棄理智外衣，獲得有血有肉、充滿情感生命的過程。

在羅傑斯看來，一個真正的人，有以下特點。

第一，以開放的態度對待自己的經驗，而不以已有的態度來曲解存在，越是如此，就越能以現實的態度來對待環境處理問題。

第二，越來越深刻地發覺自己機體的可靠性，依靠它，人就能在複雜的情景中最大限度滿足全部需要的行為途徑。儘管機體組織並不一貫正確，但由於對經驗採取了開放的態度，一旦出錯就能立即意識到並及時修正。

第三，當事人能充分感到他的選擇、決定和價值判斷是基於自身的，而不再依賴他人的標準，不再依賴別人的幫助，惟一的問題是：「我的行為能讓我感到滿意嗎？」

第四，願意成為一個變化的過程，認識到經驗自身包含不斷變化的複雜性，人的成長應該是一個流動的過程，人非某種單純的成品。

人的信念

人格改變的七個階段

羅傑斯認為，心理諮詢中的人格改變可以分為七個階段。

第一階段，當事人不願自省，視親密的關係為威脅，沒有改變的要求，也沒有察覺到自身存在的問題。在這一階段，他們幾乎不能意識到自己內心流動的情感生活，對現實的反應依靠定型化的方式。

第二階段，當事人開始對非自我的問題發表看法，他們可能會主動向醫生求助，但對解決問題沒有責任感，認為人格是一個凝固的事實，沒有認識到它是一個形成中的結構。

第三階段，當事人能表達自我及與之相聯結的經驗，但把它看成是客觀的外在的東西。他雖然開始接受自己的感受，但在多數情況下視之為「羞恥」、「壞」和「不正常」。他的人格結構仍然是固結的，但他能認識到它是由自己建立的，而不是外部現實。

第四階段，當事人放鬆了已有結構對自己的約束，感受到一種正在發生的經驗的趨向，但對這種傾向，他又不信任而且感到恐懼。在這一階段，當事人面對問題時有一種負責的態度，對人格結構有一定的領悟，開始對其有效性發生懷疑，不再視親密的關係為危險，開始冒險地與人交往。

第五階段，當事人更加減少對自己的約束，能自由地表達自己即時的經驗，把自我視為自己的一部分，並希望成為真正的自己，面臨問題時願意承擔責任。當事人在許多方面都是流動的，非常接近機體經驗，內部交流更加準確。

第六階段，當事人能感受到機體內發生的一切，完全放棄防禦，自我是一種主觀的即時的感受，而不是知覺到的某種東西。

第七階段，當事人把機體經驗作為參照標準來決定自己的態度，信賴自己的機體過程，幾乎完全放棄了已有結構的限制。

總之，人格改變過程是一個從所有要素、線索都分離、模糊的狀態，到一個都成為統一體的過程。

來訪者的傾向

在治療中，羅傑斯發現，當致力於提供一種安全的、溫暖的氣氛並表達同感時，來訪者會表現出下面這些傾向。

一、**遠離別人的期望**。遠離傳統文化所期望的那種人，反抗文化的塑造。

二、**遠離非我**。儘管他沒有方向，但他知道，他確實在離開某些東西。

三、**遠離應該**。當事人另一個傾向是遠離外在強加的，他應該是什麼形象。

四、**遠離討好別人**。不掩飾自己和自己的感覺，不再追求「應該如此」，不再讓自己及自己的行為適合某種模式，借此來討好別人，他們認識到這不是自己的目的和追求。

五、**朝向自我指導**。這些人更加自主，他們選擇自己的目標，變得對自己負責，他們決定哪些活動和行為方式對自己有意義，哪些沒有。成為自己的過程，不是輕鬆的和充滿信心的，而是小心翼翼的。他敏感，感到恐懼，感到與支持切斷了聯繫，但同時也感到自身內部的力量。

六、**朝向成為一個過程**。當事人好像不願再做某種固定狀態的成品，他們不再為自己每天的變化而煩惱，對某個人或某一經驗，他們不再總有同樣的感覺，他們在不斷改變。

七、**更加複雜**。在任何時候都希望成為一個完整的人，承認豐富性和複雜性。他們對自己毫無隱瞞，對自己也不害怕，要完全做到這些很難。絕對地說，或許是不可能的，但有意義的改變都應朝這個方向發展。

八、**對經驗開放**。在一種接受的氣氛中，體會來自整個機體的經驗，接近自己內心的經驗，把它看作友好的資源，而不是可怕的敵人。

九、**接納別人**。與經驗開放有關的是，以開放的態度對待別人和接納別人。當一個來訪者逐漸接受他自己的體驗時，同時他也開始接受別人的體驗。

十、相信自己。他們越發相信自己的內部過程，敢於體驗自己的情緒，過他們認為有價值的生活，用他們自己的方式表現自己。

總之，在這種發展過程中，個體趨向瞭解和接受，趨向一個內在的他實際是什麼，他從非我離開，拋棄偽裝，越來越聽從於存在於機體的情緒，不斷準確和深刻地發現他想成為什麼。

充分發揮作用的人

羅傑斯認為，如果來訪者對當事人有深刻的瞭解，沒有任何內部障礙妨害對當事人的移情，就能提供一種氣氛讓來訪者最大自由地變成他自己。**羅傑斯發現，那些在治療關係期間已有很大變化，而且以後正向美好生活進展的人，情況並不是一種無憂、幸福、滿意等固結的狀態，而是向一定方向運動的過程。**這個過程有以下四個特徵：

一、對經驗更加開放。這一過程包含放棄防禦的態度，變得願意傾聽自己對存在於內心的情感，不論是痛苦的還是愉快的，在主觀上體驗是自由的，意識也是自由的。

二、對機體更加信賴。相信機體是達到每一存在情景中的最滿意的行為的一種手段，但這並不意味著機體沒有失誤，但由於對經驗的開放，任何錯誤行為都會很快得到糾正。

三、更重視存在的生活。沒有僵化，沒有組織，每一時刻都能充分體驗生活是新鮮的。對現在進行的事情敞開精神並在正在進行的過程中發現它似乎具有任何結構。

四、更充分發揮作用

在心理上自由的人的運動方向是成為一個更充分發揮作用的人，他能更充分地以他的情感和反應來體驗生活，越來越能利用全部機體秉賦，準確地領悟內外環境，讓整個機體自由地發揮作用。時時全面地體驗生活，同時懂得這是最健全的生活。

研究的地位

人是科學

羅傑斯指出，作為一個治療者，必需讓自己完全進入治療關係，不用分析，不用計劃，依靠自己的機體來對當事人做出反應，治療過程的核心是成為一個經驗的統一體。

在治療中，當事人逐漸瞭解自己，接受自己，最後成為他自己，意識不再是一位嚴格的檢查官，而成為各種衝動、感受和思想和諧相處的地方。

治療過程還是一個有意義的學習過程，當事人學會把機體經驗、感受和認知都用統一的方式來描述。使用邏輯與科學的方法來理解治療這一複雜的現象，目的是獲得關於事件及其之間聯結的客觀知識，提高對事件的預測和控制，如果能做到這些，就可以斷言，治療中的某些因素與治療結果相聯結，一定時間的治療與一定的結果相聯繫。這樣，人們就可以操縱治療關係中的要素來控制治療結果。

羅傑斯認為，表面衝突的這兩種觀點是可以統一的。首先，科學治療及生活的其他方面的知識都是建立在人的主觀經驗基礎之上的，都是人的整個機體經驗的一部分；其次，當諮詢者全心投入到諮詢關係中，認知與情感成為經驗的統一體，但同時又注意分寸，就可能從關係中走出來，以旁觀的態度從外部審視這種關係。

對治療的深入理解，可以來自於其中的生活，可以來自依靠科學規則進行的外部觀察，也可以來自兩種經驗在自我中的相互作用。人們可以把科學方法獲得的知識用於理解、控制、操縱或破壞，這完全取決於個人的價值觀。

如果處於恐懼、防禦，只看到對自己有利的經驗，意識不到其他方面，不論是使用科學的知識還是使用主觀的經驗，都會造成破壞。但如果能對經驗採取開放態度，允許所有的機體感覺都進入意識，就可能用一種現實的、建設性的方式來應用自己的主觀經驗或科學知識。

治療中的人格改變

羅傑斯認為，心理治療主要有以下幾個特徵。

第一，在研究中建立明確的操作標準，在使用當事人中心療法時，能形成一個確定人格改變形式的程序。

第二，在研究中使用了控制。首先，使用了對照控制組，排除了時間效應、多次測量效應及隨機因素的影響；其次，以被試自身為參照，對治療與非治療期間分別測量，排除人格及動機因素的影響。這樣治療中發生的人格改變可以歸因於治療的作用。

第三，科學所要求的事實，也可以從心理治療中獲得。由於研究方法的進步，對諮詢中許多微妙的過程做客觀的研究成為可能，這大大有利於加快人際關係中人格改變的進程。

研究背景中的當事人中心療法

在這一部分，羅傑斯介紹了進行實證研究的原因，然後列舉了一些對當事人中心療法進行的一些實證研究，較著名的一個是由巴瑞特和蘭那德主持的關於治療中人格改變需要條件的研究。假設當同感、關注和喜愛、無條件的關注、真誠一致、心理學知識這五個條件出現時，人格改變就會發生。研究結果顯示：首先，越是有經驗的諮詢者，就越具備前四個條件；其次，前四個條件與治療中當事人的人格改變程度相關，其中，同感與當事人人格改變的相關程度更為顯著。

羅傑斯認為，心理治療客觀知識的增長，會使各學派之間的對立消失，融為一體，不同的觀點治療程序及對結果的解釋都無需再進行爭論及辯解，都要面對事實的檢驗；諮詢者必需積極地進行實證研

究，獲得客觀的知識來豐富主觀的自我。

羅傑斯認為，當事人中心療法的原則對廣泛的生活領域都有重要意義。

對生活的啟示

對學與教的個人思考

羅傑斯提出了「以學生為中心」的教學示範，他的觀點是：不能教會別人如何教，凡是能夠教給別人的東西，基本上都是不適合的，對人的行為很少有或沒有影響；自己感興趣的是能影響行為的學習，而惟一能影響行為的學習是自我發現的、對自己有用的學習，但這種學習不能直接傳授給別人；教的東西要麼是不重要的要麼是有害的，人們願意學習那些對行為有影響的東西；放棄防禦是學習最大的困難，同時也是最佳的途徑，但至少要暫時放棄，只有這樣，才能理解自己的機體經驗；學習的另一方式是表達自己的切身感受，這樣會越來越接近自己的實際經驗；讓機體引導自己的行為，理解經驗的即時意義。

在教育上，他認為：廢除教育，人們願意學習，自己會聚集到一起來；廢除考試，因為它測量的是無意義學習；同樣的原因，應廢除學分和等級評定；廢除以學位作為衡量能力的標準，因為它意味著結論，標誌著結果，而學習者感興趣的是連續不斷的學習過程；廢除結論，沒有人能從結論中進行有意義的學習。

在諮詢和教育中的意義學習

羅傑斯陳述了自己教與學的觀點：意義學習不是使個體的行為、未來行為選擇、態度及人格都發生變化的學習。它不是一種知識增長的學習，而是與個體各部分經驗都融合在一起學習。

羅傑斯認為，在教學中做到意義學習需要以下條件：

允許任何水準的學生與經驗中的問題建立聯繫，知覺到要解決的問題所在，教師的任務就是創造一種合適的氣氛，使意義學習發生；教師能感到、接受自己的真實經驗，這樣在與學生的關係中他表達自己的情感，表達真實的自己；教師接受學生真實的自己，理解他們當時的感愛；教師要提供許多知識、技術、理論以及自己的知識經驗讓學生挑選，如果學生認為有用就利用它，其中沒有任何指引、期望、命令和要求；學生學習的基本動機是內部的自我實現，面臨生活中的問題時，學生希望學習和成長，希望尋找答案和創造，所以，學校不應把知識觀念強加給學生，不應用外部標準對學生進行評價，而且評價的尺度不應是教師設立的標準，而應是生活本身。

參加者談以學生為中心的教學法

羅傑斯不同意簡單地將在心理諮詢中的經驗應用到教育上來，於是他引用了一個學生對這種教育的看法，他選中了坦恩鮑姆博士的報告。

坦恩鮑姆博士認為，以學生為中心的教學法與傳統的人們普遍接受的方法截然不同，它具有以下特點。

一、無結構教學

導師帶來大量的材料，但他一直沒有要求學生看這些東西，學生們的談話東拉西扯漫無目的，指導教師聚精會神地聽每一個人的發言，並不作孰優孰劣的評價。但奇怪的是學生們對此雖然感到失望、氣憤，他們卻有一種集體感，大家暢所欲言，談的都是自己的想法，思想、熱情、感覺都是出於他們自己。

二、鼓勵思考

在討論中，學生們曾強烈要求羅傑斯當一次傳統教師的角色，結果極端乏味，令他們大失所望。以後，學生們相互交談，不再理會導師，每一個人都希望別人聽自己說，整個班級成為一個相互影響、緊密結合的整體。導師也加入進來，設法與班級化為一體。學生組成的集體佔據主導地位，成為中心，取代了導師成為活動的組織者。

三、強調接受的重要性

如果一個人被完完全全地接受，他就會放棄戒備，面對自己，他們真實的自己就顯露出來了，學生們相互理解、相互啟發，在這一過程中，每一個人都感到振奮，更加自由和開放，更能接受自己和別人，更樂於傾聽新思想。許多羞澀的人勇敢起來了，那些放肆好鬥的人也變得細膩謙遜。

四、一種新型的方法論

在整個課程中不作結論，甚至學生自己的分數都由自己來報，這樣，整個課程也沒有完結的標誌。同時，每一個人都全心地投入課堂，講的是自己的話，而不是課本上的語言，他們以真實的自我進行交流。所以，這種教學法有一種讓人行動起來的能力，讓人們感到更坦率、更具備適應能力。

最後，坦恩鮑姆認為這種教學法應該在學習和創新的一切場合實行。

羅傑斯評述了行為科學取得的進展，並在自己的理論框架內指出行為科學的發展方向。

行為科學與人

行為科學取得的進展

羅傑斯列舉了行為科學在理解、預測、控制行為方面已取得的進展。

一、預測行為方面

其模式可以概括為「如果個體具有可測量的特性A、B、C，那麼我們可以推斷，他很有可能表現出行為X、Y、Z」。在此基礎上，人們選拔出能表現某種行為的個體，行為科學的這些成就，在教育管理中已得到廣泛的應用。

二、對人行為的塑造作用

其模式是「在一個群體中，如果條件A、B、C存在或建立，那麼隨著這些條件，很有可能會出現行為X、Y、Z」。這顯示，我們有能力影響和控制個體行為，儘管現在這些研究都還很粗糙，但更好的將會發展起來。

三、對動物行為的塑造作用

與所有的原則一樣，依靠積極的強化，動物可以學會許多複雜的、甚至帶有智慧性質的行為。

行為科學中人的地位

作為人，我們應該如何生活，如何適應這個世界，對行為科學的進展我們應該採取什麼態度呢？

羅傑斯首先列舉了已有的觀點：

一、否認和忽視

人這種動物，不能對自己採取客觀的態度，人是自由的，從這種意義上來說，對人類行為的科學研究是不可能的，所以不存在真正的行為科學。羅傑斯認為這種說法無視現實，是錯誤的。

二、用行為科學的思想構造人類生活

不光人的行為，就連人的內部傾向，如動機、期望等都會被製造成預先設置的樣子。這樣，人類及其行為將成為科學社會按計劃生產出來的產品，完全喪失自由，喪失民主權力。羅傑斯承認行為科學在預測和控制人類行為方面取得的進步。但他認為，**行為科學的原理應該用於創造條件以釋放和促進人類的內在力量，這與從外部來控制人類行為的觀點形成鮮明的對比。**

羅傑斯闡述了自己的辦法：選擇以形成自我實現的過程來評價人類，以知識轉變為自我超越的過程來評價創造性；揭示達到這些目標的必要條件，透過不斷的實驗，找出最佳途徑；個人及團體可以使用最少量的權威來建立這種條件；將人們置於這種條件之下，個體目前獲得的知識顯示，他在自我實現方面取得的進步，變得更有自我責任感，更為靈活及更能創造性地適應；這種最初選擇會開創一種社會制度，或社會制度的開端，在這種社會制度下，知識、價值、適應性技巧甚至科學概念都在不斷變化，不斷自我超越。

《童年與社會》

艾瑞克・洪伯格爾・艾瑞克森：精神分析理論巨匠

每一個成年人，不管是領導者還是追隨者，是豪傑還是群眾，都曾是兒童，都曾是渺小的，渺小的意識構成了意識的底層。

——艾瑞克森

艾瑞克・洪伯格爾・艾瑞克森（Erik Homburger Erikson，一九〇二—一九九四），著名的現代精神分析理論家。艾瑞克森生於德國萊茵河畔的法蘭克福，父親為丹麥籍。他生後不久，父母離異，母親改嫁給一位猶太兒童醫生。艾瑞克森從此由繼父撫養，並改姓洪伯格爾，對於這次經歷，艾瑞克森稱之為自己同一性的第一次危機。

艾瑞克森的雙親都是猶太人，但他卻長得身材高大，白膚碧眼金髮，頗像一個典型的丹麥人。童年的艾瑞克森在遊戲和交往活動中，明顯地感受到來自夥伴們的異樣目光：他的小學同學視他為猶太人，不願與他交往；而猶太學生又因他長相不同而疏遠他，甚至稱他為「非猶太人」。因此，小艾瑞克森經常感到寂寞孤單。後來，他把這次遭遇稱為人生中的第二次同一性危機。

青年時代的艾瑞克森，認為自己頗有幾分藝術天才，曾就讀於美術學校並環遊歐洲。這一段時期，他曾為建立自己的同一性而苦惱，他自覺神經過敏，好像置身於神經症和精神病的模糊邊緣。直到一九二七年，被家人稱為漫遊的藝術家的二十五歲的艾瑞克森，終於發現了自己內心的傾向和興趣。

他受安娜・佛洛伊德（佛洛伊德之女）之邀，在維也納一所小型私立學校教授美術、歷史和地理。這使他首次接觸到兒童，在教學之餘，他進入維也納精神分析研究所，追隨安娜・佛洛伊德從事精神分析工作。

一九三〇年，艾瑞克森從精神分析的角度，對蒙特梭利教學法進行研究，發表了他的第一篇論文，並由此取得了一張蒙特梭利學校的文憑證書。雖然他的全部高等教育僅止於此，但他的學術成就卻根植於他不懈的臨床實踐活動，來自於他作為一個樂觀主義者對自我力量懷有的深厚的信念。

一九三三年，艾瑞克森加入了維也納精神分析學會。同年，隨著戰爭的到來及納粹德國對猶太人的恐怖威脅，他不得不移居美國。從這時起，他開始在波士頓從事兒童精神分析工作，並在哈佛醫學院任教。在這期間，他對心智健全的人怎樣進行自我創造性活動的問題，發生了濃厚的興趣。

一九三六年，艾瑞克森到耶魯大學人際關係研究所工作，兩年後，在南達科塔州松嶺保留地蘇語印第安兒童中，首次進行了文化對心理發展影響的研究。後來，他又與A・克羅伯一起，在加州北部尤羅克印第安人中進行研究，掌握了第一手資料。艾瑞克森結合親身的體會，深入到精神分析工作的研究中去，逐步形成了自己的精神分析學理論。

艾瑞克森強調指出，不同的社會對遭遇到的同樣的問題，會選擇各不相同的解決辦法。在他的理論中，他不僅提出了自我心理學中人類個體發展的普遍規律，也客觀指出了作為社會文化背景中，人類個體的成長體驗及發展的差異性及特殊規律，這是艾瑞克森的個人特色，在自我心理學的領域內具有非同尋常的價值。

正是由於艾瑞克森在精神分析領域內，具有創造性的全新理論建樹，以及把精神分析的能量發散到社會的各個層面的努力，使他成為了當代著名的精神分析學家，贏得了人們的普遍尊重，使得世人始終對他抱有饒有興趣的關注。

艾瑞克森與許多心理學家相比，最突出的特色是，他從未變成一個狹隘的學科「專家」，而是把視角廣泛地深入到歷史、政治、文化、社會生活環境的諸多方面。他既把精神分析作為貫穿人類發展的一種研究手段，又把人類發展的各方面因素作為精神分析研究的一種滋養品。

一九五〇年，艾瑞克森回到東部麻塞諸塞州托斯克橋的奧斯丁．里格斯失調青年治療中心，從事臨時工作，這使他有機會接觸青年，為發展有關「自我同一性」的理論思想，奠定了堅實的基礎。後來，他把有關同一性的觀點總結在《同一性：青少年與危機》一書中。《少年路德：一個精神分析和歷史的研究》一書的出版，使艾瑞克森的影響超出了他的專業範圍，幫助讀者理解路德如何在心理上打破現有的宗教虔誠和社會契約，建立一個觀察世界的新方式。此書發表後，艾瑞克森對「歷史現實性」對「心理現實性」的影響的興趣更加濃厚，覺得精神分析更有必要研究病人的思想、感覺、夢和觀念。

艾瑞克森的主要著作有：《童年與社會》、《同一性：青少年與危機》、《領悟與責任》、《甘地的真理——論好戰的非暴力根源》、《人生週期的完成》、《遊戲與真實》、《傑弗遜演講集》、《生命歷史和歷史時刻》和《新的同一性維度》等。

艾瑞克森雖然沒有正式的學術履歷，卻是一位真正具有人性感的學者。他始終堅持把探索精神分析的經驗作為一個臨床醫生的責任，希望闡述人的性質和命運，從沒有什麼能阻礙他關注生命和社會的熱情。

童年和社會生活形式

在這本書的第一部分裏，艾瑞克森主要透過幾個臨床上精神分裂患者的實際案例（這些案例都試圖論述個體的生物自我和社會的變化過程），以一種自然的方式，闡明了精神分析在臨床上所表現出的功能。他認為，個體發展包括生物的、心理的和社會的三個方面。這三種過程的實質，在科學史上分屬於生物學、病理學和社會科學三個不同的學科領域。

艾瑞克森強調精神分析在尋求病變的原因時，把三個變化過程看作是人類生活的三個方面，在三個變化過程中找到某一過程的含義。由於它們的相關性和因果聯結，我們不一定能找到病變的原因，而只能找到一種趨同現象。透過對這一趨同現象的追溯，使病變變得容易理解。

這本書正是在這樣一種先定的假設中，圍繞這一最初假定展開論述的。而在後半部分，艾瑞克森提出的幼兒性慾理論，也是基於以上三種變化過程的相互作用，透過示圖的形式闡明的。這些觀點，與精神分析學以往慣常強調的生物學遺傳力量的本我方面，有著很大的區別。

艾瑞克森認為，在人格發展中產生重要作用的是自我，自我是人的過去經驗和當前認知範圍內所面臨的任務的綜合。自我能領導性慾向著合理的方向發展，把人在進化中的兩股巨大力量，即人的內心生

活和社會計劃結合起來。

雖然艾瑞克森是佛洛伊德精神分析學的熱忱擁護者，承認人格結構的形成溯源於先天能量力比多。但是，他的學說首先表現為一個發展的理論，核心是把人的力比多的發展和人與人之間的、社會的關係密切結合起來，勾畫出一幅以「自我漸成」為中心的、八個心理社會發展階段的畫面。所以，艾瑞克森的理論不僅與佛洛伊德的「驅力漸成說」是聯結著的，而且，他還試圖給出佛洛伊德的各心理性慾階段以更大的、普遍性的意義。

艾瑞克森在幼兒性慾理論中，強調力比多區位的功能如何轉變為本階段的基本任務，把解決任務視為一種兩極分化的對立面的鬥爭過程。他指出，個人正是在發展任務的鬥爭和解決過程中，依次向不同質的下一階段過渡。每一發展階段特定任務解決得順利與否，會對個人未來生活中的具體行為模式，產生相應的良好或不良的影響。

但是，艾瑞克森又認為，人的發展階段的發生並不因文化不同而有所不同。他親身參與文化人類學的實地考察，目的之一就是要證實各個文化如何依照其不同的價值系統，有區別地掌握一系列的發展階段。

不同社會透過不同的途徑去解決問題

在這一部分，艾瑞克森透過對兩個截然不同的美洲印第安部落的童年生活圖景的描述，更具體地說明他一貫的觀點，即不同社會透過不同的途徑去解決它所面臨的各種問題。他們完全不同的社會文化風俗及養育方式，給了兒童迥然相異的訓練，賦予早期生活和人與人之間的經歷以特殊的意義。這些行為會促使人體的某些器官適當地發育，使人類的社交形式更加與當地的環境相適應。

艾瑞克森不僅詳盡地對兩個印第安部落的兒童的哺乳、餵養、遊戲等教育問題作了分析，並結合自己的「人格發展漸成說」和「器官方式論」，把這些問題和一定的社會通道聯結起來（如表現為接受、給予、控制、放棄、侵入、攝取等）。另外，他還提到了印第安民族所特有的巫術、預言和某種對自然、超自然力量的信仰，以及這些現象在兒童成長中的重要參與作用。

至此，艾瑞克森的文化歷史觀及心理社會學的思想，在他第一手的觀察材料的生動描述中得以充分地表現。

自我成熟的過程

在這一部分，艾瑞克森在對自我成熟的過程進行闡述時，以佛洛伊德對夢的作用引至兒童對遊戲（一種「圍繞著真實對象而編成的幻想」）的考查，完全從另一個角度探討童年和社會的整體問題。艾瑞克森認為，遊戲是自我的重要機能之一，它為研究自我提供了最理想的情境。

在艾瑞克森看來，遊戲的內容是兒童企圖加以重複和掌握，或予以否定和拒絕的生活經驗。遊戲本身包含著自我治療和自我教育的過程，可以彌補生活經驗中的挫折和失敗，進而醫治人格發展中固有的和偶發的創傷。遊戲本身容許兒童超越自我的時空和現實的限制，卻仍不失現實的方向。

艾瑞克森總結說，所謂兒童的遊戲，乃是人類用以創造實驗和計劃的典型情境，並在這一過程中掌握經驗的一種幼稚形式。他引用威廉・布萊克的話說：「兒童的玩具和老人的智慧是兩個季節的果實。」

艾瑞克森在這一部分中，仍然透過一系列觀察到的臨床案例來闡述這種觀點。同時，他還指出必要的母愛是治療兒童精神創傷的良方，尤其必須重視教育的作用。即使是小孩子，也不能低估他的自我力量。

自發的遊戲有時也是一種自我的醫治過程，在這個過程中，家長的態度，他們的期待、支持以及他

們所給予兒童的想像空間與活動餘地，在很大程度上決定了兒童對自我力量的意識的深度。從這裏，表現了艾瑞克森始終對人性抱有的樂觀主義態度。他認為，每個人都具有產生善惡的潛能，以為自我具有一種整合的力量。在造就健全的人格的過程中，這種力量具有自我教育和自我治療的作用。

時代的個性問題

在探討具體的時代的個性問題時，艾瑞克森以納粹頭子希特勒和大文豪高爾基為例，對他們的童年、青年時代的家庭、環境和社會文化背景進行了探討，並用精神分析理論，剖析了這些因素對於形成他們獨特個性的不可忽視的影響。這些內容，無疑是吸引人的、能夠激發人的無限興趣的。

事實上，這就是艾瑞克森一直試圖陳述的一種新的社會模型，即用個人在家庭背景範圍內的父母的關係，以及在家庭的歷史文化傳統範圍內的社會背景的關係，來對自己的理論進行研究。動力學構成的社會複合體，代替了個人在兒童、父親、母親三角關係的顯示現實動力學這一傳統模型。

希特勒在自傳《我的奮鬥》及其他著作中，對自己的心理進行了細緻的描述，這為艾瑞克森提供了最為主要的素材。從這些資料中，他不僅分析了希特勒的家庭、德意志的時代精神、民族性格以及有著極高智慧的、令人嫉妒的猶太人的歷史上的地位與狀況，還分析了現代國家的家族形象。

艾瑞克森對高爾基的分析，具有某種感性色彩，是透過反映他的生活的影片進行的。但是，艾瑞克森最終呈現給我們的卻是一種冷靜的理性態度。他有一句名言：「一個人無論何時都是一個有機體、一個自我和一個社會成員，而且包含於所有三種組織過程之中。」

無論是希特勒還是高爾基，也不管是研究民間傳說、傳記材料作品或電影語言，艾瑞克森都表現出充分的信心和技巧。他把對人的價值的基本認識，滲透到他所依賴的精神分析的方法和技術中，把精神分析的範圍從個人的分析評價，擴展到了對個人集體以及對整個文化的分析評價。這種分析方法，真正表現出他的人格理論和心理歷史觀。

透過《童年與社會》一書，艾瑞克森向人們指出的不僅僅是人類在發展中所體驗的生物的、心理的和社會事件的發生順序，以及這三個變數之間的交互關係。除此之外，他也強調了自我在克服發展中的倒退和惡化，以及在防止潛能的消耗各方面所產生的重大作用，還有人在個體發展中透過自身去戰勝心理危機的可能性。

艾瑞克森之所以能夠比他的前輩們更能有效地制定一種理論假設，並根據這些假設去從事精神分析工作，是因為他始終對人性抱有樂觀主義精神。

我們很難猜測命運賦予一個人什麼樣的機遇與天資，也很難搞清楚興趣和教育是怎樣相互影響並決定著一個人的生活、事業的道路的，但似乎可以肯定的是：艾瑞克森在精神分析方面，的確有與眾不同的研究觀點和獨到的研究視角。

《存在心理學》

羅洛・黎斯・梅：存在心理治療的開拓者

心理醫生的責任不是「治癒」病人的症狀，而是幫助病人體驗他自己的存在。因為，讓病人獲得積極的心理體驗，是解除心理症狀的關鍵。

——羅洛・梅

羅洛·黎斯·梅（Rollo Reese May，一九〇九—一九九四），美國存在心理學家和心理治療學家，當代人本主義心理學的主要創始人之一。羅洛·梅把存在主義哲學、心理學和心理治療結核起來，在美國開創了存在心理治療的先河。

一九〇九年，羅洛·梅出生在美國俄亥俄州的艾達鎮，一九三〇年，取得文學學士學位。後來他參加了阿德勒在維也納山區舉辦的暑期培訓班，他們進行了密切的討論，並建立了聯繫。一九三三年，在密西根州立學院任學生心理諮詢員。一九三八年，獲紐約聯合神學院神學學位。他希望從神學的角度探索人生存在的真諦。一九三九年，發表第一本著作《諮詢的藝術》，書中闡述了他對心理健康問題的初步看法。一九四三年，進入紐約的威廉·阿蘭遜·懷特學院學習研究精神分析。一九四六年，開始從事個人心理治療。一九四九年，獲得哥倫比亞大學臨床心理學博士學位。

一九五二年，羅洛·梅成為威廉·阿蘭遜·懷特學院的研究員。一九五三年，出版《人尋求自我》一書。一九五五—一九六〇年，任教於紐約社會研究新學院。一九五八年，與人合作主編《存在：精神病學與心理學的一種新維度》，它的發表標誌著美國存在心理學的正式誕生，也奠定了羅洛·梅在人本主義心理學中的特殊地位。一九九四年十月二十二日，羅洛·梅在美國加利福尼亞州的提布倫病逝，享年八十五歲。

羅洛・梅的主要著作有：《存在心理學》、《宗教與文學中的象徵》、《夢與象徵》、《存在心理治療》、《愛與意志》、《權力與純真》、《創造的勇氣》、《存在的發現》、《我追求的美》等。

《存在心理學》一書的前身是一次特別研討會的論文，於一九六一年出版，成為羅洛・梅二十世紀六〇年代初學術思想的巔峰之作。在這本書中，羅洛・梅以其存在心理學為主線，簡明扼要地評介他的主要思想觀點和研究方法。這既有助於我們理解存在心理學的理論建構和價值，也有助於我們認識存在心理學在心理治療中的實際應用，正確評估存在心理治療的科學價值。

關於存在及存在心理治療

探討存在的意義，是《存在心理學》這本書的一個基本主題。羅洛・梅主要從下面幾個方面進行了闡述。

存在感的原則

羅洛・梅指出，對人類進行諮詢的有效性，依賴於我們對人究竟做什麼樣的理解。在他看來，這種理解必須以存在和存在感為基礎和目標。透過對病人當前存在狀態及其存在感的瞭解，確定心理治療的目標。

羅洛・梅所謂的「存在感」就是人對自己存在的內心體驗。正是這種存在感，把個體的身與心、個體與自然、個體與社會、個體與他人聯成一個統一的整體。因此，心理治療的最終目標就是喚起病人的存在感，使其重新認識自我的價值。因此，羅洛・梅提出了幫助病人發現存在感的三條原則。

一、「自由」是人存在的基礎

羅洛・梅指出，自由並不是毫無節制地為所欲為，它有兩個先決條件：第一，時空的限制，每個人都有一個不可逾越的時間和空間；第二，遺傳和環境的限制，只有在有限的範圍內，一個人才能在影響其存在的諸因素中，隨時自由地做出自己的選擇。

二、**宗教道德感是保證個體存在，促使人格不斷變化完善的動力因素**

自由的個體在獲得個體化過程中，需要不斷地自我更新。每一次更新，都要經受一次挑戰與創造的體驗，使人產生「負疚感」。但這種負疚感是存在的基本成分，是一個不完善的、存在著的人朝向完善的渴望，因而是積極的和建設性的。在宗教道德感的驅使下，健康的個體能創造性地承認自己的不完善性，努力克服阻礙自我發展的恐懼和焦慮，進而發現自我存在的價值。

三、**發現存在感的重要步驟是進行「健康的自我表現」**

羅洛・梅描述了健康人的許多特點，例如自主性、真誠、創造性、選擇、責任心等。他認為，這些特點的充分表現才是人的全部自我，它們發自人的內心深處。具有這些特點的人，才擁有健康的存在和存在感。

存在的三個世界

受存在主義哲學影響，羅洛・梅闡發了人在世界上存在的三種方式：

一、自我世界

自我世界指人類獨有的自我意識世界，它能幫助人們瞭解和把握自我的潛能和價值。

一個人只有瞭解了自我存在的意義，產生了強烈的自我意識體驗，才能更真實地觀察和理解周圍的人和事，理解它們對自我的意義。

二、周圍世界

這是一種自然的世界，是有規律的和循環的世界，是使人產生睡眠與醒覺、冷、熱、饑、渴、生老病死的世界。人生存在這個周圍世界中會遇到各種各樣的自然力量，因此人必須接受和適應自然界的規律。

三、人際世界

指人與人之間為了某種需要而建立起來的人際關係。這種關係的建立是人的社會活動的結果，因為在孤獨中，人們無法體驗到存在的意義。同時，人際關係世界中的影響是相互的，交往雙方都得到發展和成熟，這才是正常的、健康的人際關係世界。

羅洛・梅認為這三個世界是彼此相關、共同存在的。如果只強調某一個世界，而忽視另外兩個世界，就會片面理解人的存在方式或不能完整地理解真實的自我，進而導致人格扭曲和心理疾病。

存在的特徵

羅洛・梅重點闡述了人類存在的六種本體論特徵：

一、自我意識

指人能夠跳出自我並反觀自我的一種能力，這是人類獨有的特徵。自我意識不僅使人意識到外在威脅，而且使人認識到自我的「被威脅」。自我意識具有間接的、抽象的認知功能，它使人有能力超越直接具體世界，而生活在「可能的」世界之中。有了自我意識，人就可以憑藉言語，利用歷史的經驗，形成自己獨特的內心世界，同時能更正確地對自己進行認真的反觀、領悟和規劃，進入其他沒有自我意識的動物所不能達到的境界。

二、自我核心

每一個人都是一個與眾不同的獨特存在。誰也不能佔據他人的存在，這樣存在就需要有一個自我核心，以自我的存在為中心點，使自我與他人和環境相區別。羅洛・梅認為，這是人和所有的生物都具有的共同特徵。有沒有自我核心，是判斷一個人心理是否健康的基本條件。誰若攻擊這個核心，誰就是在攻擊人的存在本身。

三、自我肯定

是指保持著人自我核心的勇氣，他強調人應該有勇氣在自由選擇的過程中，實現自我存在的價值。羅洛・梅認為，在自我核心的形成過程中，一個人必須不斷地鼓勵和督促自己，這是一種勇氣的表現。一個人如果沒有勇氣，就無法形成核心性，更不能達到自我實現。

四、參與

指人在保持自我核心的同時，要積極參與到人際關係世界中去。這裏有兩點需要注意：第一，在參與中，個體必須保持獨立，因為參與過多會使個體偏離自我核心，反而使個體的存在失去平衡；第二，不要過分強調獨立，使自己封閉在狹窄的自我世界中，這會阻礙甚至損害人格的正常發展。因此，參與和自我核心必須搭配恰當，其目的都是為了實現自我存在的價值。

五、覺知

指自我核心的主觀體驗，是個體發現外在危險或威脅的能力。它是一種初級的經驗形式，是人和動物所共有的能力。但在人身上，覺知是自我意識的基礎，只有透過覺知的仲介作用才能形成人的自我意識。因此，在心理治療中幫助病人恢復他對自己存在的覺知，是心理治療者的一項重要任務。

六、焦慮

是指當人在面臨威脅時的一種痛苦體驗。在人類生活中，存在受到威脅甚至喪失都是不可避免的，因此，焦慮的產生也是不可避免的。焦慮有正常和非正常兩種形式。正常焦慮是與威脅相均衡的一種反應，不會產生壓抑感和強烈的心理衝突；不正常焦慮是一種心理變態，是一種與威脅不平衡的反應，並伴有壓抑感和心理衝突。

存在心理治療

這是羅洛・梅存在心理學理論的實踐基礎和重要組成部分，是把存在哲學的基本觀點和精神分析的某些治療思想相結合、改造而建構的一種心理治療體系。其主要思想包括：

一、存在心理治療的方法

存在心理治療是一種整體治療，其核心目標是幫助病人體驗其整體的存在。羅洛・梅把理解人的意向性，視為達到這一目標的根本途徑。

首先，意向性是一種存在狀態，是人的意識意向和潛意識意向的基礎。因此，治療者首先應瞭解病人當前的意向性，同時幫助病人理解和體驗自己的意向性，明白自己是怎樣表現或否定它的。

其次，要幫助病人體驗其意向性中的情緒情感及其意義、作用和含意，體驗和意識到它可能產生的後果。同時還要幫助病人理解這種情緒情感，是自我毀滅的還是建設性的。**羅洛・梅強調，在治療中不要讓病人逃避到對欲望行動的沉思默想之中，而是要幫助他理解這種欲望的全部社會意義和個人意義。**

二、存在心理治療的基本原則

羅洛・梅提出了存在心理治療的四條原則。

體驗性原則。心理治療應該使病人親自體驗到他的自我世界。這種體驗就是要病人充分意識到他的潛能，並使這些潛能發揮作用。**羅洛・梅強調，心理醫生的責任不是「治癒」病人的症狀，而是幫助病人體驗他自己的存在**。因為解除心理症狀的關鍵是病人獲得積極的心理體驗。

理解性原則。羅洛・梅認為，存在心理治療主要依賴於對病人的理解，治療技術也必須來自理解。他指出，存在的技術應該具有靈活性和多面性，隨著病人的不同，以及同一位病人在不同治療階段的變化而變化。

在場性原則。存在心理治療，應把醫患關係視為病人心理場的一個組成部分，心理治療者必須進入病人的這個心理場，才能真實地理解病人當前的存在情境。不過，使用「在場」原則不當，也會引發醫生與病人焦慮，因此在治療中，醫生要保持頭腦冷靜。

付諸行動原則。這是要求醫患雙方全身心地投入治療實踐的一種原則，也是人們「認識真理的一個先決條件」。**羅洛・梅認為，人的選擇發生在認識之前，這種選擇是人們趨向存在的一種態度。只有當病人學會選擇正確的生活方向，並沿著這一方向付諸行動時，他才能促使自己去尋求知識、探索真理和回憶過去**。

三、存在心理治療的階段

理解病人的意向性，是存在心理治療的主要方法和目標，那麼怎樣才能達到這一目標呢？羅洛・梅提出了心理治療三階段的設想。

願望階段。願望階段和人的覺知有關。儘管現代人懷有大量的願望，但人們總是消極地對待它們，甚至認為，只有否認願望才能獲得願望的滿足。羅洛・梅認為，這是病人脆弱性的一種表現。只有使病人對自己的願望產生高度的覺知和意識，才能使病人產生獲得歡樂與幸福的願望，但同時也有可能使病人更焦慮。因為願望的實現，需要病人進行自由選擇和為此負責，而這正是病人所缺乏的。

意志階段。意志階段是使認識從本質上變為自我意識的階段。其目標是把上一階段產生的願望，提到一個更高的意識水準上，使他認識到自己不僅擁有某種願望，而且相信自己能為世界做點事。在此基礎上，他才願意透過願望的滿足，來實現自己的創造性潛能。

決定和責任感階段。這一階段的目標是幫助病人達到負責任的自我實現、自我整合與成熟。病人不僅能決定自己的行動，而且富有責任感。這一階段包含著並超越了前兩個階段，它創造了一種新的生活與行動模式。羅洛・梅認為，當病人開始對其自我世界中的願望、意志和決定，表示關注並負起責任時，第三個治療階段的目標才算達到。

總之，存在心理治療要求醫患雙方密切合作，建立一種真誠的關係。病人必須真切地瞭解自我存在的本體論基礎，治療者也必須把病人看作相互交往的存在。只有遵循這種治療過程，才能幫助病人體驗其真實的存在，認識自己潛能，並鼓起勇氣採取有意向性的行動，最終達到心理治療三個階段的目標。

關於焦慮

除了存在理論，羅洛・梅也把焦慮理論作為存在本體論的組成部分，主要分以下幾點進行了闡述。

焦慮產生的原因

羅洛・梅從以下幾個方面闡釋了焦慮的起源：

一、**關係感的喪失**

由於現代社會過分重視如何用技術來控制自然，使人們和大自然日益疏遠。現代化的生活雖然給人帶來了有用的技術成果，但人卻越來越失去了與自然的和睦關係，失去了自我與自然的聯繫，焦慮就是對這種喪失的一種反應。

二、**價值觀的喪失**

現代社會是一個劇變的社會，人的價值觀和倫理觀處在新舊交替之中。羅洛·梅發現，現代人失去了三種基本價值觀：第一，健康的個體競爭觀念被不健康的、開發式的競爭觀念所取代，人與人之間成了競爭的敵人，敵意和怨恨增加了人們的孤獨和焦慮；第二，理性與非理性的相互作用，被所謂理性功效的信念所取代，人們解決問題時，片面強調理性的作用，而否認非理性的價值，進而導致人格的分裂；第三，面對龐大的現代社會機構，個體的價值感和尊嚴感喪失，對當今時代許多嚴重的社會問題，人們深感無力解決，個人力量的渺小和無力使人深感焦慮。

三、**空虛和孤獨的產生**

空虛和孤獨是現代西方社會的一大頑症。羅洛·梅認為，由於價值觀無法整合而使人格的統一性遭到破壞，個體不僅對他人和周圍世界感到陌生和不可理解，甚至對自己、對人類的本性也感到模糊不清，進而使人感到內心十分空虛。空虛感與失望和孤獨緊密相連，使人變得冷漠無情。人們總想依賴他人的幫助來擺脫困境，但是由於沒有一個關係相當確定的夥伴，於是，人們不得不默默地忍受痛苦，不得不虛意地奉迎和適應別人，這樣反而使個性和存在感更受壓抑，使人陷入痛苦的焦慮之中。

四、**失去了與別人建立聯繫的能力**

現代人失去了以成熟的方式與別人建立聯繫的能力。現代人把性和愛相混淆，這是導現代社會性混亂的一個根本原因。羅洛·梅認為，性是一種麻醉劑，它雖然能使人暫時減少焦慮，但最終卻使人更加萎靡，疏遠和無價值感日益加深，焦慮自然會隨之產生。

焦慮的實質和意義

羅洛・梅認為，焦慮是當個人的人格及存在的基本價值，受到威脅時產生的憂慮。很顯然，羅洛・梅所謂焦慮是和存在密切聯結的。在羅洛・梅看來，焦慮的實質是：

一、**是存在價值受到威脅時的一種反應**

有些價值對人的存在是至關重要的，一旦它受到威脅，人的存在核心就受到了打擊，焦慮就是對這種威脅或打擊產生的一種反應。

二、**是存在受到威脅時的一種心理狀態**

這種威脅可能針對生命，也可能針對與生命同等價值的信念和理想，還可能針對人的價值觀或象徵。

三、**是對非存在威脅的一種體驗**

非存在即死亡，它也是存在的一部分，是誰也避免不了的。當人意識到這種非存在時，內心產生的痛苦體驗，就是焦慮。

四、是一種強烈的心理衝突

當個體面對其潛能時，往往產生強烈的心理衝突，因為潛能一方面會使個體的存在得到實現，另一方面又會使個體的安全感受到暫時破壞。一個人要想實現其潛能，就必須進行新的選擇，改革其現狀，這就必然產生焦慮。

羅洛・梅還指出，焦慮不同於恐懼。恐懼威脅的不是人的基本價值或存在基礎，而且恐懼有明確而具體的對象；而焦慮雖然威脅到人的基本價值，焦慮者卻說不清其中的原因，其對象模糊不清。

對付焦慮的方式

以羅洛・梅的觀點，焦慮是存在的本體論特徵之一，它是不可避免的。但焦慮畢竟是一種令人不愉快的體驗，人們總是在設法排除它。根據觀察，羅洛・梅得出了兩種對付焦慮的方式：

一、正常人的健康方式

指個體在焦慮面前既不逃避，也不墨守成規，而是依靠足夠的勇氣，積極地面對焦慮，這種在鬥爭中實現的價值觀是有價值的。

個體之所以運用這種方式擺脫焦慮，是因為個體的價值觀的影響要大於焦慮的威脅。如果一個人對某種價值觀深信不疑，為保衛它而不惜犧牲，那麼，在勇敢地面對焦慮時所獲得的勝利，其價值遠遠大於逃避焦慮。

二、神經症患者的變態方式

這是透過壓抑、禁忌或其他消極的逃避方式來擺脫焦慮。這種方式實際上是企圖以縮小自己的意識範圍來消除心理衝突。正常人有時也會採用這種方法，例如，遵守嚴格的規則，放棄一些自由和責任，或縮小對自己潛能的認識，重新建構社會所認可的合法存在感，這是以部分地放棄自我，來排除焦慮的。

《分裂的自我》

萊恩：生存論心理學巨匠

如果自我現在決定要順從逃離自身封閉性的欲望，決定要中止偽裝和欺騙，決定要坦誠地、旗幟鮮明地揭露自己，那麼嚴重的精神病就發生了。

——萊恩

萊恩（R.D.Laing），當代著名的生存論（存在主義）心理學家。一九二七年，萊恩出生於英國格拉斯哥一個相對貧困的工人家庭。一九五一年，萊恩獲格拉斯哥大學醫學博士學位，隨後應徵入伍任軍隊精神病科醫師；一九五三年，退役後在格拉斯哥精神病院等處任職。一九五六——一九六〇年，在著名的倫敦塔維斯托克診所任職，之後在塔維斯托克人際關係研究所從事研究。

作為當代兩大著名的生存論心理學家之一（另一位是羅洛・梅），萊恩自覺地將生存論哲學與精神分析相結合，並完成了系統性的工作。他不僅是一位有著豐富實踐經驗的精神病專家，而且是位卓越的生存論心理學家，更是激進的文化批評家，西方文明的批評者、預言家和反文化英雄。他的讀者並不是精神病專家，而是哲學家、社會學家、文化藝術家。

萊恩的主要著作有：《分裂的自我》、《自我與他人》、《家庭的政治》、《生活的真諦》、《經驗的聲音》、《經驗的政治・天國之鳥》、《理性與暴力》（與人合著）、《健全、瘋狂與家庭》（與人合著）、《人際知覺》（與人合著）等。

《分裂的自我》是萊恩在總結大量臨床經驗，觀察、記錄病案的基礎上寫成的，是生存論心理學的經典作品，它既是萊恩的處女作，又是其代表作。《分裂的自我》使萊恩進入了二十世紀五、六〇年代之際，西方激進的、批判的、反叛的知識份子、藝術家和青年的行列。這本書與其後期著作相比，有以下三點重要的特徵：

首先，對所引用的神秘主義作家，萊恩十分注意將其非神秘化；而對非神秘主義作家則注意將其非道德化；

其次，出於生存論心理學人道主義的背景，萊恩不願使用「病患」、「病症」等詞，同時卻仍以理性的態度，正視患者精神混亂的客觀現實，而其後期著作將精神分裂症患者視為「超現實世界」的先驅；最後，在這本書中，萊恩將精神混亂狀態看作患者自身的屬性，而不像後來視這種狀態為家庭（乃至社會、文明）的屬性。

精神病問題的生存論

人學的生存論

萊恩指出，生存現象學試圖刻畫人對周圍世界及自身經驗的性質，如果不理解精神分裂症患者瘋狂言行的生存性關係，就無法理解這些言行本身。在現象學和生存論的意義上，萊恩使用「精神分裂性」和「精神分裂症」兩個術語，分別指正常狀態和精神病狀態。

萊恩認為，臨床精神病學的眼界局限於精神分裂性存在的形式或由精神分裂性狀態過渡到精神分裂症的某些形式。然而，目前的精神病學和精神病理學無法把握這些問題，只有生存論——現象學方法才能揭示其中真正人的關聯和意義。

從生存論的意義上來說，人的具體存在就是他在世界之中的生存。要想對精神分裂性個體或精神分裂症個體做出正確的研究，必須首先把該個體看作人際關係中的人，既是獨立的，又是與他人相聯結的。

從生存論理解精神病

流行的精神病學認為，精神病是患者在調整過程中的社會性和生物性失敗，是一種強烈的不適，其根本原因在於脫離現實，缺乏內省。**在生存論——現象學的基礎上，萊恩則認為，精神正常和精神錯亂，是由兩人之間聯繫或分裂的程度來決定的。在這兩人之中，有一人被公認是精神正常的。把一個人判斷為精神病，其關鍵因素在於，判斷者和被判斷者之間存在分裂，缺乏協調。**悲劇性的分裂劃開了「正常的」幸者和「反常的」不幸者。

存在性不安

萊恩深入探討了不幸的生存論原因：存在性不安。萊恩指出，存在性安全感和存在性不安是兩種基本的生存狀態。具有存在性安全感的人，對自己和他人的現實性和統一性，具有根本上穩定的感覺，他會帶著這種感覺遭遇生活中的一切事件。這樣的人不僅感到完整的自我身分和統一性，還感到事物的永恆性、自然過程的可靠性和實在性，以及他人的實在性。

存在性不安，從幼兒期就開始形成，它使個體無法發展出正常的自我意識。無法正視自己與他人的現實性、生動性、意志自由和身份；無法正視生與死，無法與他人保持正常的聯繫與獨立，進而無法獲得基本的存在性安全感。

存在性不安的個體有三種不同的焦慮形式，它們分別是：吞沒焦慮、爆聚焦慮和僵化焦慮。

存在性不安個體感到正常世界的生活威脅著他的生存，使他面臨被吞沒、被爆聚、被僵化的危險。他無法與他人共有一個經驗的世界，只好規避到自身之內，但這並不能否定現實世界的存在，外部世界對他的影響並不會消失或減小，反而更加被扭曲和放大，使他更深地局限在自身狹隘的經驗世界之中。

心理分析

在這一部分內容裏，萊恩主要探討精神分裂性個體（具有患精神分裂症傾向的個體，亦即具有存在性不安的個體）的心身（自我與身體）關係。

身體化的自我和非身體化的自我

萊恩指出，身體化的人感到自己有血有肉，肌腱骨骼俱全，感到生物學上的生動與真實：他知道自己是實在的。他感到疾病、衰朽、死亡等種種危險威脅著他的身體。他被身體的欲望、滿足和快樂，以及身體的挫折所糾纏。於是，個體有了自己生活的起點；其身體對他來說是一個基礎，在此基礎上，他可以作為一個人與其他人交往。儘管他的存在沒有被分離為「心」與「身」，他的自我仍然可能以許多不同的方式被分離。

在某些情形中，他的生存狀態比那些或多或少與身體分離的個體更為危險。這是因為，在遭到身體傷害的時候，他缺少那種神聖不可侵犯的感覺，而具有非身體化傾向的人，常會有這種感覺。

在非身體化狀態中，個體或多或少感到自我與身體的分離，感到其身體是一個客體，與世界中其他客體一樣，而不是自身存在的核心。在這種情形中，被分離的、非身體化了的、「內在的」、「真正的」自我，有可能懷著溫柔、體貼、有趣或厭恨的心情，觀望著假自我。

這樣一種自我與身體的分離，使得非身體化的自我，不可能直接參與現實生活的任何內容，因為這些內容是身體知覺、感覺和運動之高度專一和深思熟慮的結果。

因而，非身體化的自我，作為所有身體行為的觀望者，無法直接參與其中，其作用只能是觀察、控制和批評身體的經驗和行為，從事那些通常所謂純「精神」活動，也就是說，非身體化的自我變成了一種過度意識。

在對身體化的自我和非身體化自我做比較的基礎上，萊恩指出，陷於存在性不安的個體，其真實自我無法適應充滿風險的現實世界，逐漸與其身體相分離，萎縮為非身體化的「內自我」，並失去與身體的正常統一。

精神分裂性狀態中的內自我

萊恩指出，在所描述的精神分裂性狀態中，自我與身體之間存在著持續的分裂。個體自認為是真實自我的東西，卻或多或少表現為非身體化；而身體的經驗和行為，卻轉而表現出假自我系統的成分。

萊恩認為，如果把「正常」個體置身於威脅其存在的處境中，且無可逃避，那麼他就會進入一種精神分裂性狀態，竭力試圖超越這一處境——即便不在生理上，至少在精神上，變成精神的觀察者，超然地觀望著自身的所作所為及其遭遇。

於是，自我著手尋求安全感，力圖透過非身體化的存在超越這個世界。自我不能與真實的人和事物建立直接的關係。當這種情況發生在患者身上時，患者的自我就會竭盡全力維護自身的真實感、生動感以及身份感。

假自我系統

萊恩指出，假自我系統是特殊形式的精神分裂性存在，其職責是建立與世界的直接聯繫。假自我系統，是作為「內」自我的互補而存在的，這一「內」自我專注於維持其身份和自由，其手段是超越、非身體化——亦即保持自己絕不被控制、被固定、被困陷、被佔有。它的目的是成為純粹的主體，排除任何客觀生存。因此，除某些確定的、可能的安全場合外，個體一般都傾向於將其整個客觀生存視為假自我的表達。

萊恩認為，精神分裂性個體的假自我有別於「正常」人的人格面具，也有別於作為臆病患者典型特徵的假面。實際上，「正常」人相當一部分行動是機械的。但這些實質上機械的行為並非其行為的全部。

「正常」個體不會被痛苦的張力所驅使，去攻擊或摧毀身體內部這種異己的現實（即機械行為），就好像這種現實有著幾乎分離的存在。臆症患者的特徵在於，他把自己與自身的所作所為分離開來，作為對自身行動的規避。臆症患者試圖透過其行動達到自身的滿足，而行動的意義卻又是他所拒斥的。行動使其力比多欲望和攻擊欲望得到滿足，這些欲望是針對他人的，他自己無法瞭解其意義。

精神分裂性個體的假自我，並沒有作為實現和滿足自我的工作。在精神分裂性個體身上，當假自我的欲望明顯得到滿足時，自我可能仍然處於根本的饑餓狀態。此時，假自我的行動並不去滿足內自我。

自我意識

萊恩指出，按通常的用法，自我意識有兩種含義：一種是自己對自己的意識；另外一種是從他人的角度對作為客體的自己的意識。

自我，在第一種情況中，是自己眼中的客體，在第二種情況中是他人眼中的客體。自我意識的兩種形式之間有著密切的聯繫。在精神分裂性個體身上，兩者都受到強化，並且都變得具有強迫性。

在精神分裂性個體對自身行為過程的意識中，這種強迫性常常使他苦惱不堪；同樣的，在充滿他人的世界中，他對作為客體的自身身體的感覺，也為這種強迫性所左右，這也使他大為苦惱。

自我意識的人感到自己是他人過分關注的對象。在這種人眼中，他人對自己的興趣，超過了應有的程度。自我意識的人可能需要被他人注視和認可，以便維持他的真實感和身份感。

然而同時，他人又意味著對他身份和現實的威脅。為了擺脫這種進退兩難的境地，個體會做出極為複雜微妙的努力，用隱秘的內自我和假自我行為系統，來幫助自己解決問題，扮演的社會角色總是與真實的自我相去甚遠。

精神分裂症狀態

萊恩認為，當精神分裂性的生存狀態出現了特殊的分離形式時，就會發生由正常向瘋狂的過渡，也就是說，精神分裂性狀態發展到一定程度便進入精神分裂症狀態。

自我為了發展和支撐其身份和自主性，逃避外界持續的威脅和危險，便割斷自己與他人的直接聯繫，盡力變成自己的客體——試圖與自己發生直接聯繫。在這種情形下，自我的基本功能變得只是幻想和觀察。這一點達到後，一個必然的結果就是：自我將難於支撐任何真實的思想感情。此時個體的狀況有可能還顯得比較正常。但是，這種表面上的正常，卻是透過進行性的、越來越反常的和絕望的手段加以維持的。

在精神病狀態中，讓自我進一步退縮和讓自我恢復原狀這兩種努力將合二為一。

在由精神分裂性狀態發展到精神分裂症狀態的過程中，內自我經歷了如下的變化：內自我變得「幻想化」或「發散化」，因而失去穩定可靠的身份；變得不真實；變得貧乏、空洞、僵化、分裂；變得充滿厭恨、恐懼和妒忌。

假自我系統卻經歷了如下的變化：假自我系統越來越擴張、越來越自主，被各種強迫性的行為所「折磨」，屬於它的一切變得越來越僵死、不真、虛謬、機械。自我與身體的分離以及身體與他人的密切聯繫，把自我推向精神病的狀態。

萊恩指出，當假自我系統尚保持完好，尚未被自我的攻擊所破壞，或者尚未被各種過渡性疏離行為的累積所破壞時，個體表面上會顯得完全正常。然而，在這種正常的外表下面，內部的精神病卻在悄悄地發展。

個體表面上的正常與對日常生活的成功調節和適應，在其真自我看來，是越來越可恥的或可笑的偽裝。與此同時，其自我在自身幻想性的關係中，變得越來越發散，擺脫了各種相關的偶然性和必然性——它們阻礙成為外部世界中他人之間的客體；在這個世界中，個體知道，他應該接受對此時此地的承諾，以血肉之軀服從生與死的命運。

因而，如果自我現在決定要順從逃離自身封閉性的欲望，決定要中止偽裝和欺騙，決定要坦誠地、旗幟鮮明地揭露自己，那麼嚴重的精神病就發生了。

總之，在這本書中，萊恩關注和研究「異化」問題，呼籲對西方現有文明、制度、道德倫理乃至思維方式進行質疑、批判或反叛，呼喚「人的自然本性」的複歸。在某種程度上，他與薩特、馬爾庫賽、布朗等人促發了二十世紀六〇年代後期，席捲整個西方世界的激進的社會、政治、文化運動。也正是透過這場運動，萊恩確立了自己基本的思想地位和形象。

《科學與人類行為》

伯爾霍斯·弗雷德里克·斯金納：操作性條件反射理論的奠基者

一門行為科學所致力研究的這門題材，雖然是人類經驗中最普遍的一種，可是無保留地把它當作妥當的科學題材，還是新近的事。

——斯金納

伯爾霍斯・弗雷德里克・斯金納（Burhus Frederic Skinner，一九〇四—一九九〇），美國著名的心理學家，新行為主義的創始人之一，操作性條件反射理論的奠基者，出生於美國賓夕法尼亞州東北部小城鎮中一個「溫暖而安定」的家庭。斯金納曾獲得漢米爾敦學院英語學士學位，並在畢業時獲得了令人羡慕的霍爾利希臘獎金。一九二八年，斯金納進入哈佛大學念研究生，專攻心理學。在此期間，他讀了華生和巴普洛夫的著作，被他們的觀點所吸引，開始對人類和動物的行為產生了濃厚的興趣。後來，斯金納分別獲得該校心理學碩士學位和哲學博士學位。斯金納一生著作豐厚，主要包括：《科學與人類行為》、《有機體的行為》、《沃爾登第二》、《言語行為》、《超越自由和尊嚴》、《教學的藝術》、《強化的相倚聯結》、《對行為主義和社會的反思》以及《關於行為主義》等。

《科學與人類行為》一書是斯金納作為行為主義心理學教科書來寫的，全書根據內容可分為五部分。這五部分內容邏輯嚴密統一、觀點承上啟下、思路明確清晰，充分表現了斯金納行為主義心理學學術思想。該書向傳統心理學對人類行為的理解提出異議，反對從有機體的內部尋找行為的原因，在肯定遺傳素質作用的同時，強調重視後天環境條件對有機體行為的塑造（有機體的行為和外部環境之間存在著的函數關係、條件性行為，特別是操作性條件行為以及強化等概念是分析、理解、控制人類行為的關鍵）。該書的後半部分著重分析了作為整體的個人在群體中的行為表現，探討了政府和法律、宗教、心理療法、經濟和教育等對人類行為的控制問題。

人類行為科學的可能性

對行為的分析

在這裏，斯金納著重提出了一些理解行為的概念，如操作性行為、操作性分辨、強化以及懲罰等，這些概念構成了分析、理解、預測和控制行為的基本要素。

一、**操作性行為和操作性分辨**

在人們的日常生活中，絕大多數行為都可以歸屬於操作性行為概念的範疇，比如讀書、寫字、打球、開車、划船等。「操作」這一術語所強調的事實是，行為對環境產生影響並導致一定的結果。與應答性行為受刺激物直接控制不同，操作性行為是一種發出行為而不是誘發行為，是有機體在最初無任何明顯可辨識的誘發刺激物在場的情境下，主動發出行為並受隨後產生的結果控制。換句話說，就是在對操作性條件反射進行描述時，我們不必提及任何先於反應出現的刺激。

透過鴿子實驗，證明了大部分操作性行為與周圍世界形成了重要的聯繫。在這個實驗中，燈光信號亮時，試驗者就對鴿子的伸頸行為進行強化，關了燈就不進行強化。這樣過了一段時期，鴿子只有在亮燈時才會做出伸頸反應。這一實驗證實了一種與條件和無條件反射大致相同的刺激（反應聯結）的存在：燈光一出現，立即就伴隨著鴿子頭部的向上運動。

但是，這一關係從根本上說不同於反射中的刺激——反應聯結，它具有不同的形成過程和屬性。對這一相倚聯結，斯金納做了這樣的描述：刺激（燈光）是反應（伸頸）伴隨著強化（食物）的誘因。對鴿子的影響是，當燈亮時，反應最後更可能發生。這一現象形成的過程，就叫做分辨。一旦分辨已經形成，我們就可以透過呈現或排除分辨性刺激，立刻改變反應的機率。

在日常生活中，我們可以發現許多分辨性刺激與行為反應聯結的例子。比如，在果園裏，如果只有紅蘋果甜的話，摘蘋果吃的行為才會逐漸受到紅顏色的刺激的控制。社會環境中存在著大量的此類相倚聯結，微笑是社會交往得到贊許的暗示，蹙眉是社會交往得不到贊許的暗示。這種聯結通常是很正確的，在一定程度上，交往會逐漸依賴於對方的面部表情。因此，我們可以透過微笑或蹙眉，對對方的行為進行一定的控制。

二、**強化**

在分析行為中，強化是一個重要的概念。行為被強化即被加強，就是在未來類似的情境下，同類行為再次出現的機率增加。受到強化的行為，不是指某一特定行為，而是指一類或一組相似行為。

強化的分類。強化可以分為兩類：正強化和負強化。這裏需要注意的是，無論是正強化還是負強化，都能夠增加行為再次出現的機率。正強化是指行為反應形成時，向情境附加一些東西作為正強化物，如食物、水、性行為、金錢、贊許、注意等，使得行為機率增加。負強化是指行為反應形成時，從情境中消除一些東西即負強化物或厭惡性刺激，如噪音、低溫、批評、冷漠等，使得行為的發生機率增加。

強化與操作性的關係。人類的絕大多數行為，都是經過強化而形成的操作性行為。人類個體要麼獲取了某些東西（正強化情景時），要麼避免或逃避了某些東西（負強化情景時），在此基礎上，才形成一定的行為反應方式。強化類型的「正」、「負」含義，不能按照日常普通意義理解。比如，女孩子拒絕男孩子約會邀請，按一般理解，拒絕產生的效果是「負」的、消極的，但是很有可能正是因為拒絕，反而增加男孩子去接近女孩子的次數。同樣的，不恰當地過分贊許某人，可能會適得其反，引起被贊許者的反感，使得贊許帶來負面效應。所以，正、負強化物不是從事物的一般性質去區分的，而應該從它們具體發揮的實際效果去界定。

強化物的分類。強化物可以分為「初級」強化物和「條件」強化物。初級強化物，是指直接滿足人類個體生存必需的東西，如食物、水、性行為等。條件強化物，指與初級強化物得失密切相聯繫而發揮強化作用的事物，如金錢、贊許、注意、批評、冷漠、學習成績等。擁有金錢就可以獲取基本生活必需品（初級強化物），學習成績良好可以順利獲得畢業文憑，意味著較易謀取工作職位，保障基本生活。

與初級強化物得失相聯繫的條件強化物，能夠影響行為的發展。比如，來自異性成員的贊許、注意或愛，因為與初級強化物（安全、性行為等）相聯繫，進而直接影響異性間的交往行為。同樣的，父母給予孩子的贊許或批評，因為與提供給孩子的初級強化物（食物、溫暖等）相聯繫，進而直接影響親子關係的發展。

行為與強化物的關係。行為和強化物之間存在可理解的、必然的因果關係，但有時，它們之間也表現出不可理解的、偶然的因果關係，這種情形下的行為，斯金納稱之為「迷信」行為。人類社會和動物界都大量存在這種行為現象。比如，祈雨儀式後的偶然降雨，會促使人們更多次地重複祈雨儀式；偶然在一條路上拾到錢的人，可能會願意再次途經此路。還有一種情況，行為和強化物之間根本沒有聯結，也就是說，個體行為被忽視或者沒有產生出強化效果。在這時，由於行為不再繼續受到強化，導致行為次數逐漸減少甚至不再出現，這個過程被稱為操作性消退。

三、懲罰

懲罰是減少以某種方式產生行為傾向性的手段，一般透過附加負強化物、厭惡性刺激或消除正強化物，來使行為受到抑制，減少行為出現的機率。儘管懲罰是一種有效的社會控制技術，但是從長遠來看，它無論對被懲罰的有機體還是對執行懲罰的機構，都是不利的。

令人厭惡的刺激儘管是需要的，卻會引起許多不良的情緒反應，包括躲避或報復的傾向，並且使人憂慮。懲罰雖然具有立竿見影的效果，但是，在這一過程中，人們也付出了很大的代價，因為它降低了團體的工作效率和滿意感。隨著社會的進步和人類文明程度的提高，人們逐漸學會了用其他形式的控制取代懲罰。

人類行為科學的可能性

一、人類行為與科學

在人類運用科學一次又一次超越和征服自然的同時，出現了越來越多與人類初衷背道而馳、且科學自身又無法解決的嚴重社會問題。要想挽救這些人類運用科學時帶來的不幸遭遇，不必在科學發達的領域停滯不前，只需要把我們對人性的理解提高到相同的高度。自然科學只有在包括大量人性科學的前提下，才能夠取得進步，科學的結果才能被廣泛應用。我們應該使用科學的思維方式來理解人性科學（包括心理學）。

科學是一種組織、態度和傾向，並憑此接受、描述和解釋事實，在此基礎上，總結既往，預測未來。科學功能的有效性，在於科學方法可以表現為一種操作活動，它從觀測單個事件出發，尋求一般規則，概括普遍規律，進而構成特定功能系統。

人類行為具有物理狀態性質，是一些可以說明的前提條件的產物（這些前提條件也就是外部環境中的相關變數）。從這種角度來講，「人是機器」。所以，人類行為因其重複性、規律性以及決定性等特點，成為科學的合法對象。也就是說，人類行為符合科學從普遍決定論出發探索因果關係的一般要求。

使用科學思維方式分析人類行為，直接得益於達爾文生物進化論和巴普洛夫條件反射理論。**達爾文生物進化論開始懷疑人和動物之間的嚴格區別，斯金納由此相信，人和動物在行為的基本過程方面並不存在質的區別。與生理學、解剖學等方面的特點相比，人和動物在行為學方面也應該會有驚人的相似。**

巴普洛夫的條件反射理論，使我們在分析行為時，除了認識到中性刺激物取代作用、反應形成過程等外，更重要的是讓我們思考強化的定量特徵、數量關係、強化程序以及強化效果。關於強化的科學思考，使得斯金納在分析行為時，迴避生理問題等複雜機制，直接考察操作性條件反射原理解釋行為，進而得出環境變數與行為之間的函數關係。

二、資料來源

行為科學分析的資料，來源於以下幾個方面：第一，隨意觀察；第二，控制現場觀察，如一些人類學的觀察方法；第三，臨床觀察；第四，在工業、軍事以及其他機構的研究中，在控制得更嚴格的條件下，對行為進行廣泛的觀察；第五，人類行為的實驗室研究；第六，對低於人類水準的動物行為實驗研究。在所有的獲取資料的途徑中，第六條途徑是最受人們爭議的一條途徑。

低於人類水準的動物行為的實驗研究推出的結論，對分析人類行為有何幫助呢？斯金納認為，人類行為因其複雜性、多樣性和成就性，有別於其他物種的行為，但是，行為的基本過程並不因此而有差異。低於人類水準的動物行為相對簡單，可以在控制條件下長期重複，有利於累積實驗資料。而且，它們的行為與人類行為相比較起來沒有社會、倫理等干擾因素，更容易概括出行為的基本過程。所以，在行為科學發展初期，低於人類水準的動物行為的研究結果，能夠給理解人類行為提供有益的借鑒和參照。

斯金納認為，傳統的從有機體內部尋找行為的原因的做法，只能提供虛假解釋，無助於瞭解行為的真實原因。物理學和生物學研究領域，正是由於放棄從前固守的從主觀原因出發的思維模式，才取得了突破性進展。同樣的，心理學也必須放棄從個體內部尋找行為原因的思維模式，才能取得重大進步。

這是因為：首先，人的主觀事件無法與科學構成合法聯結，即主觀事件不能成為科學研究的主體；其次，人的主觀事件如內部的心理原因、內部的理性原因以及生理感受狀態，不僅不具有解釋行為原因的價值，相反的，它們還會掩蓋行為的真正原因。

三、三環節因果鏈模型

斯金納提出三環節因果鏈模型，對行為的發生過程進行分析。三環節包括：第一，從外部對有機體進行的操作；第二，內部狀態；第三，行為。人們習慣上從第二環節即內部狀態中，尋找第三環節即行為的原因。

內部狀態（如情感、思維等）是存在，但它本身並非無緣無故、無由而至。斯金納用三環節因果鏈模型，主要是為了說明作為第二環節的內部狀態，必須依賴於第一環節即從外部對有機體進行的操作。因而，要想真正理解行為的原因，就必須建立起第一環節與第三環節之間的函數關係，把外部環境因素看作是決定行為的根本原因。

採用三環節因果鏈模型分析人類行為的方式，既承認了情感、思維等主觀事件的存在，同時又能合理地跳越第二環節即內部狀態，直接建立起第一環節和第三環節之間的合法聯結（即考察「環境——行為」系統）。跳越第二環節，除了因為它直接依賴於第一環節外，作為第二環節內部狀態本身的情感、思維等主觀事件，不具有科學方法進行研究所要求的物理狀態性質。從個體內部尋找行為的原因必然流於簡單，本應把行為看作一個過程或一種關係來進行分析和考察。斯金納認為，心理學只有放棄了傳統解釋行為的思維模式，才能取得突破性的發展。

作為整體的個人

在這一部分內容裏，斯金納主要分析了自我控制、思維、自然科學中的秘密事件，並且對自我的問題進行了分析。

人們習慣把自我控制現象作為行動的自我負責的例證，強調「意志力量」、「個人責任」或「自制力」。但是，透過外部變數而進行的分析顯示，內部起源和決策力量並不重要，也就是說，控制並非來自個體，社會應該對大部分的自我控制行為負有責任。

一個人可以用許多時間來安排自己的生活，比如，他可以仔細選擇生活環境，並可以大量操縱其日常環境。這種主動性表現了高度的自我決定，但這本身也還是行為，我們只能按照個體的環境和歷史中的其他因素來說明它。正是這些因素，從根本上提供了控制。

自我控制實質上有賴於產生控制行為的環境變數，因而是源自有機體之外的。在思維領域裏也有相應的問題，思維不是總具有創造性的特徵。對於那些明顯出自模仿或受明確的言語刺激控制的反應，我們不能把它視作「創造」。我們個人的經歷和嚴格符合定義的行為過程，是誘導思維刺激的直接原因。

對於人類的個體行為，有一部分是秘密的，比如，情緒體驗上的喜、怒、哀、懼、愛、恨等。但是，我們不需要因為出於私人性原因，就假設發生在有機體內部的事件會具有獨特的性質。一個秘密事件可能按其有限的可接近性而加以區分，但它不具有任何獨特的結構和性質。

群體中個人的行為

透過對通常所說的社會行為進行分析，斯金納說明了有機體如何利用行為的基本原理去控制另一有機體。從倫理學意義上來說，群體必須透過一定的方式去控制它的每一個成員，對行為基本過程的分析，就為這些方式提供了基礎。

所謂的社會行為，是指兩人或更多的人之間互相的行為，或是他們與一般環境相適應的行為。社會行為的出現，是因為一個生物體是另一生物體的環境的一部分，並且，它們之間的這種作用是不容忽視的。因此，第一步就要分析社會環境及其特徵。

這裏面包含兩個問題：社會強化和社會刺激。社會強化需要其他人在場，如果不涉及另一生物體，就無法描述這種強化。由他人調節而強化的行為，在許多方面與機械環境所強化的行為不同。社會強化按照強化動因的條件，時時都可以發生變化。不同的反應可以獲得同樣的效果，而一個反應又可能獲得不同的效果，這些完全是偶然的。結果便是，社會行為較之與社會環境中類似的行為，更加廣泛豐富。

社會強化的另一特徵是：強化系統很少是獨立於行為強化的。其他個體經常是社會刺激的重要來源。由於行為偶然性的介入，一個社會刺激，正像其他任何刺激一樣，會在行為控制中變得重要起來。比如，「微笑」的面部表達是重要的，因為它們是某些社會行為接受某些強化的偶然結晶。

個人控制可以用如下術語陳述：A做出改變B的行為的舉動，正是為了獲得B的行為對A所產生的結果。通俗地說，A是在有意控制B，當然這並不是說A必須確知自己行為的原因或結果。

在個人控制中，個體控制一些相關變數以運用自己的優勢去影響對方，其種類和程度取決於個人自身的條件和控制者的技巧。強壯者透過身體力量，富翁藉助金錢，漂亮的姑娘運用美色，懦弱者依靠諂媚，悍婦使用厭惡刺激來達到控制的目的。

個人控制的局限性，決定了如下的標準模式：個體首先操縱可利用的變數去產生和保持控制者和被控者之間的接觸，如果這一舉動成功了，就可以進一步提高控制的可能了。

一般說來，個人控制技術主要包括八種。第一，操縱刺激：透過操縱刺激進行自我控制的多數技術，都可以直接運用到其他的行為的控制。比如，當我們按照更能吸引顧客的方式把商品佈置在商店裏時，我們是在為行為安排辨別性誘因。第二，強化控制技術：如果一個人擁有財富，他可能以工資、行賄、賞金等形式將它們用以進行強化的目的。第三，使用厭惡刺激。第四，懲罰：以施以厭惡刺激為形式的懲罰較為普通，如身體傷害。第五，強調強化中的相倚聯結。第六，剝奪和饜足。第七，情緒：我們更感興趣的是建立情緒性心理傾向。第八，藥物的使用：個人控制中最常使用的藥物是酒精，像特定的情緒性操作一樣，它常被用來使個體傾向於喜好的行為。

群體的一個重要特徵，就是對每個成員施以控制。當群體成員為有限的資源競爭時，就可以建立一個這樣的社會系統，其中一個人的強化是另一個人的負強化。

控制機構

在這一部分內容裏，斯金納討論了政府、宗教、心理治療、經濟和教育等社會力量實施的有效控制，對這些控制的某些關鍵問題進行了分析。

政府機構

斯金納認為，對人類行為進行控制的最明顯的機構類型是政府，因此，書中重點論及了政府實施控制所經過的行為過程。

從狹義上講，政府是行使懲罰權力的機構，當然，政府機構還常常採用其他的控制形式。在現代國家的有組織的政府機構中，特定的懲罰任務是由特定的群體——警察組織和軍隊來執行的。這些群體的權力通常是純粹的物理力量，並受到特定設施的加強。政府的懲罰有些是消除正強化物，另一些普遍的懲罰是呈現負強化物。

從廣義上講，被控制的個體如果其行為遵從機構控制規則，他就會服從於機構的支配。在政府機構的發展過程中，重要的是將其控制的實施過程編集成典，即法律。法律既是對過去的控制方法的描述，又是對將來類似的方法的保證。在這個意義上，法律是行為的規則，說明了某些行為的後果，這些後果反過來制約著行為。

宗教

宗教控制的主要方法，是擴大團體和政府控制。行為並不僅僅分為「好的」與「壞的」或「合法的」與「非法的」，而且也分為「道德的」或「不道德的」與「原罪的」，並會因為這種劃分而得到強化或懲罰。一種宗教動因的控制，可能來於自一種業已表明的與超自然的聯結，透過這種聯結，動因安排或改變了某些相倚聯繫。這些相倚聯繫，既包括將來中的好運或厄運，也包括未來生活中的永久的祝福或懲罰。

心理治療

心理治療代表了一種特殊的力量，並不是一種有組織的力量，但卻是一種專業的力量。心理治療的成員在對人們的標準化實踐進行觀察後得知，在許多人的生活裏，心理治療已經成為一種重要的控制源。

心理治療的主要技術，目的在於翻轉作為懲罰的結果而產生的行為的變化。然而，這種懲罰卻經常被宗教或政府力量承認和允許。因此，在心理治療和宗教的、政府的控制之間，存在著某種對立。

經濟

經濟的力量可以由一個單獨的個體組成，也可以是高度組織的，如大工業、基金會甚至政府之類的組織。行使經濟控制的權力，自然地屬於那些擁有必需的金錢和商品的人們。一個簡單的經濟控制例子是，用金錢或商品強化，引誘個體去勞動。控制者使工資的支付與工作的成績形成相倚聯結。

教育

所謂教育，就是建立在將來對個體和他人有利的行為，強調的是行為的獲得而不是行為的保持。教育所使用的強化物具有人工性，諸如「訓練」、「練習」、「實踐」等術語所示。已建立起來的教育機構所使用的強化物，是人們較為熟悉的，包括好分數、升級、畢業文憑、學位和獎章，所有這些都與贊許這一類強化物相聯繫。教育機構的條件強化物，如果同以後遇到的自然相倚聯繫聯結起來，可能會更有效。如果能夠使學生瞭解從教育中獲得的利益，那麼，教育本身便具有了強化價值。

人類行為的控制

我們知道，個體從團體中學到了大量的生活方式和習慣。在這一部分內容裏，斯金納主要論述了團體給個體做出榜樣的各種過程。團體作為一種強化的環境而發揮作用，在這種環境中，某類行為受到強化，而另一類行為受到懲罰，但團體本身卻透過其他的回報利益被維持下來。當某些反應受到強化，其他的反應未受強化或受到懲罰時，個體的行為和一定的團體的標準相一致。

隨著個體達到了同行為的標準模式的一致，他自己也會支持這種模式，並對其他人的行為應用相似的分類。同時，他自己的一致的行為也對其他人的行為之比較的標準做出了貢獻。因此，一旦一種習慣、生活方式已經出現，社會系統似乎就會合理地維持它。

在政府控制裏，法律的規定常常建立了新的文化實踐，一部憲法是在更廣泛的規模上的相似的保證。計劃一個大工業或政府力量的結構，是在文化設計裏的一個實驗，這一切都是操縱社會環境的小部分的例子。那種被叫做「烏托邦」的思想，包含了作為一個整體的文化的設計。

作為一種社會環境的特徵，文化實踐修改了團體成員的行為。有利的文化實踐傾向於成為團體的特徵，它倖存下來並因此使這些實踐永存下去，某些文化的實踐可以說是具有遺傳意義上的生存的價值，而其他的則是致死的。總之，一種特定的文化是對行為的一種實驗。它是一連串特殊的條件，許許多多的人在這樣的條件下成長和生活。這些條件產生了行為的各方面的模式，即文化的特徵。

從長遠的觀點來看，最有效的控制可能是以文化實踐的生存價值為基礎的。既然行為的科學是與證明文化實踐的結果有關的，我們便有理由相信，這樣一門科學將是文化或生存的文化的一個本質的標誌。因此，在當前的文化裏，科學的方法被最有效地應用於人類行為的問題。科學終究是由人自己做出的一種在知識累積裏的進步，最高貴的人類尊嚴是接受人類行為的事實，而不管它的短暫的含義。

美國心理學會給予斯金納高度評價：「作為具有敏銳眼光和創造力的心理學家，斯金納在心理學領域發起了一場挑戰我們傳統行為觀的運動，並在這一領域喚起了許多創新。他對強化相倚聯繫概念的透徹分析，對進化理論及言語行為內涵的闡釋，他的行為主義哲學觀點，他對心理學研究方法的創新以及他的科學工作的廣泛實際應用，是現代心理學家無法與之相比擬的。」在西方學術界，斯金納被盛譽為繼佛洛伊德之後的傑出心理學家。

《動機與人格》

亞伯拉罕・馬斯洛：人本主義心理學之父

成長往往是一個痛苦的過程，因而有人會逃避成長；我們會喜歡最好的機會，同時也會對這些機會感到恐懼。

——馬斯洛

亞伯拉罕·馬斯洛（Abraham Maslow，一九〇八—一九七〇），美國著名的心理學家，人本主義心理學之父。

馬斯洛出生於紐約的一個猶太家庭，他的童年十分孤獨不幸，是在圖書館的閱讀中長大的，幾乎沒有任何朋友。他曾在威斯康辛大學就讀，並獲得了該校哲學博士學位。後來，馬斯洛又先後任哥倫比亞大學桑代克擔任心理研究工作助理、紐約布魯克林學院副教授；布蘭代斯大學心理系主任。一九六七年，馬斯洛被選為美國心理學會主席。

馬斯洛的主要心理學著作有：《動機與人格》、《存在心理學探索》、《科學的心理學》、《變態心理學》、《論動機》、《在人的價值中的新認識》、《自我實現的人》等。

在第二次世界大戰時期，馬斯洛目睹了戰爭中的殘暴行為，決心從事改善人格的研究。他認為，過去人格理論多數來自變態心理的精神治療的研究，這些觀點消極地強調人類心理學中，永久存在絕望和玩世不恭，認為人類基本上是殘酷和不值得注意的。馬斯洛反對這樣的人格理論，他主張要發現人類固有的善良的價值。他提出了著名的自我實現理論觀點，進而成為美國人本主義心理學運動的領袖，和人本主義心理學雜誌及學會的主要創始人。

《動機與人格》於一九五四年第一次出版，一般被認為是馬斯洛的代表作。在這本書中，馬斯洛的一些主要思想都已形成，其中包括影響極大的「需求層次論」和「自我實現論」。在馬斯洛之前，西方心理學領域占主導地位的有兩大派別，即以佛洛伊德為代表的精神分析學派和以華生為代表的行為主義學派。

當時，馬斯洛只是試圖在傳統心理學派的基礎上有所建樹，並沒有想到要摒棄這些學派，另建與之抗衡的學派。但是，以馬斯洛理論為代表的學說，無論是思想內容、研究方法、研究對象，還是心理治療方法，都在精神分析學說和行為主義理論的基礎上有所突破。於是，西方心理學史上的另一大學派——人本主義心理學，便水到渠成地誕生了。

《動機與人格》一書的宗旨是：除了當時的各種心理學派對人性所做的描述之外，人還有一種更高的本性，這種本性是似本能的，是人本質的一部分。

人本主義和整體論

在這本書中，馬斯洛自始至終都強調，在心理學研究中要採用整體論的方法。他認為，一種綜合性的行為理論必須包括兩方面的因素：第一，行為內在的、固有的決定因素；第二，行為外在的、環境的決定因素。

佛洛伊德學說只注重第一點，而行為主義理論只注重第二點。這兩種觀點需要結合在一起。僅僅客觀地研究人的行為是不夠的，要有完整的認識必須研究人的主觀，必須考慮人的情感、欲望、企求和理想，進而理解他們的行為。

馬斯洛指出，應該把人作為一個整體、一個系統來研究。既然每個部分與其他部分都緊密相關，那麼除非研究整體，否則答案將是片面的。大多數行為科學家都企圖分出獨立的驅動力、衝動和本能來，對它們分別作研究。但這麼做一般都不如整體論方法有效，因為整體論方法認為整體大於其各部分的總和。

在馬斯洛看來，整體論的正確性是不容置疑的，因為，宇宙總是一個整體，有著內在的聯結；每一個社會總是一個整體，有著內在的聯結；每一個人總是一個整體，有著內在的聯結。然而，作為一種觀察世界的方法，整體論觀點要被正確地運用，卻不是那麼容易的。

馬斯洛認為，原子論的思維方式是某種形式的輕微的心理變態，或者至少也是認識不成熟症候群的一種症狀。整體論的觀察和思維方式似乎會自然、自動地為健康的、自我實現的人所接受；而對於那些不怎麼開化、不怎麼成熟、不怎麼健康的人來說，卻是非常難以接受的。

動機理論

人類動機理論是這本書的核心部分，這種理論幾乎可以運用到個人及社會生活的各個領域。

馬斯洛認為，個人是一個統一的、有組織的整體，個人的絕大多數欲望和衝動是互相關聯的。驅使人類的是若干始終不變的、遺傳的、本能的需要，這些需要是心理的，而不僅僅是生理的，它們是人類天性中固有的東西，文化不能扼殺它們，只能抑制它們。

馬斯洛把人類的動機稱為需要，指出人類價值體系中有兩類需要：第一，沿生物系譜上升而逐漸減弱的本能需求，稱低級需要或生物需要；第二，雖生物進化逐漸顯示出來的潛能，稱高級需要或心理需要。這兩類需要又可分為五個層次，由低到高成金字塔形排列。

生理需要

生理需要主要包括：體內平衡，飲食（水）、住所、性交、睡眠和氧氣等，是人的需要中最基本、最強烈、最明顯的一種。體內平衡是指身體使血流維持在經常的正常狀態的一種無意識的努力。

馬斯洛認為，生理需要在所有的需要中是最優先的。其具體的意思是：在某種極端的情況下，一個生活中缺乏任何東西的人，主要的激勵因素是生理需要，而不是其他。一個缺少食物、安全、愛和尊重的人，他很可能對食物的渴望比對其他的東西更強烈。

具體地說，如果一個人生活中所有的需要都得不到滿足，那麼生理需要而不是其他需要，最有可能成為他的主要動機。這時，機體就會受到生理需要的支配，其他的需要就會全然消失，或者退居幕後。在這種情況下，就可以用「饑餓」一詞來描述整個機體的特徵，人的意識幾乎完全被「饑餓」佔有。所有的機能都被用來滿足饑餓，這些組織機能幾乎都為一個目的所支配：消除饑餓。

此刻，感受器官和反應器官都可以看作用來消除饑餓的工具，而那些對達到這個目的的無用的機能則潛伏起來，或退入隱蔽狀態。在這種極端的情況下，寫詩的衝動，買車的欲望，旅遊的意念等都被忘記，或者變得只具有第二位的重要性了。**對於一個受饑餓威脅的人，除了食物，其他任何東西都引不起他的興趣。**

當人的機體被某種需要主宰時，它還會顯示另一奇異的特性：人生觀的變化。對於一個長期饑餓的

人來說，烏托邦就是一個事物充足的地方。他往往會這樣想，只要能填飽肚子確保餘生，其他的東西都不再重要，都可以被當作奢侈品而棄置一邊。

馬斯洛指出，我們不能否認的這類情況的真實性，但可以否認它們的普遍性。可以肯定，這種危急情況在正常運行的和平社會裏是罕見的。

生理需要以及它們的局部目的，在長期得到滿足時，就不再是行為活躍的決定因素和組織者了。它們只能以潛能的方式存在，而一旦遭受挫折，它們會再次出現，並控制機體。

安全的需要

安全的需要大致包括對安全、穩定、依賴的需要，希望免受恐嚇、焦躁和混亂的折磨，還包括對體制、秩序、法律和保護者實力的需求等。這類需要是在生理需要相對充分地得到了滿足之後，才會出現的。

在這一部分，馬斯洛的興趣主要在成年人，但他認為，可以透過觀察幼兒和兒童來更有效地獲得對成年人安全需要的理解。因為小孩對於威脅或危險的反應更為明顯，原因之一在於，他們根本不抑制這種反應。而成年人卻會不惜代價地壓抑這種反應，所以有時候，在成年人身上看不出這種反應的痕跡。

透過觀察，馬斯洛總結出一點：我們社會中的普通兒童一般更喜歡一個安全、可以預料、有組織、有秩序、有法律的世界。這個世界是他可以依賴的。而且，無論遇到什麼情況，總會有強大的父母或監護人使他免受苦難。

馬斯洛認為，在現實社會中，凡健康、正常的成人，其安全需要基本上都得到了滿足。一個和平安定的社會，通常不會受到野獸、罪犯、攻擊、暴政等的威脅，能使其社會成員感到安全。在這種情況下，要想直接地、清楚地看到安全需要，就必須觀察那些有神經症的人以及那些經濟上或事業上的失敗者。

在我們的社會裏，一些患神經病的成年人在對於安全的渴望上，有很多方面都與兒童一樣，只是這種現象在成年人身上表現得更特殊罷了。他們的反應往往是由巨大的、心理上的威脅所引起的，他們認為這些威脅是敵對的、勢不可擋的、充滿著威脅的。這種人隨時都好像是在對危急情況做出反應。他的安全需要往往有著獨特的表達方式，往往會尋求一位保護人，或者一位可以依賴的更強大的人。

馬斯洛將神經病患者描述為，保留著童年時代世界觀的成年人。也就是說，一個患神經病的成年人，可以說一舉一動都彷彿是真的害怕要被打屁股，或者惹母親不高興，或者被父母拋棄，或者被奪走食物。彷彿他孩子氣的懼怕心理，絲毫沒有受到長大成人和接受教育的觸動，現在又隨時可以被一些威脅重重的刺激因素誘導出來。

他們不由自主、發瘋似地想要使世界秩序化、穩定化，以便確保絕不會出現無法控制、無法預料或者並不熟悉的危險情況。他們用各種各樣的禮節儀式、清規戒律和程序將自己圍護起來，這樣，不管發生了什麼樣的偶然事變都能應付得了。

人們尋求安全和穩定的心理現象還有如下表現：人們普遍喜愛熟悉的事物，而非不熟悉的事物；已知的事物，而非未知的事物。人們傾向於信奉某種宗教或哲學，以把宇宙和人類組合成一種意義上的令人滿意的和諧整體。這種傾向也部分地受到了安全需要的激勵。可以這樣講：一般而言，科學和哲學都部分地受到了安全需要的激勵。

此外，安全需要還被看作是在緊急情況下，即戰爭、疾病、自然災害、犯罪浪潮、社會騷亂、神經症、腦損傷或長期處於逆境下的調動機體能源的主要積極因素。

社交的需要

社交的需要是指人對於友誼、愛情和歸屬的需要。**馬斯洛認為，當生理需要和安全需要得到滿足之後，人們便希望得到友誼和愛情，希望受到集體的接納和幫助。**

當一個人孤立無援時，他將前所未有地、強烈地感受到朋友、情人、妻子或孩子不在身邊的寂寞，產生與人廣泛交往的欲望。換句話說，他總是要在群體中找到一個位置，並竭盡全力達到這個目的。此時，他希望得到一個位置的心理需要勝過其他一切，以至於他可能忘記這樣的事實：**當他挨餓時，他曾譏笑過愛情。**

在精神病理中，社交的需要受到挫傷是最常見、最核心的問題。人們看待友誼、愛情和可能的性慾表現時，都有一種矛盾的心理，習慣上要受到許多限制和禁忌的束縛。所有的精神病理學理論家都認為，當愛的需要受到挫傷時，會產生不良的傾向。

愛的需要包括兩個方面的含義：一方面是愛，另一方面是被愛。**馬斯洛特別強調：愛和性並不是同義詞。性可以作為純粹的生理需要來理解，而愛是一種心理需要。通常情況下，性行為是由多重因素決定的，也就是說，性行為不完全取決於性慾，還取決於其他需要，其中主要是愛和感情的需要。**

尊重的需要

馬斯洛發現，與愛的需要類似，人們對尊重的需要可分成兩類：一類是自尊，另一類是來自他人的尊重。

現實生活中，人們一方面希望得到名譽、地位和聲望等，希望受到他人的尊重和承認；另一方面，也希望自己具有實力、自由、獨立性等，感到自己存在的價值，進而產生自尊心和自信心。在這兩方面中，前者應作為後者的基礎，否則便難以持久。實際上，這類需要很難得到完全的滿足，但當它一旦成為人的內心渴望，便會成為持久的推動力。

馬斯洛認為，在現實社會中，所有的人都希望別人能對自己有一種堅定的、基礎穩固的並且通常是高度的評價，都有保持自尊和自重，並得到別人尊敬的需要。這種需要首先表現為要求力量、要求成就、要求合格、要求面對世界的信心，以及要求自由和獨立的欲望；其次表現為要求名譽、威信、表揚、注意、重視或讚賞的欲望。

馬斯洛認為自尊的需要得到滿足後，就會使人感到自信、有價值、有力量、有能力並適於生存。如果這種需要得不到滿足，則使人感到低人一等、軟弱或無能為力，以至於產生嚴重的沮喪情緒或神經質的傾向。

自我實現的需要

自我實現指的是，人們有一種意向要使他潛在的本質得以現實化。這種意向可以簡單的描述為，人們需要越來越真實地體驗自己的欲望，要求盡可能充分地實現自己的欲望。實現這種欲望所採取的形式，則因人而異。

自我實現的需要通常表現為，人們希望從事與自己能力相稱的工作，使自己潛在的能力得到充分的發揮，成為自己嚮往的人物。就像音樂家必須奏樂，畫家必須繪畫，詩人必須寫詩一樣，每個人都希望從事自己所指向的事業，並從事業的成功中得到內心的滿足。

馬斯洛認為，自我實現的需要是所有需要中最高層次的需要。它的產生依賴於其他四個層次需要的滿足。馬斯洛把其他四種需要都得到滿足的人，稱為基本滿足的人，這種人一般擁有最充分的創造力。在現實社會裏，得到基本滿足的人為數不多，而且不論在臨床經驗和實驗方面都發現，人們對自我實現的瞭解還都十分有限。

馬斯洛在列舉了以上這些基本需要之後指出，與個人動機有著密切關係的是社會環境或社會條件。

如果在某些滿足基本需要的先決條件遇到威脅時，人們就會做出類似基本需要受到威脅時的那種反應：人們會保衛那些條件，因為沒有了它們，基本需要的滿足就無從談起，或至少受到了嚴重的威脅。

一般情況下，人的基本需要呈現出前面所列出的那種順序，但也並不完全拘泥於這種順序。**在這個社會中的人，人們並不是在對食物的需要得到滿足之後，才會出現對安全的渴望。一般來說，人們的基本需要絕大多數只是部分地得到了滿足，仍有部分需要還沒有得到滿足，而正是這些尚未得到滿足的基本需要，強烈地驅使著人的行動。**

對似本能的討論

馬斯洛認為，遺傳學方面的進展，也許有助於進一步澄清和傳達他的觀點，但這方面的工作顯然做得很不夠。一邊倒的情況仍然沒有改變，不是倒向簡單化的本能理論，即動物的那種總體本能，就是倒向全面的環境論，完全否認整個本能觀點。

馬斯洛提出了自己的理論，即在人身上只殘存著非常微弱的本能，根本就沒有什麼可以被稱為動物意義上的純粹本能。這些殘存下來的本能和似本能傾向極為微弱，文化和教育可以輕而易舉地將其取代，因此可以認為文化和教育的力量要強大得多。

精神分析學說和其他揭露療法的目的，都是透過教育、習慣、文化發現人們殘存的本能和似本能傾向。這實際上是說，文化和環境雖然不能創造，甚至也不能增強遺傳性潛能，但卻可以輕而易舉地徹底消滅或者削弱這種潛能。從這種意義上來說，人性具有很強的可塑性。就整個社會而言，這是一種極為有力的論點，證明每一個剛出世的嬰兒都有著絕對平等的機會。既然人的潛能在惡劣的環境中很容易喪失或者毀滅，那麼這種論點在宣導一個健全的社會方面也就特別有力。這一觀點最終將迫使人們更為嚴肅地對待同類和個體差異。

行為的表現

馬斯洛引進了和諧化控制這一概念，以區別病態的衝動性和健康的自發性，這種區別對於青年人，以及其他認為任何控制都必定是壓抑和邪惡的人來說尤為必要。

馬斯洛沒有花費時間以這一概念為工具，來解決自由、倫理、政治、幸福之類的老問題，但對任何一個在有關領域中進行著嚴肅思考的人來說，它的現實意義和巨大威力都是不容置疑的。

《存在心理學探索》

亞伯拉罕・馬斯洛：人本主義心理學之父

健康人在安全、愛、尊重等基本需要被滿足後，就被自我實現的趨向所激發，一旦缺乏這些基本需要，就可能導致精神病。

——馬斯洛

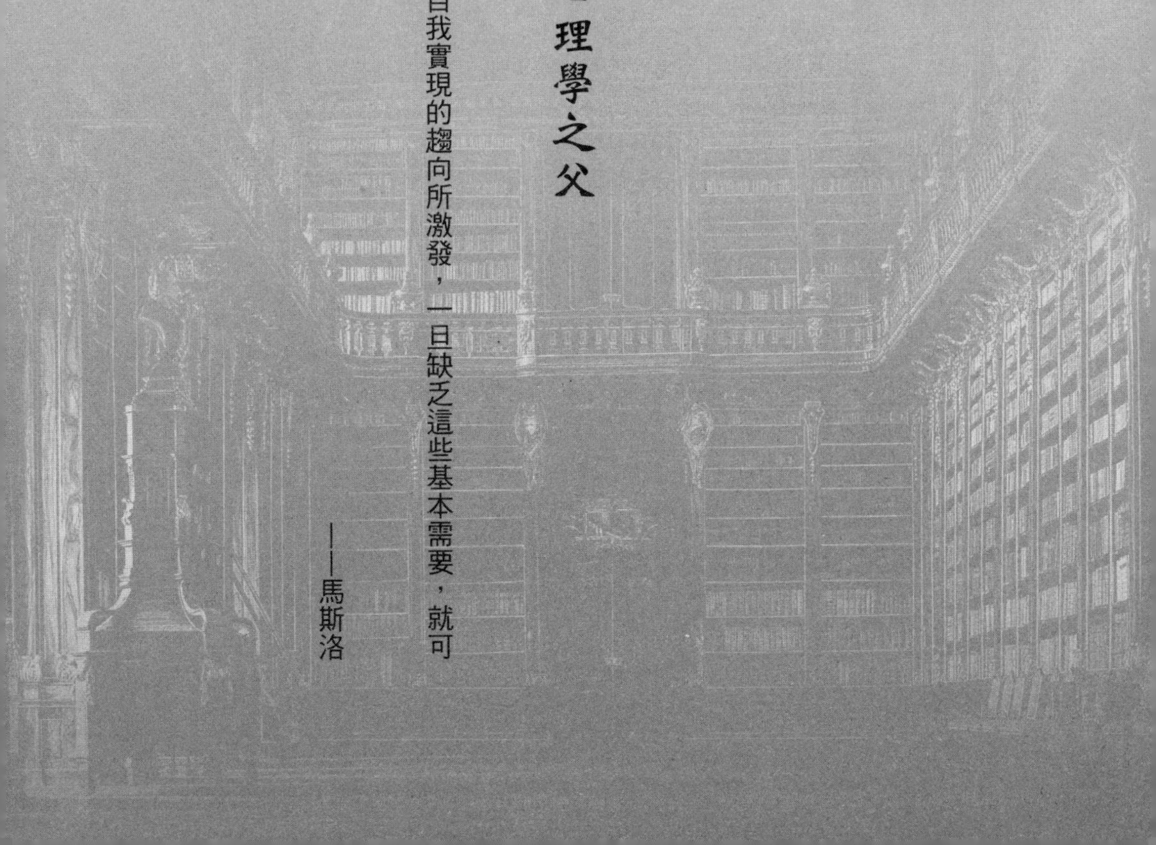

《存在心理學探索》是馬斯洛晚年的一部重要著作，是《動機與人格》一書的續篇。《存在心理學探索》的每一章只提出和研究一個重大理論結構的一個片段，它不是一部結構和體系十分嚴密的教科書式著作，而是由馬斯洛的一些論文和演講稿彙編而成的。

正像馬斯洛在這本書的前言中指出的那樣，本書「充滿著各式各樣的論斷，它們是以先驅研究和零散證據為依據的，以個人的觀察、理論的推演和純屬某種預感為依據」。這些論斷是以概括化的措詞陳述的，以便能做出真偽的證明。也就是說，它們是假設，它們的提出是為了便於檢驗，而不是作為最終定論。

馬斯洛是以高度責任感和嚴謹的科學態度，對其理論進行闡述的。這本書是對一種內容廣泛的、系統的、以經驗為依據的、總括的心理學和哲學的探討，它同時包含著人性的深度和廣度，是把「健康和成長心理學」與心理病理和「心理分析動力學」，把動力的與整體論的、形成的與存在的、善的與惡的、積極的與消極的心理學，整合起來的第一次嘗試。

換句話說，它是在一般心理分析和實驗心理學科學實證主義的基礎之上，建設優美心靈的、存在心理學的和超越性動機的上層結構的一種努力，這種結構是心理分析和實驗心理學兩個體系所缺少的，因為它超出了它們的局限。

在介紹這本書的主要內容前，有必要對馬斯洛在這本書中大量使用的「自我實現」這一術語作一介紹，因為這一術語貫穿全書的始終，它是理解本書的關鍵。他在這本書的第一版前言中，首先說明了他為什麼更多的用「自我實現」而較少用「心理健康」。

馬斯洛認為，「自我實現」這個術語強調「完美人性」，強調人的生物學基礎，較少受時間、地域的影響，與文化的相關較小並且具有經驗的內容和操作的意義。他強調指出，他所描述的自我實現的人之所以產生了一些似是而非的看法，是因為沒有顧及他仔細描述過的那些經驗事實，即自我實現的人是利他的、獻身的、超越自我的、社會性的人。

對健康心理學的探索

健康心理學的假設

健康心理學是一個全新的概念，它的誕生基於以下假設：

第一，每個人都具有一種生物基礎的內部本性，在某種意義上而言：這種本性是不能改變的。

第二，這種內部本性部分是個人獨有的，部分是人類普遍具有的。

第三，可以透過科學的研究發現這種內部本性。

第四，這種內部本性並不是殘酷、內在、邪惡的，而是中性的或好的，雖然它在人們的內在需要受挫時會有一些破壞性的、惡毒的反應。

第五，由於人的本性是好的，所以我們不應壓抑它，而是應該促進它，讓它表現出來，並指引我們的生活，使我們健康成長。

第六，如果壓抑人的這種本性，那麼遲早總會生病。

第七，和動物相比，這種本性是微弱的、嬌嫩的，容易被習慣、壓力和外界對它的錯誤態度制服。

第八，儘管微弱，但卻極少消失，總是有迫切需求才實現出來。

第九，剝奪、挫折、痛苦有時會促進和揭示我們的內在本性，在與痛苦和困難作鬥爭並取得勝利時，人們常可體驗到自己的這種能力。

如果能證明這些假設是真理，那麼就可以產生一個科學的、最終的決定善惡的價值體系，我們必須設法弄清作為人的這種內在本性的真正內涵是什麼。這些基本觀點並沒有與佛洛伊德提到的超我、內疚和良知等觀點相違背，而是豐富了佛洛伊德的理論（佛氏理論只注意心理疾病的一面，而心理健康則是如何使人活得更好）。

自我實現

年齡上未成熟的心理健康，叫做健康的成長，成年人的心理健康則可稱為自我完成、情緒成熟、個體化、生產性、自我實現、真實性、完美人性等等。健康成長在概念上是從屬的，它是「指向自我實現的成長」。一些心理學家（如羅傑斯）認為，所有尚未完成的成長現象，都是通向自我實現的過程。

而自我實現則有各種各樣的定義，但其主要核心為：第一，承認並陳述了內部核心或自我的實現，即那些天賦能力、潛能、「完善的機能」、人類和個人實質有效性的現實化；第二，極少出現不健康、神經症、精神病、人類和個人基本能力的縮減或喪失。

因此，我們不能壓制這種內部天性，而是承認並促進它的發展。純粹的自發性，由自由自在的、不受約束的、不受控制的、信任他人的、非預謀的表現所組成，即由受意識干擾最少的心理力量所組成。

控制、意志、謹慎、自我批評、深思熟慮，是自發表現之上的制動器。造成這個制動器的原因有兩個：一是社會和自然界的規律強制，二是心靈的畏懼強制。在某種程度上，後者多半是精神病類的不健康的心靈，這種控制往往能被心理的健康、深刻的心理治療、或比較深刻的自我認識和自我認可所削弱。

然而，也有一種對心靈的控制不是出於畏懼，而是由於有必要保持心靈的整合、統一的狀態或者在實現能力和探索更高的表達方式時，是必要的控制。比如藝術家、知識份子和運動員，透過艱苦勞動獲得技巧。但是，當這些控制變成自我的時候，就最後被超越而變成自發的方面，這種控制與那種壓抑的控制，形成鮮明的對比，因為它並不使人對滿足的合乎需要的性質產生疑問，而是要透過對滿足的組織、美化、設計等來增進愉快。

那麼，**自發性和控制的變化之間的平衡，與心靈的健康狀態和環境的健康狀態之間的平衡是一致的。長久的純粹自發性是不可能的，因為我們生活在一個按照它自己的、非心靈的規律運行在世界上；純粹控制也不是永遠可能的，因為那樣心靈就消失了。因此，教育必須對準兩個目標：控制的培養與自發性和表現性的培養。在現在這個歷史時期的文化中，我們必須調整天平支援自發性。**

一般而言，如果在發展過程中，兒童有真正的自由選擇，他將會選擇對於成長有益的事，因為這樣做能提供愉快或快樂，有良好的體驗或感覺。一個寬容的社會制度，會使兒童本身有可能做出自己的選擇，使他有可能滿足自己的需要。因此，**為了有利於兒童的健康成長，必須充分地信任或信賴他們，不要干擾太多，不要迫使他們按預定的設計成長，而是讓他們自然地成長和幫助他們成長。**

透過個人的努力，可以使人擁有良好的道德和身心健康。但要治癒一個病態的人，則要藉助外界的力量。健康的人可以由健康的文化造就，因此，要想增加個體的健康，可以先增加社會的健康。但是，順應良好的人並不一定就是健康的人，比如那些面對邪惡仍能順應接受的人，稱不上是心理健康。

成長和動機

許多事實證明，人有一種成長和自我完成的趨向，雖然目前還無法給成長下精確的定義，但我們可以透過對健康人的研究，去發現成長性需要。就動機狀態看，健康的人在安全、愛、尊重等基本需要被滿足後，就被自我實現的趨向所激發，一旦缺乏這些基本需要，就可能導致精神病。

一般來說，健康的人有如下特徵：第一，優良的現實知覺；第二，能接受自我、其他人和自然；第三，具有自發性；第四，能以問題為中心；第五，有較強的超然和獨處的意願；第六，有較強的自主性；第七，有鑒賞力和豐富的情緒反應；第八，有頻繁的高峰體驗；第九，有與大眾趨同的傾向；第十，有良好的人際關係；十一，具有民主的性格；十二，有很強的創造性。

所謂需要，是指人若缺乏它就生病的一種心理現象。缺失性需要就是有機體身上缺少某種東西所產生的需要，這種需要必須由別人從外部來提供才能滿足。

馬斯洛考察了成長性需要和缺失性需要之間的差異：

第一，對衝動的態度：成長性需要產生的創造性衝動，是一種令人愉快的緊張，健康的人喜歡這種衝動，因為可以發揮自己的才智。

第二，滿足的不同效應：成長性動機的人，滿足會帶來更強的需要。正如奧爾波特所說：缺失性動機要求抒解緊張，成長性動機則要保持緊張。

第三，缺失性需要的滿足避免了疾病，而成長性需要的滿足則導致積極的健康，這是它們在人格上的不同效果。

第四，缺失性需要的過分滿足使人產生厭膩，而成長性需要的滿足則會使人更愉快、更入迷。

第五，缺失性需要的滿足是間斷的、有頂點的，而成長性動機是沒有極點、永無止境和永遠不可能滿足的。

第六，缺失性需要是人類或其他物種共同具有的，而成長性需要則是特殊的並且會因人而異。

第七，基本需要只能由外界提供，而自我實現的人的成長性需要來自自身，所以他們相對獨立於環境，不依賴他人，因此，他們對榮譽、地位等也相對淡薄。

第八，自我實現者能比較客觀地看待別人，而不是以實用眼光看待別人，對某人的評價完全是以他人的內在品質為依據。

第九，自我實現者是以問題為中心，集中注意問題而不是注意自己，他們自我力量很強，最易忘掉和超越自我。

第十，缺失性需要的病人在治療時要依靠別人，而成長性動機的人在遇到麻煩時則求助於自己的沉思、反省。

第十一，建立在缺失性需要基礎上的學習理論，用處都不大。成長應是創造性的、天然的，排除阻礙，而不是不斷重複獲得的。

第十二，缺失性需要的人在知覺事物時，總是用或者好或者壞的觀點對立地去看，而成長性動機的人則可以觀察到事物的本質，同時看到一個事物相互對立、相互矛盾的方面。

我們可以把健康成長的過程，看成是永無止境的、自由選擇情境的系列，這種情境是每一個體在一生的每一時刻所面臨的。人們必須在安全和成長、從屬和獨立、倒退和前進、不成熟和成熟這兩類事物之間，仔細進行選擇。**馬斯洛認為，每一組事物都有焦慮和快樂兩個方面，當「成長的快樂和安全的焦慮」比「成長的焦慮和安全的快樂」更大的時候，我們就向前進步了。**

傳統的佛洛伊德主義者只注意病態情況，忽視了人走向健康的可能性，而成長學派似乎又太樂觀，迴避病理、弱點和失敗。在這裏，馬斯洛對這兩種學派進行了批判，認為他們一個戴著墨色眼鏡，另一個透過玫瑰色眼鏡來看問題，都是不正確和不現實的。

馬斯洛認為，對一個病態的兒童來說，只有當他的畏懼受到尊重和認可時，他才能有勇氣成為勇敢的人。因此，就關心成長的過程來說，人們應該像尊重健康兒童那樣尊重病態兒童。我們必須理解，黑暗的力量像成長的力量一樣，也是正常的、合理的。

構成一切健康人發展基礎的、最重要的、惟一的原則，是把人的複雜動機結合在一起的整體論原則，就是在低級需要得到充分滿足的基礎上，會浮現出新的高級需要的傾向。如果正常生長的兒童的低級需要得到了滿足，對他充分獲得的快樂厭煩了，他會迫切地繼續尋求高級的、更複雜的快樂（只要這些快樂是可以得到而又沒有危險和威脅）。

關於這個原則，不僅在兒童的動機中可以看到範例，而且在細節上，在更為樸素的活動如學習、閱讀、溜冰、繪畫、跳舞上，也可看到範例。比如說，一個兒童如果一開始只掌握了一些簡單的辭彙，他就會非常喜愛它們，頻繁使用，但到適宜的時候，就自發表現出渴望掌握更新的詞和更複雜的句子。如果強迫他停止在這個水準上，他就會對先前喜愛的東西厭煩和不安，沒有人能阻止他要求前進、運動、成長的決心。只有在下一步遇到挫折、失敗時，他才可能停止和倒退。這時，他們就會面臨錯綜複雜的反常動態和神經症損傷。在這裏，他們內心的衝動可能繼續存在，但絕不會付諸實施。

馬斯洛認為，人們對安全的需要比好奇心更強，成人的焦慮和畏懼比兒童隱蔽。可以透過認知的方

法，來消除人們心中隱藏的焦慮。比如，熟悉了電的知識，就不會再畏電如虎了。那些沒有焦慮的人，會表現的更加勇敢、更易接近真理。

許多哲學家和心理學家，多年來對焦慮和認知持有極端的主張，他們認為，焦慮可以產生認知需要。但是，馬斯洛透過許多動物和兒童的實驗證明，焦慮和認知是彼此互不相容的，焦慮甚至可以扼殺認知。

成長與認知

馬斯洛以一種獨特的描述方式，對存在愛體驗中的一些基本認知事件的嘗試進行了概括。存在愛的體驗，也就是父母的體驗，神秘的、自然的、審美的、創造性的、智力頓悟的、情欲高潮的、運動完成的狀態或體驗，這些及其他最高快樂實現的時刻，馬斯洛將之稱為「高峰體驗」。在高峰體驗中，人會產生一種存在認知，這種認知與一般的認知不同。這時的體驗好像是與宇宙融為一體的，注意是非常集中的，人們知覺的對象不是某一類事物，而是獨一無二的事物。

需要指出的是，存在認知不帶有個人主觀色彩和功利態度，也不會按別人的方式去知覺。比如，觀察一隻蚊子，如不考慮它與人類的關係，它會被看成一個美麗的圖案，或者會被看成一隻奇妙的東西。

在電子顯微鏡下，病毒也可以展現自己迷人的一面。重複的存在認知，可以使知覺更豐富，而普通知覺的重複體驗，會使人厭煩、喪失注意等。比如，重複審視我們所愛的面孔、讚賞的繪畫，會使我們更喜歡它，並不斷有新的感受。

知覺經驗可以圍繞客體中心而不是以自我為基礎組織起來，才會出現戀愛體驗中的全神貫注以至於消失了自我，此時觀察者與被觀察者甚至可以融合成一個新的整體。因此，**馬斯洛認為，在自我實現者的正常知覺中以及普通人偶然的高峰體驗中，知覺可能是相對超越自我的、忘我的、無我的。它可能是無目的的、無欲求的、無需要的，可能是以客體為中心，而不是以自我為中心的。**

存在心理學既包括疾病和缺失性，也包括形成、健康和存在，它關心的是手段，而不是目的。與此不同，高峰體驗是把自己的價值帶給自己，它本身就是目的，而不是手段。高峰體驗時，人的時空感覺會消失，就像藝術家創作衝動時會忘記一切；會產生妙不可言的情緒反應，世界上一個極小的部分都會被感知為整個世界；人會變得寬容，仁慈和善於理解別人。

高峰體驗具有絕對性，如神秘的體驗，各民族、各時期的描述較為一致，就像詩人和數學家在創造時刻的感受是大致相同的；高峰體驗時的知覺是傾向於獨特而非類化，而平時我們喜歡對事物進行歸類、比較，找出異同；高峰體驗時人沒有畏懼和焦慮，只是更平靜、獨立、勇敢、生氣勃勃；高峰體驗可以出現在所有人的身上，不過在自我實現的人身上出現得更多。

人只有以一種超然的態度去知覺世界才能看到世界，反之只能看到自己。也只有這樣，我們才能發

現事物本身的價值而不是我們自己的價值。自我實現的人既是非常成熟的，又是非常天真的，他們真正做到了「返樸歸真」。在他們身上，快樂原則和現實原則、意識、前意識、無意識都融為一體了。馬斯洛還認為，高峰體驗的最高境界，表現為同一性。

所謂的「同一性」，是透過滿足需要而不是禁欲來達到忘我、超我、與世界融合的境界。也就是說，人在高峰體驗時的感覺是完整的、和諧的、忘我的而不是割裂的，這時的人更自由、更自信，可以充分發揮自己的能力，增強創造力、顯示獨特個性，不按陳規而按自己的內在思想行事，生活在目的之中，而不是手段之中。這時，人會感覺世界非常美好，心中充滿幸福與愛。

為了防止人們的片面認識，馬斯洛提醒道，不要把自我實現看作是沒有任何問題的、完美的靜止狀態，它是一個不斷發展、深入的過程。並且，作為自我實現一個方面的存在認知，不是十全十美的，也存在一定的危險。

存在認知的主要危險是使活動成為不可能，或者使活動猶豫不決，存在認知沒有判斷、比較或評價；可能使人變得不負責任，不願幫助別人；它還存在一個利己與不利己的兩難問題；也可能由於過分容忍而產生不良作用等等。所以，自我實現者也是有血有肉的人，有愛憎，也有缺點，他們不是十全十美的。他們與常人的不同之處，在於他們生活在更充實、更愉快的、更高的水準之上。

創造性和價值

在這一部分，馬斯洛對自我實現者的創造力進行了探討。在馬斯洛看來，健康、天賦、天才、創造力並不是同義的，特殊天才的創造性與自我實現者的創造性也是有所區別的。自我實現者的創造性強調的是性格上的品格，強調的是人格，而不是其成就。就人格方面來說，一個做出一流菜餚、把家庭整理得井井有條的主婦，甚至比一個畫匠或二流詩人更有創造性。

關於價值，馬斯洛指出，隨著科學技術的發展，建立一種從人的本性中派生出的價值體系，而不是求助於人自身之外的權威已經有了可能。

關於價值論的意義，可以從動物的實驗中看到。讓動物自由選擇，好的選擇者比差的選擇者能更好地選擇那些對自身更好的東西。就人類來說，不能把好的選擇者和差的選擇者的選擇、把健康人和病態人的選擇，根據統計進行平均計算。這是因為，由病理激發的愉快和由健康激發的愉快是不能平均的。

每一個人都有一個終極目標，即實現自己的潛能，但這個目標只是一個追求而永遠不可能達到。價值在一定程度上存在於人的內部，但同時也是由人自己創造和選擇的。真正心理健康的人，應該是超越環境的人，是以自己內在的東西去行事的人。

成長與自我實現

馬斯洛認為，每個人都有一種內部天性，這種天性是一種潛能，不是最終實現物；它們是軟弱的，容易被戰勝、被壓抑；它們既可以是人類共有的，也可以是個人獨特的特性；儘管它經常被壓抑和忘記，可它總是無意識地潛伏著，很少消失或消亡。所以從這個意義上說，人是自己創造自己。透過科學研究的方法，可以對這些內部天性進行探求。

在馬斯洛看來，內部天性若被壓抑、受挫，就會引起心理疾病，不能健康成長。只有基本需要得到滿足而不是受挫，人才能達到健康和自我實現。

海鴿文化出版圖書有限公司
Seadove Publishing Company Ltd.

成功講座 384

一口氣讀完26本心理學經典

作者	宋學軍
美術構成	騾賴耙工作室
封面設計	九角文化設計
發行人	羅清維
企畫執行	林義傑、張緯倫
責任行政	陳淑貞
出版	海鴿文化出版圖書有限公司
出版登記	行政院新聞局局版北市業字第780號
發行部	台北市信義區林口街54-4號1樓
電話	02-27273008
傳真	02-27270603
e - mail	seadove.book@msa.hinet.net
總經銷	創智文化有限公司
住址	新北市土城區忠承路89號6樓
電話	02-22683489
傳真	02-22696560
網址	www.booknews.com.tw
香港總經銷	和平圖書有限公司
住址	香港柴灣嘉業街12號百樂門大廈17樓
電話	（852）2804-6687
傳真	（852）2804-6409
CVS總代理	美璟文化有限公司
電話	02-27239968　e - mail：net@uth.com.tw
出版日期	2022年11月01日　四版一刷
定價	380元
郵政劃撥	18989626　戶名：海鴿文化出版圖書有限公司

國家圖書館出版品預行編目資料

一口氣讀完26本心理學經典／宋學軍作.--
四版，--臺北市 ： 海鴿文化，2022.08
面 ；　公分. －－（成功講座；384）
ISBN 978-986-392-463-0（平裝）

1. 心理學

170.1　　111011653